법과
세상을
엮다

나남
nanam

나남신서 1993

법과
세상을
엮다

2019년 7월 5일 발행
2019년 7월 5일 1쇄

지은이 이주홍
발행자 趙相浩
발행처 (주) 나남

주소 10881 경기도 파주시 회동길 193
전화 031-955-4601(代)
팩스 031-955-4555
등록 제1-71호(1979.5.12)
홈페이지 www.nanam.net
전자우편 post@nanam.net

ISBN 978-89-300-8993-7
978-89-300-8655-4(세트)

책값은 뒤표지에 있습니다.

법과 세상을 엮다

이주흥 칼럼집

나남 nanam

이주홍 판사 근영.

1964년 마산중학교 재학 시절.

사법연수원 6기 동기생들과 함께.
(뒷줄 오른쪽 두 번째)

사법연수원 졸업식장에서 어머님과 함께.

1981년 춘천지방법원 재직 시 직원들과 함께 인근 삼악산에 올랐다.
(뒷줄 왼쪽 세 번째)

지리산 종주등반 시 천왕봉에서 지인들과 함께.
(오른쪽 첫 번째)

2002년 서울고등법원 직원들과 함께 금강산을 방문했다.
(앞줄 왼쪽 두 번째)

2002년 시우회 회원들과 함께. (앞줄 왼쪽 세 번째)

2005년 대전지방법원 법원장 재직 시 등반대회를 가졌다.
(오른쪽 두 번째)

화우 직원들과 캄보디아 여행.
(뒷줄 오른쪽 여섯 번째)

2011년 이화포럼 회원들과 함께. (오른쪽 네 번째)

2012년 카투사로 입대한 차남 이근호와 함께.

아내와 함께 유럽 여행 중 이탈리아 레논 마을에서.

일본 오사카 여행 시 지인들과 함께.
(오른쪽 두 번째)

마산고 동기들과 송년회를 가진 뒤 기념촬영.
(뒷줄 오른쪽 세 번째)

사목회 회원들과 함께. (왼쪽 두 번째)

"나마스테"… 겸손을 배웠던 히말라야 트래킹. (왼쪽 첫 번째)

돌로미테 트레킹. (오른쪽 첫 번째)

별난 모임 나오시마 회원들과 함께. (오른쪽 첫 번째)

연암 박지원의 발자취를 따라서 2012년 중국 열하(지금의 승덕)를 방문했다. (왼쪽 네 번째)

2013년 친구들과 함께 울릉도를 찾았다. (오른쪽 두 번째)

2015년 중국 여행 시 광개토대왕묘 입구에서 기념촬영.
(뒷줄 왼쪽 첫 번째)

2015년 중홍회 회원들과 함께.
(오른쪽 세 번째)

2016년 피율모임 회원들과 골프. (오른쪽 첫 번째)

2017년 사면심사위원회 회의를 마치고
박상기 법무부장관(가운데)과 함께. (왼쪽 두 번째)

2018년 손주 백일잔치 때 가족들과 함께.

이주흥(李宙興) 연보

1952년	경상남도 마산 출생
1970년	마산고등학교 졸업
1974년	서울대학교 법과대학 졸업
1974년	제 16회 사법시험 합격
1975년	한양대학교 대학원 법학과 수료
1979년	춘천지방법원 판사
1982년	춘천지방법원 영월지원 지원장
1983년	독일 괴팅겐대학교 연수
1984년	서울지방법원 의정부지원 및 동부지원, 서울고등법원 판사
1989년	헌법재판소 파견근무
1990년	대법원 재판연구관
1991년	부산지방법원 부장판사
1993년	사법연수원 교수
1996년	법원행정처 송무국장 겸 서울지방법원 부장판사
1998년	서울지방법원 부장판사
1998년	대전고등법원 부장판사
2000년	대법원 선임재판연구관
2002년	서울고등법원 부장판사
2004년	법무부 상법개정특별분과위원회 위원
2005년	대전지방법원 법원장
2006년	서울중앙지방법원 법원장
2008년	법무법인 (유) 화우 대표변호사

2011년 연세대학교 법학전문대학원 겸임교수

2011년 성균관대학교 법학전문대학원 겸임교수

2016년 대한변호사협회 사법평가위원회 위원장

2013년 헌법재판소 공직자윤리위원회 위원

2016년 법무법인 (유) 화우 고문변호사

2017년 중앙대학교 법학전문대학원 겸임교수

2019년 3월 16일 별세

수훈

2008년 황조근정훈장 수훈

저서

《해상운송법》(박영사, 1992)

《실무손해배상책임법》(박영사, 1998)

추모사

판사는 무엇으로 사는가

황찬현(법무법인 클라스 대표변호사)

다양한 사람의 수많은 말을 가장 많이 듣고 쓰는 직업이라면 기자(記者)를 꼽을 수 있다. 한편, 다양한 사람의 수많은 글을 가장 많이 읽고 쓰는 직업을 꼽으라면 판사(判事)다. 나라의 녹을 받으며 수많은 소송 사건을 접하여 소장과 준비서면을 읽고 판결문을 쓰면서, 한 명의 지식인 법관이 얻고 깨닫게 되는 지식과 지혜, 한 명의 자연인 법관이 겪고 보게 되는 인생. 이렇듯 수십 년의 숙련이 녹아 있는 법관은 움직이는 도서관 그 자체다.

러시아 소설가 톨스토이의 유명한 단편집 〈인간은 무엇으로 사는가〉(*What Men live by*)는 읽을 때마다 다른 감동을 준다. 법전만 열심히 공부하던 시절에 읽을 때, 그리고 나이가 들어 세상이 어렴풋 보일 때. 그때마다 나는 스스로에게 물었다.

'판사의 마음속에는 무엇이 있는가. 판사는 무엇으로 사는가.'

법관은 판결을 짓고 판결들을 모아 사회와 세상의 틀을 짓는다. 한 명의 숙련된 판사를 키우기 위해 사회는 오랜 세월 동안 직·간접으로 많은 자원을 쏟는다. 그래서 모름지기 판사라면 그 사명감과 스스로의 인생을 던져 국민에게 법의 이름으로 보은한다. 소송당사자들을 위한 훌륭한 판결서를 작성하는 데에 혼신(渾身) 하고도 혹시 여력이 있으면, 소송당사자 이외의 사람들을 향해 글을 쓴다.

내가 아는 저자는 당신의 신념에 평생 혼신했다. 사람들은 존경했다.

한 일생의 순차적 심득(心得) 을 담은 글의 모두(冒頭) 에 저자를 대신하여 첨언(添言) 하는 일은 쉽지 않다. 외람되거나 부적절할까 염려스럽고 누가 될까 조심스럽다. 이론에 투철했던 저자는 의미 있는 판결을 여럿 남기기도 하였지만, 법정 밖의 세상 사람들을 향하여도 많은 글을 남겼다.

이 책은 논의의 범주는 다양하고 넓지만, 반듯하니 잘 읽힌다. 저자의 박학다식이야 이미 공지의 사실이고 또 오랜 세월 겪어 직접 알지만, 지혜를 사회에 환원하는 취지를 담은 소중한 글을 이렇게 많이 남긴 줄은 몰랐었다. 판사였던 저자의 마음속에는 무엇이 '있었는지' 새삼 알겠다. 저자는 무엇으로 '살았는지' 또 새삼 알겠고, 더욱 저자의 미소가 그리워진다.

법과 세상에 대한 생전의 뜨거운 애정을 갈무리한 책이다. 제목 그대로 법과 세상을 엮은 이 책을 통해, 저자를 추모하며, 우리 스스로에게 묻는다.

우리는 무엇으로 사는가.

법과 세상을 엮다

이주흥 칼럼집

차례

제2부

법관, 이슈를 이야기하다

제3부

법원, 재판 그리고 판사

제4부

판사, 법관들에게 말을 걸다

제9부

가족 그리고 삶의 언저리

제 1 부

헌법 잣대로 들여다본 세상

탄핵심판, 그 절차적 정의

언론 자유와 명예훼손

법과 폭력의 경계, 정당방위

히잡과 문화적 다원주의

야간시위 허용에 따라야 할 것들

경제민주화에 대한 이해

험난한 법치, 민주의 길

집회 자유에 앞서는 것

탄핵심판, 그 절차적 정의

헌법재판소가 지금 우리 사회를 뒤흔드는 초대형 태풍의 눈 안에 들어섰다. 대통령의 탄핵을 사법기관이 결정한 예는 세계적으로 극히 드물다. 하지만 우리는 유감스럽게도 이런 참담한 상황을 12년 사이에 잇달아 맞닥뜨리게 되었다.

2004년 당시 노무현 대통령 탄핵소추에서도 그랬지만 이번 박근혜 대통령 탄핵소추 역시 우리 정치·사회를 격랑의 소용돌이 속으로 휘몰아가고 있다. 광화문과 청와대 앞에서 타오르는 촛불시위는 이제 안국동 헌법재판소 앞으로까지 옮겨갔다. 가결과 부결을 요구하는 고함 소리로 재판관들이 심리에 제대로 집중할 수 있을는지 걱정이다.

8주간 지속된 대통령 하야 요구 촛불시위는 전 국민적 분노의 응집이라 해도 과언이 아니다. 그러나 이 시위가 헌법재판의 절차와 결과까지 압박한다면 그것이 과연 진정한 민심인지 의문이 든다. 촛불시위가 국민의 의사가 표출되는 일종의 정치적 퍼포먼스라 한다면, 탄핵심판은 법의 지배와 재판의 독립이 작동되어야 하는 정치 외 영역이다. 물론 헌법재판에는 다소 정치적 성격이 끼어들 수밖에 없지만, 그래도 헌법재판소는 엄연한 사법기관이다. 그래서 헌법재판소법은 재판관의 독립을 법적으로 보장한다. 진보든 보수든 이는 존중해야 한다.

헌법재판소는 이 비상시국에 맞추어 분주하다. 날마다 재판관회의를 열고, 2017년 1월 개최하기로 했던 아시아헌법재판소연합 국제심포지엄도 연기했다. 그만큼 이 사건 심리에 집중하겠다는 취지다. 법의 선언은 적절한 시기에 내려야 유효하고 의미가 깊다. 헌법재판소는 이번 사안의 절박성을 누구보다도 잘 알고 있고 가능한 한 신속한 판단을 하기 위해 진력하고 있다.

그런데도 일부 정당이나 정치인, 시・도지사까지 나서서 신속재판을 하라고 한다. 심지어 내년 1월이라는 기한까지 설정해서 탄핵인용결정을 암시하는 듯한 압박을 가한다. 정당이나 정치인이 재판까지 정치적으로 해결하려 드는 일은 바로 재판의 독립과 법의 지배를 위협하는 행태로 비칠 여지가 다분하다.

정의는 보통 사람들의 검증과 거리낌 없는 논평을 거쳐야 한다. 재판의 경우라도 진행 중인 사건에 대해 정의 실현과 관련된 언급이나 논평을 하는 것은 민주사회에서 통상적인 것이다. 하지만 재판관은 이러한 언론의 보도나 대중의 여론에 의연해야 한다. 단체들과 이익집단들의 영향력 행사나 시위에 대해서도 마찬가지다. 평정심을 유지하며 오직 정직하고 공정하게 헌법과 법률을 적용해야 한다.

재판관은 누구도 두려워해서는 안 된다. 재판관이 오로지 받들어야 하는 주인은 바로 법과 국민이다. 헌법재판의 공정성은 이러한 재판관의 독립이 전제되지 않으면 이루기 어렵다. 격랑의 소용돌이 속에서도 모두 중심을 확실히 잡고 차분해야 한다. 이러한 헌법재판의 독립성과 공정성을 국민들도 잘 이해해야 한다.

우리 헌법재판소는 1988년 출범 이래 헌법적 가치들이 우리 생활 속에 제대로 뿌리내리지 못한 열악한 상황에서도 각종 국가적 난제를 슬기롭게 풀어 왔다는 평가를 받는다. 국제적으로 세계 헌법재판을 선도하고 있는 독일 헌법재판소도 우리 재판관들과 여러 차례 세미나를 하며 그동안의 성과와 경험을 교환하고 서로에게 영감을 주고받았다. 한국 헌법재판소를 자신들과 어깨를 나란히 하는 대등한 파트너로 인식했기 때문이다. 국민은 이런 헌법재판소를 믿고, 판단을 내릴 때까지 열린 자세와 절제심을 가지고 기다려야 한다.

❖ 여의나루, 2016년 12월

언론 자유와 명예훼손

명예 · 프라이버시의 보호와 언론 · 표현의 자유라는 두 헌법적 가치는 모두 자유민주적 질서의 본질적 요소다. 그런데 언론 · 표현의 자유가 추구하는 관심사의 공론화와 명예 · 프라이버시라는 사적영역은 서로 대립 · 충돌하기 쉽다. 가토 다쓰야 지국장은 일본 산케이신문 인터넷판에 박근혜 대통령의 세월호 참사 당일 행적에 대한 의혹을 보도했다가 정보통신망을 이용한 명예훼손 혐의로 기소됐다. 2015년 12월 17일 1심 법원은 "허위사실 공표는 맞지만 비방의 목적이 있었다고 단정하기 어렵다"며 무죄를 선고했다. 이 사건에서 검찰은 일본 언론인을 한국 법정에 세워 한 · 일 외교관계 갈등까지 빚었다.

11월에는 한 · 일 간 첨예하게 대립하는 논쟁거리가 또 법대 위에 올랐다. 박유하 교수가 〈제국의 위안부〉란 책에 일본군 위안부의 강제성을 부정하는 내용을 기술하였는데, 이 일이 허위사실 적시에 따른 명예훼손에 해당하는지 여부가 논란이 된 것이다. 이 사건은 미국 〈뉴욕타임스〉 세계면 머리기사에 올랐다. 미국은 1990년 대법원이 성조기 소각 금지를 표현의 자유 침해라고 지적할 만큼 표현의 자유를 최대한 보장하는 나라인지라 이 사건이 주목을 끈 것 같다.

그런데 최근 미국 소설가나 예술가가 다른 나라 사람의 명예를 훼손했다 하여 영국에서 피소되는 일이 종종 발생하고 있다. 런던 법정은 표현의 자유보다는 명예훼손에다 방점을 찍고 있는 터라 불법행위소송의 승소 가능성이 높고 위자료 액수도 만만찮기 때문이다. 반면 자본주의 종주국인 미국에서는 개인정보 자기결정권이나 초상권 등을 별도의 인격권으로 소중히 다루기보다는 프라이버시 문제에 포섭해 버린다. 그래서 오히려 빅데이터나 유명 연예인 초상의 퍼블리시티권 등 정보나 초상의 영리적 재산권적 측면을 강조한다. 이와 같이 표현의 자유와 명예, 프라이버시 간 우월성에 관한 잣대나 심사기준이 나라마다 다르니 그로 인한 국가 간 갈등도 생겨난다.

20세기 급격한 기술 발전과 사회 변화로 인해 언론이 개인의 명예나 사생활을 침해할 가능성이 크게 높아졌다. 사람은 사회적 동물이라 자연히 사회적 관계를 가질 수밖에 없고, 같은 시대를 살아가는 사람들은 공익과 관련된 사항에서 다른 사람의 정보를 제공하도록 요청한다. 언론은 이러한 공중의 정당한 수요를 진지하고 적절하게 충족하고 실질적으로 여론형성에 기여하기 위해 탄생된 제도이자 수단이다. 그런 점에서 사회적 의미를 가진 사안에 관한 한 공공정보의 이익이 더 우월하다.

공적 이익의 우월성이 두드러진 영역이 바로 공직자나 정치인을 향한 비판이다. 언론과 표현의 자유가 없으면 민주사회는 존립 기반을 잃어버리므로 다소 공격적・충격적이고 불편한 보도가 나오더라도 다양성과 관용이라는 관점에서 이를 폭넓게 허용해야 한다. 특히 정치인은 의식적으로 자신을 노출시키므로 그 언행이 언론이나 대중의 엄정한 잣대에 놓이게 마련이다. 공직자나 정치인의 직무활동이 항상 국민의 감시와 비판의 대상이 되어야 함은 두말할 나위가 없다.

대통령이라 하더라도 내밀한 사적영역은 절대적으로 보호받아야 한다. 대통령은 직위상 다른 공직자나 정치인에 비해 프라이버시로 보호받는 영역이 훨씬 좁다. 하지만 공익상 필요하다 할 만한 명예 및 사생활 침해에서도 사안의 중요성에 따라 적정한 비례관계를 유지해야 한다. 세월호 침몰 당시 대통령의 행적이 지대한 공적 관심사이기에 이에 관한 보도 또한 단순 비방을 목적으로 한 것이 아니라 할 수 있겠지만, 언론은 항상 실체적 진실을 발견하기 위해 진지한 고민을 하며 표현에 있어서도 절도(節度)를 견지해야 한다.

❖ 여의나루, 2015년 12월

법과 폭력의 경계, 정당방위

"법은 불법에 양보할 필요가 없다"는 법언(法諺)으로 널리 표현되는 정당방위는 용어 자체부터 멋있다. 법은 멀리 있고, 폭력은 코앞에 닥쳤을 때 나와 사회를 지켜 주는 가장 큰 무기가 무엇일지 고민하면 가장 먼저 떠오르는 것이 정당방위다. 총기 사용을 허용하는 미국에서는 치명적 범죄에 대한 공포감이 널리 퍼져 있어 배심원이 정당방위를 폭넓게 받아들이는 경향이 있다. 2013년에 백인 짐머만이 흑인 소년을 총격으로 살해한 사건이나 2014년 미주리주 퍼거슨시에서 백인 경찰관이 흑인을 총으로 죽인 사건에서도 마찬가지였다. 경찰관 총격 살인사건에서는 백인 경찰 대 비무장 흑인이라는 구도가 압도적이기에 미국의 법이 흑인에게 더 가혹하다는 비판도 일어난다.

우리나라에서도 정당방위 여부를 둘러싼 논쟁이 다양한 사례에서 전개된다. 1990년대의 '강제키스 혀 절단사건'이나 성관계를 강요한 의붓아버지를 살해한 '김보은 사건'은 정당방위 논쟁으로 당시 세상을 떠들썩하게 했다. 2014년에도 도둑을 빨래건조대 등으로 폭행해 뇌사에 빠뜨린 '도둑 뇌사사건'이나 예비 신부를 찔러 죽인 가해자를 예비 신랑이 살해한 '공릉동 살인사건' 등이 정당방위에 대한 세간의 관심을 이어주고 있다.

천만 관객이 본 영화 〈베테랑〉에서는 형사 황정민이 안하무인 재벌 3세 유아인에게 얻어맞다가 어느 순간 "지금부터 정당방위다"라고 한마디 뱉고는 반격을 가하기 시작한다. 보통 사람들은 얻어맞다가 반격을 해도 정당방위보다는 맞싸움으로 취급당해 반격의 정당성을 확보하기가 쉽지 않다. 그러니 싸움의 발생 원인과 진행 상황 등 구체적인 경위를 면밀히 분석해서 정당방위 여부를 제대로 따져야 한다. 정당방위를 너무 좁게 보면, 특히 폭행당하는 약자를 도와주기 위해 폭력을 제지하고 나선 경우에는 오히려 법질서를 수호하려는 시민의 용기를 외면하는 꼴이 된다.

최근 경찰과 시위대의 물리적 충돌로 인해 정당방위가 뜨거운 이슈로 떠올랐다. 지난 14일 대규모 도심 집회(대한민국 민중총궐기)에서 도로를 점거한 시위 참가자들은 차벽을 친 경찰버스의 창문을 쇠파이프로 부수었다. 경찰은 물대포를 살포하여 시위 참가자 중 한 명에게 중상을 입혔다. 이를 둘러싸고 '닭과 달걀' 논쟁처럼 누구 잘못이 먼저고, 더 큰지 상대방 허물을 들춰내기 바쁘다. 언론과 정치권에서는 폭력시위다, 과잉진압이다 하며 초점을 어디에 맞출 것인지로 의견 대립이 첨예하다. 차벽 설치와 물대포 사용은 정당한 경찰 공권력 행사인가? 아니면 그 정도가 지나쳤고 시위 참가자의 행동자유권을 침해하였기에 그에 대항한 시위 참가자의 유형력 행사가 정당방위일까?

시위의 자유는 소수파와 약자를 존중하고, 관용과 다양한 견해가 공존하는 '열린 사회'를 지향하기 위해 국가가 보호해야 할 기본권이다. 그러나 다른 한편, 타인의 법익이나 공공의 안녕을 위해 차벽을 설치하거나 물대포를 사용하여 과격한 불법시위를 저지할 수도 있다. 문제는 언제, 어떤 경우에 그런 조치를 취할 수 있느냐다.

헌법재판소는 그 기준을 설정한 바 있다. 불법 폭력시위를 방지하기 위한 차벽은 목적 달성을 위한 최소한의 범위에서 설치해야 한다. 모든 통행을 금지하는 전면적이고 광범위한, 극단적인 조치여서는 안 된다. 물대포 역시 직접적이고 명백한 위험을 초래하는 시위 상황에서만 발사해야 한다. 살수를 할 때도 물대포와 시위대 간 거리 등 안전을 위한 현장 상황을 고려해야 한다.

시위 참가자는 자신이 누려야 할 자유의 외곽을 둘러친 울타리를 올바르게 인식해야 한다. 경찰은 남용과 과잉으로 인해 정당방위 시비에 빠지지 않도록 신중하게 공권력을 행사해야 한다.

❖ 여의나루, 2015년 11월

히잡과 문화적 다원주의

올해가 열리자마자 이슬람 근본주의자들이 이슬람 풍자 만평을 싣던 프랑스 파리 중심부 소재 언론사 사무실에 난입해 총기를 난사했다. 이 테러는 유럽 사회에 무슬림을 향한 두려움과 의혹 그리고 반이슬람 정서를 부추기는 계기가 됐다. 서구와 이슬람 세계 간 정서적 혼란과 갈등은 최근 시리아 난민들이 유럽으로 물밀듯이 들이닥치면서 엄청나게 증폭되었다. 지난 8일에는 헝가리 방송사 여성기자가 난민수용소에서 경찰을 피해 아이를 안고 달아나는 시리아 난민의 발을 걸어 넘어뜨리는 모습이 인터넷에 공개되었고, 지난 12일 폴란드에선 시위대가 "이슬람은 유럽에 죽음을 가져온다"는 구호를 외치면서 거리를 행진했다.

기독교 문명이 지배하는 서구사회가 문화적 다원주의라는 대의명분을 내세우지만 한편으로는 무슬림 세력의 유입으로 기독교 문명이 침식되고 있다는 위기감 또한 점점 높아진다. 무슬림의 항의로 기독교의 상징인 십자가가 독일 법정과 공립학교 교실에서 사라졌다. 베이컨, 햄, 소시지 등 돼지고기를 즐겨 먹는 프랑스인들은 무슬림 학생들을 위한 특별한 대체식단을 언제까지 마련해야 할지 고민한다.

이슬람의 종교적, 문화적 전통이 미국 및 서구사회에서 빚은 갈등과 충돌이 끝내 조정되지 않으면 법정까지 간다. 남성 무슬림 재소자의 턱수염을 허용하지 않던 미국 교도소의 보안조치는 위헌으로 판정 났다. 뜨거운 논쟁의 한복판에는 여성 무슬림의 히잡(*Hijab*) 착용이 있다. 합리성과 인권을 내세워 정체성의 상징이던 전통 히잡을 벗어던진 젊은 무슬림 여성운동가가 늘어나는 반면, 거꾸로 테러의 표적이 될 수 있는데도 적극적, 의식적으로 히잡 착용을 고집하는 엘리트 여성들도 증가한다. 많은 유럽인에게 히잡은 문명 차원의 도전이자 기독교 정체성을 향한 위협이다. 과연 유럽사회가 이 '낯선' 전통과 무슬림 여성의 개성 그리고 자율을 어디까지 존중할 것인지, 자유주의적 유럽인들의 인내와 관용이 시험대에 올라섰다 하겠다.

프랑스는 물론, 유럽에서 가장 자유롭다는 네덜란드조차 공립학교 등 공공시설에서 종교색을 드러내는 상징물을 착용하는 일을 상생의 거부, 사회통합의 장벽 내지 차별화의 상징으로 보고 금지하려고 한다. 그런데 독일 헌법재판소는 올해 1월, 파리 테러 직후임에도 탄복할 만한 포용과 배려를 보였다.

독일 노르트라인 베스트팔렌주는 공립학교에서 수업 중 히잡을 쓰고 기독교 가정의 아이들을 가르친 무슬림 여성교사를 해고했다. 학생들이 원하지 않는 종교적, 정치적 영향을 받을 위험을 감수해야 하고, 선생과 학생, 학부모 사이의 갈등 및 적대감이 커져 학교의 평화가 깨질 우려가 있다는 것이 해고 이유였다. 해고당한 교사는 노동법원이 해고처분 취소청구를 기각하자 연방헌법재판소에 재판소원을 제기했다. 헌법재판소는 무슬림 여성교사의 손을 들어 주었다. 재판소는 이런 방식을 통해 무슬림 여성들을 교육자라는 직업으로부터 실질적으로 배제한다면 이는 여성평등을 해할 수 있고, 기독교적·서양적 문화가치 및 전통에 기인하지 않는 외형적 종교 표현에 불이익을 주어야 할 합당한 이유를 찾을 수 없다고 지적하였다.

이러한 판결은 유럽인의 일반적 정서와는 동떨어진 것 같다. 하지만 이슬람 전통과 문화의 계승 여부는 문화상대주의 관점에서 무슬림 자신들이 선택할 문제다. 어느 누구도 전통을 강요할 수 없듯이 '전통의 파괴' 역시 강제할 수는 없다.

행동의 자유는 인간의 존엄과 가치에 직결되는 인류보편적인 헌법적 가치다. 독일 헌법재판소가 보여 준 인권과 다양성을 향한 고려 그리고 관용은 강자가 약자에게 먼저 다가가는 서구문명의 장점이라 하겠다. 지구 반대편에 있는 우리도 이러한 독일의 상생과 통합의 노력을 이해하고, 다문화 지구인들과 함께 살아가는 지혜를 배워야 할 시점에 이르렀다.

❖ 여의나루, 2015년 9월

야간시위 허용에 따라야 할 것들

시위를 거리의 정치라 한다. 과점적 미디어질서에서 소외된 소수파와 약자가 자신들의 불만과 비판을 국회가 아닌 거리에서 직접 몸으로 표출하기 때문이다. 그러한 의견표명 과정에서 선동이 남용되고 바람직하지 못한 방향으로 격정(激情)화할 수 있는 위험이 상존한다. 또 시위가 갖는 역동적 기능과 집단적 힘 때문에 폭력과 무질서에 빠지기 쉽다. 통상 기존 질서에 대항해 변화를 추구하므로 공격적이고 호전적인 이미지도 부각된다.

이런 위험과 우려는 야간시위에서 더 심화된다. 경찰청 발표에 따르면 2011년부터 2013년까지 전체 건수 대비 불법 폭력행위 비율은 야간이 주간의 4배나 된다고 한다. 헌법재판소도 야간시위가 주간시위보다 질서를 유지하기 더 어렵고 다른 사람의 평온에 미치는 영향도 크다는 점을 인정했다. 덧붙여 밤 12시까지는 시위를 허용해도 공공의 질서와 평화를 침해할 위험성이 크다고 할 수 없다고도 했다.

인격의 자유로운 발현과 행동의 자유라는 관점에서 보면, 낮에는 허용되는 행동을 밤에는 금지한다는 것은 받아들이기 어렵다. 1980년대까지 30년 넘게 실시했던 야간통행 금지를 해제할 당시에도 범법자가 크게 날뛰게 될 것이라는 반대여론이 우세했지만 이는 우려에만 그쳤다. 밤과 낮이라는 이분법만으로 시위의 적법과 위법을 가르는 것은 오늘날의 생활패턴과도 맞지 않는다. 문제의 본질은 시위에서의 법질서 무시와 이로 인한 법치의 실종이지 야간시위 자체의 허용이나 불용이 아니다.

헌법재판소의 야간시위 허용은 야간 옥외집회 허용에 따른 우려와 위험을 안고서 내린 전향적 결단으로 보인다. 우리는 이러한 헌법재판소의 결단을 존중해야 하고 그 진정한 의미를 되새겨 봐야 할 것이다. 헌법재판소가 야간시위 금지의 족쇄를 푼 것은 시위 참가자의 책임의식과 질서의식을 믿는다는 취지가 담겼다고 본다. 시위 시간을 선진국처럼 정상으로 돌려놓은 마당에 이제는 시위 행태에 대한 근본적 각성을 해야 한다.

공공장소의 장기간 독점, 주요 도로 점거와 그로 인한 교통마비, 새벽까지 이어지는 확성기 소음이 과연 민주적 집회이고 시위인가? 이제 시위가 훨씬 자유로워진 만큼 시위 주최자나 참가자는 더욱 엄정한 책임을 져야 한다. 시위대는 원활한 교통을 위해 행진노선이나 행진방법 등 부과된 조건을 잘 지켜야 한다. 경찰 저지선이 무너지고 경찰이 시위대에게 얻어맞는 모습을 보는 국민의 마음은 참담하고 불안하다. 집회 시위라면 으레 따라다니는 무법 난장판에 국민은 지쳐 있다. 아무리 주장이 옳더라도 폭력시위의 당위성을 누가 지지하겠는가. 이제는 그 고리를 끊어야 할 때가 됐다.

시위 참가자들이 자신들만 목소리를 낼 수 있고 나머지 국민은 침묵하고 참아야 한다고 생각한다면 이는 오만이다. 자신의 권리가 소중하듯 다른 사람의 권리도 존중받아야 한다. 밤낮으로 허용되는 시위에 이제는 절제와 배려가 있어야 한다. 이것이 민주주의를 유지하는 핵심적 요소다. 이를 통해 진일보하여 성숙한 시위문화로 나아가야 한다. 시위 현장은 민주와 법치가 평가받는 대화와 통합의 광장이다.

야간시위 허용은 비정상의 시위문화가 정상으로 되돌아가는 획기적 전환점이 돼야 한다. 시위는 한편으로는 사회 건강, 다른 한편으로는 사회 기강의 척도다. 시위의 자유를 마음껏 누리기 위해 불법투쟁의 시위와는 단호히 결별해야 할 것이다.

❖ 여의나루, 2014년 4월

경제민주화에 대한 이해

1980년대에 불어닥친 정치민주화의 열기는 사회 전 영역으로 퍼져 나갔다. 경제민주화, 교육민주화, 사법민주화, 심지어는 경찰, 군대의 민주화까지 이어졌다. 민주주의란 말은 익히 들어 왔지만 '경제민주화'란 단어는 2012년 대통령선거 전까지 별 주목을 받지 못했다. 2012년 대선 후보들이 경제 분야 핵심 공약으로 경제민주화를 들고 나와 대선의 큰 화두가 됐다. 그러나 최근 경제 여건이 악화되고 경제를 살려야 할 기업의 반발이 심해지자 집권당은 경제민주화의 지속적 추진을 다소 부담스러워하고 있다.

'민주'는 최근 역사교과서 논쟁에서 보듯 헌법정신이나 건국이념과 직결된다. 교육과학기술부가 2011년 역사교과서 서술지침에서 '민주주의'를 '자유민주주의'로 대체하려고 하였지만 일부 진보 역사학자들은 이에 반발했다. 우리나라가 지향하는 목표가 헌법 전문에 나타난 대로 자유민주적 질서인지라 별 의문 없이 '자유민주주의'란 용어가 더 적합할 듯한데, 이들은 자유민주주의를 지향하지 않았던 독립운동을 포용할 수 없다는 등 이유를 들어 '자유'를 민주 앞에 두는 일을 반대했다. 보수와 진보의 인식 차이는 그만큼 컸다.

대한민국의 정체성이나 정통성을 둘러싼 논쟁은 경제질서와 경제민주화 논의에서도 계속된다. 헌법은 "대한민국의 경제질서는 개인과 기업의 경제상 자유와 창의를 존중함을 기본으로 한다"고 했다. 사유재산제와 자유경쟁을 존중하는 자유시장경제가 경제질서의 기본임을 선언한 것이다.

위 조문 바로 아래에는 경제에 관한 규제와 조정의 근거로 '경제민주화'를 들었다. 이전 헌법에서 '사회정의'로 규정했던 것을 1987년 개정하며 이 용어로 바꾼 것이다. 헌법재판소 창립 초기에는 기본 원칙인 '경제상 자유'에 무게를 두었다. 그래서 경제민주화를 내세운 국가적 규제는 필요 최소한도에 그쳐야 한다는 입장을 취했다. 그러나 1990년대 중반을 넘어서면서 이전의 소수의견이 다수의견으로 변했다. 사회정의를 실현하기 위한 광범위한 국가적 규제와 조정을 용인해야 하고, 국가는 경제현실, 경제 · 사회적 비용, 국민 내지 이해당사자의 인식 등 제반 사정을 고려해 필요한 경제정책을 선택할 수 있으며 이는 현저히 불합리하지 않는 한 존중받아야 한다고 했다.

원래 법의 근본이념은 평등과 정의의 실현이고, 정의는 실질적으로 적절하게 균형 잡힌 조화로운 질서를 의미한다. 그렇다면 경제영역에서 다양한 경제주체 간에 균등과 조화를 실현하는 경제민주화는 굳이 헌법조항에 들어가 있지 않더라도 당연히 추구해야 한다. 경제민주화는 제반 경제영역에서 살아서 작용해야 하며 경제 관련한 어느 법을 제정하든지 고려돼야 할 헌법정신이다.

물론 경제민주화도 자유민주적 기본질서를 존중하는 범위 내에서 이뤄져야 한다. 경제민주화는 자유경제질서를 보완하는 원리로서 이와 조화를 이뤄야 한다. 규제와 조정을 명분으로 경제에 관한 국민의 기본권을 함부로 침해해서는 안 된다. 또한 경제현실이나 시대적 상황, 국가 재정, 다른 경제정책과의 우선순위 비교 등을 통해 경제민주화의 속도를 조절할 수도 있다.

그렇지만 경제민주화와 경제활성화가 대칭 관계에 있거나 양자택일해야 할 사항은 아니다. 경제성장은 경제민주화의 전제조건이며 경제성장 없이는 경제민주화도 없다. 그렇지만 성장을 볼모삼아 경제민주화를 회피하려 해서는 안 된다. 여건에 따라 정책의 초점을 경제성장에 맞출 수는 있지만, 경제민주화가 경제성장에 걸림돌이 되거나 수출을 막는 양 호도하는 것은 적절하지 않다. 마찬가지로 경제민주화를 반기업 정서를 북돋거나 빈부 대결구도를 부추기는 선전도구로 사용해서도 안 된다. 경제민주화는 중단 없이 이어져야 하고 보수나 진보를 떠나 누구나 아껴야 할 소중한 가치다.

❖ 여의나루, 2013년 10월

험난한 법치, 민주의 길

북아프리카와 중동을 강타한 민주화 열풍을 지켜보면서 대학 시절 우리들이 겪었던 과거의 영상이 오버랩됐다.

1970년대는 정치·경제·사회 전 분야가 지금과는 엄청나게 달랐다. 장발단속, 야간 통행금지가 있었으며, 유신헌법 반대데모와 긴급조치로 학교 문이 굳게 닫히기 일쑤였다. 동숭동, 혜화동 교정에 어김없이 봄은 오고 벚꽃이 화사하게 피었건만, 우리는 최루탄 가스로 눈물 콧물 범벅이 돼 계절의 운치도 제대로 느끼지 못한 채 소주 한 잔에 울분을 타서 마시며 참아 냈다. 그 시절 독재는 확고부동해 보였다. 지금처럼 자유롭고 달콤한 공기를 가슴 가득 들이마셔 볼 줄은 꿈에나 상상할 수 있었겠는가?

전 세계의 정보가 인터넷으로 빠르게 공개·공유되는 최첨단 정보통신시대에 사는 우리가 다시 과거처럼 끔찍한 독재의 지배하에 놓이게 되는 일은 있을 수 없다. 그러나 독재는 이제 저 멀리 갔다 하더라도, 오늘 우리 사회에 건강하고 행복한 민주, 법치의 꽃이 만개하였느냐 묻는다면 선뜻 자신 있게 대답할 사람은 적을 것이다. 현실에서 민주와 법치는 이전과 다른 양상으로 심각한 도전을 받고 있고, 민주와 법치가 왜

곡되는 현상도 여기저기서 목격된다.

민주국가에서도 지배구조가 없을 수 없다. 국가권력을 쥔 사람은 권력과 인간의 속성상 아무 견제 없이 권력을 휘두르고 싶고, 권력을 놓고 싶지 않다는 유혹에 빠진다. 우리가 자유를 보장받기 위해 국가를 만들었는데 그 국가가 자유를 침해하는 일이 생기는 것은 아이러니가 아닐 수 없다. '빵은 부족하더라도 자유만은 완전히 가지고 싶다'는 인류의 욕망은 어쩌면 국가권력과 숙명적으로 충돌할 수밖에 없고, 그 조화로운 접점을 어떻게 찾을지는 인류의 영원한 숙제일지도 모른다.

6·25전쟁 때 국회의원을 지내면서 형법과 형사소송법을 제정하는 데 크게 관여하신 엄상섭 선생은 이러한 어려움을 일찍이 간파했다. 선생은 국회의원, 판·검사가 권력을 오·남용하는 것을 경계해 "국가기관을 신뢰해야 하겠지만 절대로 신뢰할 수 없다는 것이 현실인 만큼 국가기관을 구성하는 자연인의 욕망을 법적으로 구속해 두어야 한다"면서 국가권력을 행사하는 데에 있어서의 민주와 법치를 주문하였다.

많은 사람들이 '민주'라는 말을 끌어다 쓴다. 여기서 민주란 과연 무엇일까? 우리가 '민주적인 방식으로 문제를 해결하여야 한다'거나 혹은 '우리 조직은 민주적이다'라 말할 때 민주적인 조직과 방식, 절차는 과연 무엇을 의미하는 것일까?

민주의 뿌리는 가정, 직장에서의 의사결정과정에서와 마찬가지로 대화와 타협, 존중과 배려다. 사회에서는 각종 권리와 이익 사이에 충돌이 발생하기 마련이다. 최근 안마사 직업선택 및 종사의 자유를 둘러싼 장애인과 비장애인 간 갈등, 또는 집회시위 참가자가 주장하는 표현의 자유와 집회 지역 주변 상업종사자의 권리 간 충돌에서 볼 수 있듯이 이러한 충돌은 첨예하게 드러나기도 한다.

조정과 협상 중에는 상호존중이라는 바탕 위에서 각자가 논리와 이치를 동원하여 상대방을 설득해야 한다. 여의치 않으면 표결로 의견을 모을 수밖에 없다. 하지만 이렇게 대화하고 협상해 온 역사가 일천한 탓에 필요한 기술이 미숙하다.

자기 의사를 관철하기 위해 종종 집단행동을 한다. 폭력을 쓰기도 하고 여론몰이도 하며 혹은 단식이나 자살 등 극단적인 투쟁 방법까지 쓴다. 무엇이 국민의 의사인지는 모호하기 그지없는데, 이를 여론으로 포장해 압력을 가한다. 포퓰리즘도 한몫 낀다. 연고주의, 정실주의나 뇌물로 정당한 의사결정을 오도하거나 왜곡하려는 시도도 있다. 이 모든 것은 민주, 법치의 커다란 적이다. 도처에 보이는 이런 비민주적, 비법치적 방식은 우리나라가 선진국으로 진입하는 데 발목을 잡는다.

인간 사회에는 다수의견과 소수의견이 존재하기 마련이다. 다수의견이 항상 최선인 것은 아니다. 자신의 견해가 채택되지 않을 수도 있다. 그러면 자신의 의견이 다수의견이 되도록 준비하고 기다려야 한다. 언제든지 다수의견과 소수의견이 뒤바뀔 수 있는 유연한 사회가 건강한 사회다. 자신의 견해가 채택되지 못하였다고 반대편을 악으로 단정해 극단적 시위나 폭력을 택한다면, 우리가 지키고자 했던 소중한 가치들은 쉽게 허물어져 버릴 수 있다.

다수와 소수가 크게 바뀌는 것이 바로 선거이다. 선거를 통해서 정권교체가 이뤄지는 것이다. 내가 뽑는 대통령과 국회의원이 우리나라의 운명, 나의 운명, 내 삶의 질을 결정한다면 선거야말로 얼마나 중요한 것인가? 그리고 다수의 국민의사가 집결해 나타나는 것이 국회에서 만든 법률이다. 법률은 지켜야 한다는 의미에서 사회적 계약이라 부를 수 있다. 물론 국회는 지키고 싶도록 법을 잘 만들어야 한다. 이것이 민주

법치국가가 번성할 수 있는 전제조건이다.

그런데 현실에서 종종 최상의 법이란 이상향에 불과하고, 우리는 상대적 정의를 추종할 뿐이다. 법의 목표는 '정의'라는데 그렇다면 정의롭지 못한 법은 안 지켜도 되는 것인가? 정의와 법, 현실과 이상 사이의 괴리는 법치주의를 실현하면서 겪는 갈등이다.

제2차 세계대전 후 일본 야마구치 판사의 일화는 그 갈등을 선명히 보여 준다. 패전하고 난 뒤 식량이 절대 부족한 상황에서 일본은 식량배급을 실시했다. 그런데 배급한 쌀만 먹고 지내면 딱 죽게 돼 있었다. 야마구치 판사는 죽음이냐 암매(暗買)라는 양곡관리법위반이냐 하는 이율배반 사이에서 고민했다. 결국 그는 소크라테스처럼 악법을 지키다가 죽겠다면서 아사(餓死)를 택했다. 나치시대를 경험한 라드부르흐(Gustav Radbruch)는 법이 내용상 부정의하고 비합목적이라도 법의 우위를 인정하여야 한다고 말한다. 그러나 정의에 대한 실정 법률의 모순이 참을 수 없을 정도에 이르면 법률은 정의에 물러서야 한다고 했다.

법률이 헌법을 위반할 만큼 현저히 정당성을 결(缺)한 것으로 보이면 위헌제청을 해 그 위헌 여부를 가려야 하고, 그 결정에 따라야 한다. 이 절차적 정의를 무시하면 사회의 평화가 어떻게 지탱될 수 있겠는가? 사법도 시스템이다. 우리의 발전과 번영을 위해서 채택한 제도이고, 그에 따른 결정은 불만이 있더라도 따라야 한다. 이런 법적 안정성 위에서 평화가 유지되는 것이다.

우리 사회는 역사적으로 법치에 대해 좋지 않은 기억과 고정관념을 가지고 있다. 법이 일제강점기의 식민지배와 수탈, 해방 후 독재의 수단으로 악용되었기 때문이다. 이제 그렇지 않은 세상에서도 그동안 깊이 뿌리내린 법을 향한 불신은 불식되지 않은 채 법치주의 실현의 걸림돌이 된다.

현명하고 인자한 지도자에 의한 인치(人治)를 강조하면서, 법을 정치의 뒤치다꺼리나 하위개념으로 치부하는 동양의 사상적 배경도 문제다. 인치도 물론 중요하지만 국가는 법과 제도라는 시스템으로 경영해야 한다. 인치만으로는 복잡한 현대사회를 감당할 수 없다.

의견과 이익의 충돌은 최종적으로는 법정에서 적나라하게 모습을 드러낸다. 법정에서 국민은 재판 대상이 아닌 주체로 인정받아야 한다. 결정은 판사가 내린다. 하지만 판사가 국민의 말을 막지 말고 귀담아 들어야 한다는 청문권은 재판청구권과 함께 기본적 인권이다. 갈등과 대립을 빚는 집단이나 세력은 공개법정이라는 용광로에서 재판이라는 절차를 거치면서 하나로 용해돼 충돌을 일단락을 짓고 앞으로 나가게 된다. 법정 자체가 바로 민주의 장(場)이다. 그곳에서 도출된 결론에 따르는 것 역시 법치의 핵심이다.

우리는 후손들에게 어떠한 모습의 대한민국을 물려줄 것인가. 자녀들에게 개인적 부를 물려주는 것보다는 민주와 법치가 살아 숨 쉬는 건전하고 밝은 사회를 만들어 주는 것이 더 중요하다. 법치, 민주의 길은 험난하다. 하지만 민주주의와 법치를 달성하지 못하면 행복은 보장되지 않는다. 자유가 없는 세상에서 개인의 행복을 어떻게 기대할 수 있겠는가? 민주, 법치가 제대로 이 땅에 뿌리를 내려야 한다.

요즘 항간에 회자되는 공정사회란 바로 정당한 법의 원리가 작동되는 사회를 말한다. 민주와 법치의 꽃이 활짝 핀, 건강한 사회를 후손들에게 물려주자.

❖ 월간생명보험, 2011년 3월

집회 자유에 앞서는 것

촛불시위가 석 달 넘게 이어졌다. 광화문 일대 상인들은 위법시위로부터 자신들을 보호해야 하는 국가가 제 역할을 다하지 못했다고 소송을 제기했다. 공공의 안녕질서를 위해 일선에 선 경찰이 시위대로부터 얻어맞고는 주도자를 상대로 손해배상을 청구하는 일까지 벌어진다. 국민 입장에서는 참 묘하고 착잡하다.

집회의 자유는 행사의 시간·장소를 선택할 자유를 포함한다. 주최 측은 되도록 많은 사람이 참여할 수 있는 시간대와 장소를 선호하지만, 주최 측의 결정권을 절대적으로 보장할 수는 없다. 중요한 다른 법익을 보호하기 위해 필수적인 경우에 집회의 자유는 법익에 양보해야 한다. 특히 시간 및 장소 선택에 있어서 인근 상인이나 운전자의 이해와 민감하게 충돌할 수 있다. 출퇴근 시간대에 주요 도로에서 열리는 집회는 교통을 심각하게 방해한다. 여기서는 집회 참여자와 비참여자의 권리·이익 사이에 적절한 조정이 이뤄져야 한다.

우리 법은 야간에는 원칙적으로 옥외집회를 열지 못하도록 한다. 낮보다 밤에 질서를 유지하기 어렵고, 밤에는 자극에 민감하여 흥분하기 쉽다는 점을 금지 이유로 든다. 그러나 낮과 밤이라는 차이 하나로 행동의 허용과 금지를 판가름하는 점은 선뜻 수긍하기 어렵다. 집회를 주간에만 할 수 있다면 직장인은 원천적으로 참가가 어려워 자유를 본질적으로 침해하지 않느냐는 시비가 일 수 있다. 그래서일까? 상당수 일반인은 야간집회가 왜 금지돼야 하는지 모르는 듯하다. 비현실적 법 규정은 탈법의 빌미를 준다. 이익 조정이라는 저울질 없이 야간집회의 원칙적 금지만 고집한다면 문제가 있다. '집회의 성격상 부득이한 경우'에는 야간집회를 허용하는 현행법을 융통성 있게 잘 운용해야 한다.

한편 도로에서 집회를 열면 집회의 자유와 도로를 통행하려는 사람들의 이동의 자유가 크게 부딪힌다. 시위에 적절한 장소를 발견하기 어려운 여건으로 인해 시위대는 차도를 사용하는 데에 이미 익숙하다. 교통량이 많은 주요 도로일수록 대중과 언론의 주목을 많이 받게 마련이라는 점도 시위대가 차도를 선호하게 한다. 한편 대규모 집회나 시위는 성격상 교통의 원활한 소통을 방해하기 쉽기 때문에 시위를 하면서 교통소통을 방해하지 말라고 요구하기는 사실상 불가능하다. 그러므로 법 규정을 들어 주요 도로에 대해 항상 전면적으로 집회 및 시위를 못하게 막는 방침도 문제다. 그렇다고 종로와 같은 주요 도로의 8차선 전체를 8시간이나 막고 시위를 하는 일 또한 용인할 수 없는 노릇이다.

결국 도로에서의 조화점은 시위와 관계없는 사람들이 자신의 영업권, 행동자유권을 어느 정도나 양보해야 하는지와 관련된다고 볼 수 있다. 주요 도로일수록 시위대가 차도 전체를 점거하거나 장시간 점거함으로써 불편을 겪는 사람의 시간과 노력, 비용은 그만큼 더 크다. 따라서 주요 도로에서의 집회·시위에서는 반드시 일부 차도를 통한 교통소통을 보장하고 폴리스라인을 유지한다는 조건을 준수케 해야 한다. 교통소통 방해의 심각성에 비례해 집회 기간도 그만큼 짧아지도록 유도해야 한다.

법이 정당하냐 아니냐에 대해서는 견해가 나뉠 수 있다. 그러나 법을 만들도록 우리가 뽑은 국회의원이 제정한 법률에 다소 문제가 있어도, 도저히 정의롭지 못해서 감당할 수 없는 것이 아니라면 법으로서 존중해야 한다. 법률의 무효 선언은 오로지 헌법재판소만이 할 수 있다. 판단이 내려질 때까지는 의당 지켜야 하며, 그 결정에 불만이 있더라도 승복해야 한다. 이것이 바로 자유민주사회가 제대로 돌아갈 수 있는 메커니즘이다.

국가가 탄생한 것은 끝없이 자기 욕망을 추구하는 만인 사이의 투쟁을 해소하기 위해서다. 국가가 없으면 자유도 없음을 역사가 잘 가르쳐준다. 시위현장에서의 폭력과 진압이라는 악순환은 자유민주사회의 고귀한 시위문화 성숙을 어렵게 한다. 자신이 누려야 할 자유의 외곽을 둘러싼 울타리를 올바로 인식하는 일은 자유의 정신을 지키는 것 못지않게 중요하다. 울타리, 즉 법치는 우리가 마셔야 할 깨끗한 물이고 숨 쉬어야 할 맑은 공기다.

❖ 동아광장, 2008년 8월

법관, 이슈를 이야기하다

AI가 판결문을 쓴다?

문학・예술분야에서 인공지능 실용화가 급속도로 이루어지고 있다. 중국에서는 알리바바의 인공지능이 이달 초 방영된 중국판 〈나는 가수다〉의 우승자를 맞혀 화제가 되었다. 인공지능은 노래의 인기도, 가수의 성량과 음정의 정확도, 가사 내용, 관객 반응을 종합평가해 결선 진출자 7명까지 정확히 가려냈다.

일본에서는 법학자, 소설가, 화가 등으로 '차세대 지식재산 검토위원회'를 구성해 인공지능의 창작물을 대상으로 저작권을 인정할 것인지를 놓고 논의를 벌이고 있다. 지난달에는 인공지능이 쓴 소설이 SF작가 호시 신이치(星新一)를 기리는 문학상 공모전에 출품돼 1차 심사까지 통과했다.

출품작을 낸 연구팀은 인공지능에 호시의 작품과 역대 호시문학상 수상작을 샘플로 입력한 뒤 '언제', '어떤 날씨에', '무엇을 하고 있다'는 등의 요소를 소설에 포함시키도록 지시하면, 인공지능이 관련 단어들을 자동적으로 골라 문맥상 자연스러운 표현을 이어가면서 의미 있는 문장을 완성하였다고 한다. 지금 단계에서 줄거리와 등장인물을 구상하는 일은 여전히 사람의 몫이고, 인공지능은 그 스토리에 따라 문장을 지어

낼 뿐이다. 그러나 연구팀은 2년 안에 스토리까지 자동으로 만들어 내는 인공지능을 개발하려는 목표를 세웠다. 인공지능이 수많은 소설을 익히고 데이터베이스를 쌓으면, 빠른 시간 내에 풍성하고 섬세한 묘사까지 가능하게 될 것이라는 관측이 나온다.

한편 미국의 로봇 기자 '워드 스미스'는 2013년 한 해에만 300만 건이 넘는 기사를 썼는데, 이는 모든 미디어기업이 1년간 쓴 글보다 많은 양이다. 로봇이 쓴 기사와 일반 기자가 쓴 기사를 구별해 내는 실험에서 참가자 절반 이상이 둘을 구분하지 못했다고 한다. IBM이 제작한 인공지능 컴퓨터 프로그램 '왓슨'(Watson)은 단어의 의미나 단어 간 관계를 파악하여 질문의 취지를 이해한 뒤 위키피디아를 포함한 방대한 자료를 분석하여 답을 추론한다.

인공지능을 법률문서 작성에 활용하면 어떻게 될까. 보고문서격인 법률문장 작성은 감성적인 문학작품 창작에 비해 인공지능이 접근하기 훨씬 쉬울 것이다. 올해 1월 동계 다보스포럼은 인공지능 발전으로 향후 5년간 선진국 15개국에서 일자리 700만여 개가 사라질 것이라 전망하였다. 축소될 직업군 중 하나로 법률자문분야가 꼽혔다. 이와 관련해 미래학자 짐 데이터(Jim Dator)는 최근 〈중앙선데이〉와의 인터뷰에서 인공지능 발전 속도에 비추어 볼 때 판사업무의 상당 부분을 인공지능이 대체할 것이라 내다보았다.

법률분야에서는 이미 빅데이터 분석으로 다양한 판례를 참고해 자문서비스를 하고 있다. 로봇 기자가 엄청난 기사를 빠른 속도로 쓰듯이 인공지능이 법률자문을 본격적으로 하게 되면 웬만한 법률자문 역할은 인공지능이 소화해 낼 것이다.

지난달 기성(棋聖) 이세돌과 대국한 알파고는 방대한 데이터를 축적하며 인간의 두뇌처럼 학습하는데, 그 훈련양이 어마어마하다고 한다. 이렇게 쉬지도 자지도 않고 엄청난 정보를 모아 추상화하는 심층학습을 통해서 문제해결능력을 최적화하는 인공지능이 많은 직역에서 인간을 대체하리라는 것은 충분히 예상할 만한 일이다.

그러면 이제 도래하는 인공지능시대에 법률가가 살아남기 위한 생존 전략은 무엇일까. 인간만의 특장점인 사고의 창의성·다양성·유연성을 확보하고 신장하는 것이다. 이 영역이 바로 인공지능이 부딪히는 한계라 할 수 있다.

문학 중 인공지능이 대체하기 가장 어려운 영역은 시라고 한다. 시는 사유이고, 시를 쓰는 일은 인공지능이 하듯 언어를 조합하는 것이 아니라, 언어를 벼리고 깎는 연마과정이기 때문이다. 법률가도 생존을 위해서는 시를 쓰는 관점과 자세를 견지하여야 한다. 법률문장을 작성하면서 시인이 시를 쓰는 것처럼 뼈를 깎는 듯 엄격하게 사유와 언어를 벼리고 취하는 탁마 과정을 거쳐야 한다. 법률문장에도 뻔한 사고의 틀을 넘는 창의성과 독자성이 깃들어야 할 것이다. 좋은 글에는 생각의 힘이 깊은 뿌리를 내려 정신적 고민도 깊게 배기 마련이다.

글 잘 쓰는 비법으로 들고 있는 다독·다사·다작 중 인공지능이 흉내 내지 못할 취약점은 바로 독창성과 연결되는 다사(多思)에 있다. 글의 아이디어와 방향은 창의성과 상상력, 종합적 사고능력을 가진 인간이 결정하여야 할 영역이다. 결국 법률가도 이 부분을 훈련하는 데에 주력하여야 할 것이다.

❖ 글쟁이의 꿈, 법률문장에 관한 단상 모음, 2018년

드론택배

최근 소비자의 다양한 요구를 반영해 여러 종류의 소규모 화물을 신속하게 배송하는 택배운송이 폭발적으로 증가하고 있다. 모바일, 인터넷을 통한 홈쇼핑이나 해외 직구시장이 비약적으로 크면서 택배는 이제 생활의 필수요소가 됐다. 택배 대국인 중국의 리커창 총리는 국무원 회의에서 택배업이 중국의 거대한 소비잠재력을 일깨울 '현대 서비스업의 다크호스'라고 여러 차례 강조한 바 있다.

2006년에 이미 '2020 글로벌 물류강국' 비전을 제시한 우리 정부도 최근 경제 저성장의 늪에서 빠져나와 경제 재도약의 발판을 마련하기 위해 드론과 같은 새로운 융·복합 신산업을 적극적으로 육성하려 한다. 규제개혁 차원에서 물류·택배 부문 규제 장벽을 최대한 낮추려 애쓴다. 그중 최대 화두로 대두되는 것이 드론택배와 로켓배송이다. 배송의 특수한 형태와 성격을 상징하고자 택배라는 직역 용어 앞에 '드론'이나 '로켓' 등 군사용어가 붙은 것이 흥미롭다.

지난 2월 물류협회는 온라인 쇼핑몰인 쿠팡이 운수사업법상 허가를 받지 않고 자사 화물차로 택배기사 '쿠팡맨'을 동원, 직접 배송하는 일이 위법하다며 쿠팡의 로켓배송에 대한 금지가처분 소송을 제기했다.

그러나 1심 법원은 이를 기각했다. 물류회사는 본격적으로 민사소송, 형사고발을 해 제대로 싸워 보려 했다. 하지만 지난 21일 국토교통부가 규제 개선을 위해 1.5톤 미만 법인 소형화물차에 대해 직영 의무조건을 붙여 신규허가를 허용하는 방안을 발표하는 바람에 논쟁의 열기가 식어버릴 듯하다. 생계가 어려워질 수 있는 개인 화물차주의 반발을 의식해 등록제로 전환은 하지 않으면서도 인터넷 쇼핑몰 등이 급성장하여 택배용 소형화물차가 부족한 문제를 해소하기 위해 로켓배송 합법화의 길을 열어 놓은 것이다.

택배시장의 혁명적 열기는 무엇보다도 드론에서 감지할 수 있다. 20세기 초 군사무기로 개발된 드론은 이제 다양한 산업군에서 유력한 신세대 '블루칩'으로 급부상하고 있다. 무인자동차시대가 열린다고 떠든 것이 엊그제 같은데, 이제는 무인항공기 등장이 영화 속 이야기가 아닌 현실이 돼 간다. 지난 7일 미국 네바다 주정부는 중국 드론회사 이항의 드론택시 시험비행을 허용했다. 플러티사의 드론은 지난 3월 미국 도심 주거 밀집지역에서 위성위치확인시스템(GPS) 배달경로를 따라 800미터를 날아가 생수와 비상식량, 약품 등이 든 상자를 목표지점에 정확하게 내려놓았다 .

우리나라에서도 정부가 나서서 드론 바람을 불어넣고 있다. 오는 9월에는 '규제 프리존'인 전남 고흥의 도서지역이나 드론 시범사업 구역인 강원도 영월의 산간에서 드론택배를 본격적으로 실시한다. 대학에는 드론학과가 설치되고, 서울 광나루에는 오는 25일에 한강 드론공원도 개장한다.

그러나 우리 정부의 의욕과 달리 드론이 상용화되기까지는 갈 길이 너무 멀다. 드론산업 활성화까지는 좋지만, 드론택배는 우리 기술 상황상 효율성, 수익성 등 여러 면에서 아직은 이른 느낌이 든다. 남북이 대치 중이고, 고층아파트가 숲을 이룬 우리나라의 특수한 상황에서 드론 택배는 무엇보다도 '안보'와 '안전'이라는 두 장벽을 뛰어넘어야 한다. 비행금지 구역이 많은 데다 다른 비행기나 건물과 충돌할 위험도 다른 나라보다 비교적 높기 때문이다.

지난 4월에는 영국항공의 여객기가 영국의 한 공항에 착륙하기 직전 드론과 충돌하기도 했다. 드론은 인공지능, 로봇과 마찬가지로 크게는 무인시스템, 자동화체계와 관련된다. 미래에 맞는 개방적이고 융통성 있는 대비책을 충분한 시간을 가지고 준비해야 한다.

❖ 여의나루, 2016년 6월

내 삶에 들어온 인공지능

나는 자연과학이나 수학에 별 관심이 없는, 이른바 인문사회 쪽 취향이다. 고등학교 수학시간에 확률이나 조합을 배웠지만 세월이 지나면서 거의 다 까먹었다. 한편 가만히 앉아서 두세 시간씩 머리싸움을 해야 하는 바둑도 취미가 아니다. 2016년 3월 중순에 구글 딥마인드(Google DeepMind)의 인공지능 프로그램 알파고(AlphaGo)가 세계 바둑챔피언 이세돌 9단과 대국한다고 세계의 이목이 서울로 쏠렸다. 하지만 도대체 컴퓨터와 인간이 어떻게 바둑을 둔다는 것인지, 또 그것이 어떤 의미를 가지는지 별 생각 없이 무덤덤했다. 솔직히 인공지능이란 용어 자체도 생소했다. 그런데 대국 결과 인공지능이 승리하자 그제야 깜짝 놀랐다. 알파고가 도대체 뭐길래 기성(棋聖)을 이길 수 있을까.

궁금해서 알파고를 검색해 봤다. 알파고는 사람의 뇌처럼 인공신경망을 가지고 학습하여 공통패턴을 추출, 습득한 뒤 수백만 번 가상대국을 펼치는 시뮬레이션 경험을 하면서 성공전략을 구상한다는 것이다. 이런 디지털의 혁신적 진화를 여태 몰랐던 자신이 부끄럽다는 생각이 들면서도 한편으로는 인간보다 더 영리한 로봇이 사람을 지배하는 세상이 오지 않을까 하는 두려움, 불안감을 감출 수 없었다. 완만한 생물학적 진화의 한계에 갇힌 인간은 독자적으로 빠르게 스스로 발전해 나가는 인공지능과 경쟁할 수 없다는 스티븐 호킹 교수의 경고는 새겨들을 만하지 않을까 싶다.

인공지능은 운용하기에 따라서는 가히 인류의 생존을 좌우할 수 있는 핵개발에 버금가는 위험성을 지녔다. 하지만 이 기술적 대변혁은 어느새 우리 곁에 바싹 다가와 있다. 영국 〈이코노미스트〉 4월 9일 자 표지에는 로마 황제의 차림으로 권력의 상징인 엄지를 치켜든 페이스북 창업자 마크 저커버그(Mark Zuckerberg)의 사진이 실렸다. 개인정보를 빅데이터로 분석·활용하면서 차세대 디지털 기술의 지배자로 나서려는 모습을 풍자한 것이다. 인공지능 프로그램 챗봇(*chatbot*)을 메신저에 도입하려는 저커버그는 4월 12일 연례 개발자회의 'F8' 기조연설에서 "우리 목표는 사람보다 시각, 청각, 언어 등을 더 잘 인식하는 시스템을 만드는 것"이라며 야심을 드러냈다. 마이크로소프트 최고경영자인 사티아 나델라(Satya Nadella)도 개발자회의에서 인간과 대화하는 '인공지능 봇(*bot*)'이 인간 언어를 완벽히 이해하도록 훈련하겠다는 포부를 밝혔다.

실제로 인공지능은 이미 현실세계에 접목되어 삶의 패러다임을 바꾸어 삶의 질이나 사업 방식을 향상하고, 제품과 설비의 성능 및 효율을 개선하는 데에 사용된다. 장애인이 상품에 아이폰을 향하면 인공지능이 색상은 물론 브랜드까지 식별하는 '아이폴리 비전'(Aipoly Vision)이라는 앱도 개발되었다. 인공지능이 주행하는 자율자동차의 주변 상황을 고려해 속도, 방향 등을 조절하는 기술도 나왔다. '로봇 기자'는 기사를 상상하기 어려울 정도의 속도로 대량생산해 낸다. 가장 혁명적인 변화가 의료 분야에서 일어나는데, 우리나라에서도 최근 초음파 진단기에 딥러닝(*deep learning*)을 접목해 좀더 신속하고 정확하게 암을 진단하는 방법을 개발했다고 한다. 엑스선 등 영상을 판독하는 영상진단영역에서는 엄청난 양의 진료기록을 학습한 인공지능의 수준이 웬만큼 숙련한 의사의 기술을 넘어설 것이라 충분히 예측할 수 있다.

우리 정부도 신산업 투자를 지원해 성장 동력의 신구 교대를 촉진하겠다면서, 정부 지원을 집중할 신산업분야 중 하나로 인공지능을 꼽았다. 인공지능과의 교류, 협력이 피할 수 없는 인류의 운명이라면 우리도 인공지능 개발과 교육에 적극적이어야 한다. 아울러 인공지능에 대한 윤리적 성찰이나 노동력 대체 등에 따른 실업 등 역기능에 대한 대책도 놓치지 말아야 할 것이다.

❖ 여의나루, 2016년 4월

항공 안전문화 정착시키자

2016년 3월 18일 청주국제공항 활주로에 착륙, 감속 중이던 대한항공 여객기와 이륙을 위해 이동 중이던 중국 남방항공 여객기가 충돌할 뻔한 아찔한 상황이 발생했다. 19일에는 두바이항공 여객기가 러시아 남부공항에 착륙을 시도하며 2시간 동안이나 주변 상공을 선회하다 추락해 승객과 승무원 전원이 사망했다.

여객기의 대형화, 초음속화에 따라 항공여행 대중화시대로 접어들었다. 해외여행을 하려면 대부분 비행기를 이용할 수밖에 없는데, 최근 항공사고 소식을 접하면서 하늘 길에 먹구름이 끼어 있다는 생각이 든다. 우리나라는 최근 여객·화물 운송량이 급증한 데다 저가항공사까지 가세해 운항횟수가 비약적으로 늘어났다. 항공기 운항이 촘촘해지면서 하늘의 과밀화 현상이 심화하였고, 대형사고가 발생할 개연성도 늘어났다.

비행기 운항 중에는 조종사의 기술과 판단, 성격에 우리 목숨을 맡겨야 한다. 그런데 최근 대한항공과 조종사 노조의 임금인상협의 과정을 지켜보면서 영 마음이 편치 않다. "빨간 마후라는 하늘의 사나이"라는 노래가사처럼 일반 사람들은 조종사를 선망의 꽃으로 여기는데, 그런 조종사가 임금인상의 명분으로 '승객 안전'을 언급하니, 안전이 마치 협상 볼모로 잡힌 듯한 기분이다.

항공기는 빠른 속도로 운항하므로 긴박한 상황이 발생하였을 때 짧은 시간 내에 적절한 대응을 해야 한다. 따라서 조종사는 고도의 경험과 숙련, 그리고 심리적 안정을 갖추어야 한다. 최근 한 조종사의 영웅적 삶이 영화로 재탄생했다. 바로 '허드슨강의 영웅' 설리 슐렌버거(Chesley Sullenberger)의 실화를 다룬 영화 〈설리: 허드슨강의 기적〉이다. 2009년 뉴욕 라과디아공항에서 이륙한 항공기 엔진에 새떼가 빨려 들어가 엔진이 멈춘 절체절명의 상황에 기장 슐렌버거는 노련한 솜씨와 차분한 대응으로 비행기를 강에 비상착륙시켜 탑승객 전원의 목숨을 구했다. 그는 평소 비행기가 어떻게 작동하는지 깊이 연구한 덕에 사고가 벌어졌을 때에도 기적에 가까운 수동비행으로 탑승객들의 목숨을 구할 수 있었다. 항공기의 자동운항시스템이 고장 나는 상황은 언제든 발생할 수 있으므로 조종사들은 수동으로 신속하고 적절한 조치를 취할 수 있도록 평상시부터 충분히 대비해야 한다.

2013년 7월 아시아나 항공기의 샌프란시스코공항 착륙사고에서는 자동운항이 꺼져 자동추력장치(*auto throttle*)가 '스피드'(*speed*) 모드에서 '홀드'(*hold*) 모드로 변경되고 실속 방지기능이 작동되지 않는 상황을 조종사가 제대로 인식하지 못했다. 그래서 조종사는 추력을 수동으로 설정하지 않은 채 항공기가 비정상적 경로 및 속도로 하강하도록 하였고, 뒤늦게 복행을 시도했던 것이다.

항공사고는 이·착륙 중에 많이 발생한다. 비행 중에는 자동운항을 사용하지만 이·착륙 때에는 조종사가 항공기 운항에서 발생할 수 있는 위험을 줄이기 위한 최소한 사고방지대책인 표준운항절차를 잘 지키면서 적절히 대처해야 한다. 국토부는 최근 발생한 제주항공 여압장치 고장사건, 진에어 출입문 고장사건 등 항공기 비정상운항의 원인을 조사한 결과, 비행절차 위반 등 기본적인 안전절차 미준수가 주된 원인이라고 지난 1월 말에 밝혔다.

조종사에 대한 관리부실이 얼마나 치명적인지는 2015년 3월 독일 저먼윙스(Germanwings) 항공기 사고에서 여실히 드러났다. 우울증을 앓던 조종사가 자살하기 위해 항공기를 프랑스 쪽 알프스 절벽에 충돌시켜 탑승객 150명을 함께 숨지게 만들었다. 이 사건이 전 세계를 얼마나 전율케 했던가. 이를 계기로 조종사 의료정보 공개, 다면적 인성검사, 환자정보에 관한 의사의 묵비 의무, 알코올 약물복용 검사에 대한 여러 논의가 이루어져 왔다.

최근 탑승객들의 집단소송 제기나 감독관청의 운항정지처분 등 강력한 제재조치 등을 보면 항공사도 이제는 건전한 항공안전문화 정립을 더 이상 미뤄서는 안 될 것이다.

❖ 여의나루, 2016년 3월

카메라로 누군가 엿보고 있다면?

2006년도 독일 영화 〈타인의 삶〉(*Das Leben der Anderen*)은 1984년을 배경으로 동독 슈타지(*Stasi*) 첩보원이 작가인 드라이만의 집에 도청장치를 설치하고 그의 삶과 애정관계를 낱낱이 엿보면서 첩보원 스스로 냉혈인간에서 휴머니스트로 변해 가는 과정을 그린다. 당시 동독의 문화·예술·정치 상황을 잘 보여 주면서 사찰(査察)이 얼마나 섬뜩한 것인지 느끼게 한다. 이제는 정보통신 기술이 엄청나게 발달하여 수많은 첩보위성이 지구 구석구석을 누비면서 주요 인물의 일거수일투족이나 관심 물체의 동선을 꿰뚫어보고 있다.

촬영 기기의 디지털화·소형화와 촬영 기술의 발전으로 바야흐로 영상 전성시대를 맞았다. 기기를 따로 들지 않아도 휴대폰만으로 사진 촬영을 할 수 있는 휴대폰 카메라(이른바 '폰카')는 가히 혁명적이다. 사진 찍으러 길나선 듯, 언제 어디서든 소형카메라나 휴대폰부터 꺼내 들어 주위를 두리번거린다. 사진기자나 리포터, 사진작가가 된 양, 혹은 친지들과 여행분위기를 함께 즐기려는지 여기저기 영상을 담아서 카톡이나 밴드에다 올린다.

그런데 이렇게 편리한 문명의 이기가 자칫 잘못 사용하면 불행의 씨

앗이 된다. 재작년 여름 프랑스 여행 중 일행 한 사람이 파리 근교 고성(古城)의 기념품 판매점에서 어린애들이 귀엽다고 근거리에서 사진을 찍다가 옆에 있던 보호자의 거센 항의를 받고 혼이 났다. 초상권 보호에 대한 우리의 법의식이 무딘 데서 비롯된 촌극일까.

초상권 침해의 위험이 가장 높은 영역은 방송보도나 고발 프로그램이다. '움직이는 사진'인 텔레비전 방송에서는 실물보도를 해야 보도의 신빙성과 설득력을 높일 수 있다. 그래서 보도의 내용보다는 영상으로 시청자의 시선을 끌려는 경향도 강하다. 순간순간을 포착해야 하는 기자로서는 초상권 시비의 위험을 무릅쓰고 바로 셔터를 눌러야 한다. 그러다 보면 텔레비전 일기예보 프로그램 배경으로 나오는 길거리 풍경에 남자친구의 팔짱을 끼고 걷는 여성의 모습이 만천하에 공개되기도 한다. 또 근무시간 중 야구경기를 관람하던 직장인의 얼굴이 클로즈업되는 바람에 직장에서 이 사실을 알게 되는 사례도 발생한다. 본인은 얼마나 당황스러울까.

언론사의 오래된 자료들은 데이터베이스화된다. 그런데 수능성적 발표 때 성적표를 들여다보는 수험생의 긴장된 얼굴, 설이나 추석 귀성을 맞이한 고속도로 요금소 직원의 모습이 해마다 자료화면으로 등장한다면 당사자들의 불쾌감이나 피로감은 능히 예상할 수 있으리라. 초상권 보호범위를 둘러싼 인격권 보호와 언론의 자유, 프라이버시와 알 권리 사이의 논쟁은 풀기 어려운 숙제가 아닐 수 없다.

최근 카메라가 소형화하면서 볼펜·안경·모자 등 다양한 형태의 몰래카메라가 생활 깊숙이 침투했다. 보험사 직원이 교통사고 보험금을 더 챙기려던 '나이롱 환자'의 정상적 생활을 몰래 찍은 경우, 사진의 위법수집 여부가 민사재판에서 논란이 된다. 해수욕장 입구에는 '몰카는 범죄'라는 경찰의 경고성 팻말이 붙어 있을 정도로 도촬이 널리 퍼져 있다. 여름철 해수욕장에 들른 흔적을 남기다가 경칠지 모른다. 몰카 성범죄 건수는 해마다 늘고 있고 소셜네트워크서비스(SNS)에는 숙박업소에서 '몰래카메라 찾는 방법'까지 떠돈다 한다. 몰카에 대한 공포감은 크고 자연히 이에 민감하게 반응할 수밖에 없다.

이제 망원렌즈, 소형카메라, 도청기, 인터넷 등으로 타인의 사생활을 너무 쉽게 엿볼 수 있다. 사진이 넘쳐나는 시대에는 이전에 관행적으로 해 왔던 사진 촬영의 윤리적·법적 문제를 되짚어 봐야 하지 않을까. 이성적인 사람이라면 공개되는 영상의 주인공이 자신이라도 이를 감수할 만한지, 입장을 잘 헤아려 보아야 한다.

❖ 여의나루, 2016년 2월

살아 있는 바다, 숨 쉬는 바다

식탁에 오른 잘 구운 고등어자반. 군침이 돈다. 그런데 이 고등어는 어디서 잡혀 내 밥상에 올랐을까. 우리나라에서 잡히는 물고기는 과연 건강할까. 몇 년 전 후쿠시마원전의 방사능 오염수 유출 발표 이후 수산물의 원산지나 안전성에 대한 염려는 끝이 없다.

얼마 전 일본산 생선에 대한 한국의 수입 규제가 과도하다는 일본 측 항의에 따라 스위스 제네바에서 열린 세계무역기구(WTO) 양자협의는 양국 간 입장 차이만 확인한 채 결렬됐다. 한편 중국의 대규모 원자력발전소가 황해 연안을 따라 잇달아 건립되는데, 만에 하나 방사능 유출사고라도 생기면 황해가 직격탄을 맞지 않을까 우려된다.

미국 역사상 최악으로 꼽히는 2010년 멕시코만 원유 유출사고를 모두 기억할 것이다. 수백만 갤런의 원유가 바다로 유출돼 생태계가 엄청나게 파괴됐다. 미국 오바마 대통령은 이 엄청난 재앙을 '9·11 테러'와 비교하기까지 했다. 이 사고로 멕시코만 생태계가 크게 교란되었다는 증거는 도처에서 발견됐다. 사고 해역에서는 기름범벅이 된 펠리칸이나 눈 없는 새우, 집게발 없는 게가 눈에 띄었고, 과학자들은 해변에서 죽은 채 발견된 돌고래 떼도 이 사고와 관계있다고 이야기했다.

우리나라는 3면이 바다로 둘러싸였고 기름을 가득 실은 유조선이나 포르말린, 황산 등 유해화학물질 운반선의 입출항도 매우 잦다. 최근 우리나라 연안에서 발생한 기름 유출 등 각종 사고가 매년 300건을 상회한다. 사고 대부분이 인재(人災)라 하니 놀랄 지경이다. 게다가 유출된 기름을 제거하기 위해 뿌린 엄청난 양의 유화제로 바다가 또 얼마나 죽어 가겠는가.

해상사고뿐 아니라 내륙에서 배출된 오염물질도 바다를 더럽힌다. 1950년대 일본 구마모토현 소재 화학공장에서 배출한 메틸수은이 바다에 서식하는 플랑크톤의 체내에 축적되었고, 그 일대에서 어패류를 먹은 사람들은 집단 신경마비 증세를 보였다. 이 질병으로 사망한 환자의 유족이 2001년에 제기한 민사소송은 그로부터 12년이 지난 후에야 최고재판소 판결이 났고, 거기서 이른바 '미나마타병'이 공식적으로 인정받게 되었다. 이 사건은 해양오염이 인간의 건강을 얼마나 치명적으로 해치는지 실증적으로 보여 준다.

지구촌 육지 곳곳에서 바다로 흘려보내는 오폐수와 쓰레기의 양은 어느 정도일까. 바다에 흘러든 쓰레기들은 도대체 어디로 사라지는 걸까. 최근 인간이 버린 해양 쓰레기가 죽은 고래들의 몸속에서 발견되었고, 수많은 고래가 쓰레기를 먹이로 착각해 삼킨다는 사실이 보고되었다. 바다새와 거북도 마찬가지라 한다.

우리나라는 세계 중에서도 해양오염에 취약한 국가이다. 3면 바다는 우리가 버린 쓰레기로 신음하고 있다. 한려수도 통영 앞바다에 쓰레기 침출수를 버리는, 참으로 상상하기 어려운 풍경이 텔레비전 화면에 비친다. 남해 양식장 등에서 대량으로 사용하는 스티로폼 역시 오염의 주범으로 지목된다. 물고기가 작게 조각난 입자들을 먹을 가능성이 있으니만큼, 페스티로폼은 철저히 수거해야 한다.

물 · 공기 · 흙 등 자연환경은 날이 갈수록 심하게 오염된다. 언젠가는 하나뿐인 지구를 버려야 할 날이 올지도 모르겠다.

오염된 물고기를 먹는 먹이사슬 최상위 생물이 우리 인간 아닌가. 오염은 부메랑이 돼 오롯이 우리 몸으로 다시 되돌아온다. 바다는 생명의 근원이다. 우리 모두 해양오염의 심각성을 깨닫고, 건강한 바다 만들기에 앞장서야 한다.

❖ 여의나루, 2015년 6월

반려견 재판

19세기까지 유럽의 법정은 동물에게 사형선고를 내렸다. 갓난아이를 죽인 돼지나 곡식이며 과일을 먹어 치운 쥐·메뚜기 등을 재판했는데 쥐나 메뚜기 등 해충의 국선변호인이 겪는 가장 큰 어려움은 이 작은 피조물들을 법정으로 데려오는 일이었다. 교회 법정에서는 초원의 소유자가 인간인지 곤충인지 다투었고, 배추를 파먹은 애벌레의 생명과 자유를 인정하기도 했다.

요즈음은 동물이 직접 재판을 받지 않는다. 대신 일부 동물이 사람과 같이 살면서 사뭇 다른 대접을 받는다. 서구에서는 일찍부터 핵가족화, 고령화 등으로 가족관계가 소원해지다 보니 외로움을 달래기 위해 동물을 집에서 키우는 사람이 많아졌다. 그러한 동물은 '반려'라는 말이 붙을 정도로 그 신분도 격상되었다. 우리나라에서도 최근 호사를 누리는 견공(犬公)의 숫자가 늘어나고 있다. 아침 출근길에 라디오에서 '애완견 생수' 광고가 나온다. 이를 듣다 보니 요즘 애완견들은 예쁜 옷을 입고 발톱 매니큐어를 하고는 주인과 함께 와인을 마시면서 클래식 음악을 듣는다는 이야기가 실감이 난다. 산책길에 '우리 아가'라는 말이 들려 주위를 돌아보면 어린애는 없고 개만 보이는 일도 낯설지 않다.

그런데 이렇게 애완견이 늘다 보니 그로 인한 법적 문제 또한 다양하게 전개된다. 최근 영국에서는 이웃집 개 짖는 소리를 참지 못한 조종사가 그 개를 익사시켰다. 이에 독일 저먼윙스 여객기를 알프스에 들이박은 조종사의 정신질환과 연결하며 개를 잔인하게 죽인 공격적 성향이 과연 비행업무에 적합한지 여부가 거론되었다. 우리나라에서는 개 주인이 여행을 가면서 개를 애견호텔에 맡겼는데, 그 개가 그곳에서 임신을 하여 제왕절개 수술을 받은 사건이 있었다. 그 과정에서 개가 자궁결막염에 걸리자 개 주인은 업주에게 수술비용 등 치료비 부담을 요구하면서 호텔 비용을 내지 않겠다고 나섰고 법적 싸움이 벌어졌다.

사람을 권리의 주체로, 사람 외의 물건을 권리의 객체로 분류하는 우리 민법상 동물은 물건에 해당해 권리의 객체로 취급받는다. 이 사건에서 개를 호텔에 유숙시킨 일은 창고에 물건을 맡긴 것과 다름없다. 따라서 호텔 주인은 보관한 개를 그 형상과 품질을 유지한 채 그대로 주인에게 돌려주어야 한다. 개 주인이 돌려받을 때 개가 임신을 해 있다면 원래 상태대로의 물건을 돌려받은 것이 아니므로 호텔 주인은 채무불이행 책임을 질 여지가 있다. 다만 호텔 주인도 개가 임신한 일에 아무런 잘못이 없다고 항변할 수 있을 것이다. 24시간 내내 개의 행동을 감시하거나 개마다 독방을 줄 수는 없는 노릇이고, 보관한 개를 암수에 따라 분리하지 않은 일이 문제가 될 것인데, 그것이 과연 법적 잘못이 될 수 있을지 궁금하다.

그런데 요즘 개를 물건과는 다르게 취급하려는 움직임이 법원 판결에서 나타난다. 예컨대 자동차는 사고가 났을 때 수리비가 차 값을 상회하면 차 값만 배상하면 된다. 그런데 애완견은 정신적인 유대와 애정, 생명을 가진 동물이라는 점 등을 고려해야 한다는 것이다. 그래서 법원은 사회통념에 비추어 시가보다 높은 치료비를 지출할 만한 사정이 있다면 애완견의 시가가 아닌 치료비를 배상해야 한다고 최근 판결하였다. 또 애지중지하는 도자기를 깨뜨린 사람에게 도자기 값 외에 정신적 고통을 위자할 의무는 인정받기 어려운 반면, 애완견에 대하여는 그 애호가치에 대한 위자료를 인정받을 수 있다.

생명체를 법적으로 물건처럼 취급하는 문제점은 비단 애완견에게만 국한된 상황이 아니다. 법 앞에 모든 동물은 평등하게 인간의 이웃으로 대접받아야 한다.

❖ 여의나루, 2015년 6월

남북철도 연결 시급하다

중국 시진핑 주석은 지난 3월 말 하이난성 보아오 아시아포럼에서 아시아·유럽·아프리카를 연결하는 육·해상 실크로드 전략인 '일대일로'(一帶一路)를 강조했다. 육상 프로젝트인 '일대'(*one belt*)는 고속철 개발을 통해 대국굴기(大國堀起)의 깃발을 높이 들고 유럽 서진(西進)을 꾀하고자 하는 것이다. 이 프로젝트에 따라 21세기 신 실크로드에는 낙타 행렬 대신 중국횡단철도(TCR)의 고속 철마가 유럽으로 질주한다. 2014년 11월 중국 저장성 이우에서 중국산 크리스마스트리 장식과 장난감 등을 실은 화물열차가 21일 만에 스페인 마드리드에 도착했다. 2015년 1월에는 거꾸로 올리브유·와인 등을 실은 열차가 마드리드를 출발해 24일 만에 이우에 도착했다.

최근 세계 물동량 중 동북아가 차지하는 비중이 약 30% 이상으로 급증했다. 러시아는 '차르 시대의 동진(東進) 정책'을 부활하려는 듯 시베리아횡단철도(TSR)의 경쟁력을 강화하여 동북아에서의 철도운송 비중을 높이려고 한다. 당연히 북한의 철도 현대화 사업에도 관심이 크다. 지난달에 시베리아산 석탄을 러시아 하산에서 나진까지는 철도로, 나진에서 남측 항만까지는 화물선으로 운송하는 '나진·하산 프로젝트' 2

차 시범운송이 있었다. 최근 한국의 시베리아횡단철도 물동량이 늘어나자 운임을 인상하기도 했다.

유라시아 시대에 철도가 새로운 물류패턴에 적합한 운송수단으로 떠오르면서 한국 철도는 엄청난 도약의 기회를 맞았지만, 대륙의 철도를 이용하면서 치러야 하는 비용 및 노력 때문에 실리와 경제성을 높이기는 그리 쉽지 않다. 한국이 유라시아 경제에서 주도권을 확보하고 물류운송의 효율성을 제고하려면 한반도 철도망을 대륙 철도망에 연결해야 한다.

분단 후 끊어진 남북철로를 다시 연결하려는 사업이 김대중 정부 때 강력하게 추진되었다. 올해 통일준비위원회는 러시아로 가는 최단거리 철도노선인 경원선 복원 계획을 밝혔다. 남북철도는 북한의 경제 회생과 남북한 경제력 격차를 완화할 뿐 아니라 분단 70년 동안 쌓인 긴장을 푸는 소통과 교류의 장(場)이 된다. 독일도 분단 중에 동・서독 간 열차를 운행했다. 도라산역 평화공원에는 철길 소통이 지닌 상징적 의미를 강조하기 위해 1980년대 서베를린과 동베를린을 오간 미군 우편차량 1량이 전시될 예정이다. 유라시아 철도 연계를 위해서는 대륙횡단철도 협의체인 국제철도협력기구(OSJD)에 정회원으로 가입하고 국제적 협력체계를 구축하는 일이 시급한 과제다. 그동안 한국의 가입을 반대하던 북한이 최근 전향적 태도를 보인 덕분에 다음 달 몽골에서 개최되는 장관회의에 한국 가입 안건이 공식의제로 채택되었다.

남북한 관계는 오리무중, 조변석개로 수없이 냉탕과 온탕을 오간다. 그래서 한반도 철(鐵)의 실크로드 사업은 아직도 지지부진하고, 박근혜 대통령의 '유라시아 이니셔티브'가 그린 장밋빛 청사진도 반신반의할 수밖에 없다. 그런 점에서 정부는 대륙철도시대에 대비해 남북철도 연결을 위한 더 주도면밀한 전략을 세워야 한다. 남북 모두 실용주의적인 태도로 접근하여 올해에는 진일보한 가시적 성과를 보았으면 한다.

철길은 희망찬 미래로 나아가는 길이다. '섬 아닌 섬'에 갇힌 우리의 철길은 이제 탁 트인, 열린 대륙으로 뻗어나가려고 한다. 개성공단으로 통근열차가 다니고, 개성공단 제품이 철로를 통해 중국·러시아로 수출되고, 대한해협을 건너온 일본산 화물과 일본인 여행객이 함부르크로 가는 고속열차를 기다리며 부산역에 몰린 모습을 보고 싶다. 내금강 온정리역이 대륙을 횡단해 온 유럽인 관광객들로 북새통을 이루는 모습을 그려 본다. 상상만 해도 엄청 신이 난다.

❖ 여의나루, 2015년 5월

'빅데이터'의 명암

빅데이터(*big data*)가 삶을 어떻게 바꿀 것인가. 인터넷 사업자가 '현대의 황금'이라 불리는 정보를 많이 모으면 유용성의 정도는 높아지겠지만 그만큼 프라이버시 침해 위험도 커진다. 이처럼 빅데이터의 미래에는 기회와 위험, 희망과 걱정이 공존한다. 유럽 검색시장의 90퍼센트 이상을 장악한 구글(Google)에 대한 유럽의 반발이 최근 심상치 않다. 9월 15일 독일 법무부장관 하이코 마스(Heiko Maas)는 영국 〈파이낸셜타임스〉와의 인터뷰에서 "구글은 기업의 핵심역량이자 기밀인 검색 알고리즘을 투명하게 밝혀야 한다"고 했다. 유럽의회는 페이스북 등 미국 정보기업이 유럽의 고객정보를 사용하거나 요구할 때 유럽 당국이 먼저 이를 확인하도록 하는 등 정보가 미국으로 건너가는 것을 제한하려는 움직임도 보이고 있다.

사이버 스페이스(*cyber space*)를 통한 소통이 일상화한 요즘엔 음식·여행 등에 관한 글이나 가족사진 등을 통해 사생활이 많이 노출된다. 이렇게 인터넷에 남긴 디지털 흔적은 개인의 생활패턴·취향·관심 등을 분석하는 소스(*source*)가 된다. 최근 〈뉴욕타임스〉는 독자의 행동을 분석한 빅데이터로 개인 맞춤형 관련기사를 배치하여 추가 클릭을 유도한다. 아마존닷컴도 소비자의 취향과 관심사를 파악한 빅데이터로 고객별 맞춤상품을 추천한다. 국내 정보기술(IT) 업계에서도 사용자의 취향을 활용해 맞춤형 서비스를 제공하는 '디지털 큐레이션'(*digital curation*) 서비스가 늘고 있다.

철저한 데이터 분석에 기초해 진행된 2012년 미국 대선처럼 우리나라도 소셜데이터를 분석해 파악한 유권자들의 이른바 '넷심'이 선거에 활용될 수 있음이 2014년 6·4지방선거에서 확인됐다. 이처럼 가장 주목할 미래기술로서 데이터에 의미를 부여하고 가치를 창출하는 빅데이터가 각광받지만, 그 이면에는 어두운 그림자가 있다. 아무리 공개된 인터넷 공간에 올린 글이나 사진이라도 정보의 수집·분석 과정에서 프라이버시를 침해할 우려가 있는 데다, 엄청난 정보를 빠른 속도로 처리하는 거대 정보기업의 힘 앞에서는 개인의 정보주권이 좌지우지되는 위기를 경험하기 때문이다. 국가도 나쁜 마음만 먹으면 정보권력을 악용해 개인을 감시, 조종하는 빅브라더(*big brother*)가 될 수 있다.

공개된 개인정보와 이용내역정보를 수집, 활용해 새로운 개인정보를 생성하는 경우에는 별도의 동의를 얻지 않아도 된다는 방송통신위원회의 '빅데이터 개인정보보호 가이드라인'안을 둘러싸고 논란이 일어난다. 공개된 개인정보의 주인은 과연 누구인가. 편리한 인터넷 생활을 위해 자신의 디지털정보를 운용자가 마음껏 수집, 분석하도록 용납해야 하나.

이제는 누구도 빅데이터의 시대적 요구를 거스를 수는 없다. 운용자가 유입된 디지털정보를 식별 가능성 없는 정보로 결합, 분석하는 일은 큰 문제가 없다. 그러나 건강·의료정보 등 같은 민감한 정보를 처리 및 활용하는 데 있어서는 개인정보보호의 필요성이 무시돼서는 안 된다.

기업이야 지금 세상에는 더 이상 프라이버시가 존재하지 않는다고 외치고 싶겠지만 그래도 인간사에서 최우선적으로 고려해야 할 가치는 인간의 자율성과 존엄이다.

❖ 여의나루, 2014년 10월

선거보도, 공정성이 생명

6·4지방선거가 한 달 앞으로 다가왔다. 4월 28일 선관위가 자기에게 유리한 기사를 실어 달라고 기자에게 돈을 제공했다며 한 예비후보자를 고발했다는 기사가 눈에 띈다. 공직선거법은 신문, 방송, 인터넷언론사가 선거와 관련해 보도 및 논평을 할 때에 공정해야 한다고 규정하는데 최근 언론사들이 이를 위반했다는 이유로 줄줄이 제재를 받았다. 선거 때면 시민단체와 정당은 선거보도 편파성 문제를 제기한다. 언론도 할 말이 있다. 취재, 지면상의 한계와 당선 가능성 등 합리적 차별을 감안할 때 후보자 간 기계적 형평보도는 어렵다고 호소한다.

본질적으로 일반 언론보도가 공정해야 한다는 당위성은 존재하지 않는다. 우리나라 방송법은 보도방송 전반에 공정보도 의무를 부과하지만 미국 연방통신위원회는 반대 견해도 공평하게 반영돼야 한다는, 이른바 공정성 원칙을 도입했다가 1987년 이 원칙을 폐기했다. 인쇄매체인 신문이나 인터넷언론은 이미 자신의 이념적 성향이나 정당 선호도를 드러낸다.

그런데 왜 우리 법은 신문, 방송, 인터넷언론 등 모든 매체에게 일률적으로 선거보도의 공정성을 요구하는가. 여기에는 보도의 자유 못지

않게 중요한 선거의 공정성이라는 또 다른 헌법적 요청이 있기 때문이다. 후보자 간 실질적 선거운동의 기회균등을 보장하기 위해서는 선거보도의 공정성이 확보돼야 한다. 특히 지방선거에서는 지역주민이 후보자를 알기가 어려우므로 후보자에 대한 바른 정보가 언론을 통해 주권자에게 충분히 전달되어야 한다. 정보를 편파적으로 차별화한다면 선거에 영향을 미치려는 의도나 동기가 개입될 여지가 있다. 이는 국민의 알 권리와 후보자 선택의 자유를 왜곡하여 대의제 민주주의 시스템 자체를 크게 위협한다.

가장 위험스러운 영역이 최근 각광받는 인터넷언론이다. '자유로운 사상의 시장' 혹은 '열린 광장'으로 불리는 인터넷이 통신과 표현의 수단에서 언론매체로서 발전했다. 우리 사회는 몇 차례 선거를 통해 인터넷언론이 얼마나 큰 위력을 발휘하는지도 이미 체득했다. 특히 독립적 인터넷언론은 신문, 방송에 요구하는 바와 같은 기준이 없어서 선거 특수를 노리고 우후죽순처럼 생겨났다가 사라지기도 한다. 다른 매체에 비해 일반적으로 기자로서의 전문성도 부족하다 보니 완성도가 낮은 기사, 검증되지 않은 각종 의혹과 단정적 보도, 악의적 비방, 선정적 낚시형 제목 등도 눈에 띈다. 이 때문에 후보자와 인터넷언론 사이에 각을 세운 혼탁한 싸움도 전개된다.

공정성이란 포괄적 용어이고 자칫 주관적, 자의적이기 쉽다. 이처럼 모호한 잣대를 들이대어 선거 관련정보 활성화를 억제하고 언론에 재갈을 물려 기능을 위축시킬 수 있다는 비판은 경청할 만하다. 그러나 사명감과 기자정신을 지니고 사실보도에 임해야 할 기자가 일방 후보자의 제보만 가지고 관련기관 확인 등 사실을 확정하기 위한 노력도 없이 신속보도만 위해 상대방 후보자에게 불리한, 단정적 보도를 내보내면 그 영향은 돌이킬 수 없을 정도로 치명적이다. 인터넷시대에 개방성・신속성・현장성・쌍방향성이라는 인터넷언론의 특성을 살리면서 한편으로는 남용・오용의 위험성을 경계해야 한다.

❖ 여의나루, 2014년 5월

미세먼지와의 전쟁

1960년대 초등학교 시절 추석 명절만큼이나 어린 마음을 설레게 한 것은 운동회였다. 가을운동회의 축사는 으레 "가을 하늘이 더욱 푸르고 높은 오늘"로 시작해 "평소 갈고 닦은 실력을 유감없이 뽐내기 바란다"는 말로 끝났다. 배고픈 시절, 외국 사람들은 우리의 청명한 가을 하늘을 보고 이구동성으로 탄성을 연발했다.

그런데 그 배고픔이 웬만큼 해소된 요즘 그렇게 드높던 우리의 청천(靑天)은 어디로 갔나. 이제는 진도아리랑 가사 속 '청천 하늘에 잔별'은 먼지 때문에 서울에서는 더 이상 보기가 어렵다. 간혹 북한산 백운대와 인수봉을 휘감는 뭉게구름을 멀리 강남에서 볼 수 있는 때도 있지만, 뿌연 먼지 때문에 시야가 저 멀리 북한산 봉우리까지 닿는 행운은 좀처럼 찾아오지 않는다. 세차를 했어도 비가 오면 다시 흙먼지를 뒤집어써 도로아미타불이다. 공기가 얼마나 더러워졌는지는 건물 외벽을 청소하는 사람들이 잘 안다. 유리를 청소해도 곧바로 흙먼지로 도배돼 상사에게 오해받기 일쑤고 자꾸 기침 가래가 나오는 것이 예전 같지 않다. 등산길, 산책길에서 마스크를 쓰고 걷는 사람을 봐도 이제는 별로 이상하지 않다. 야외활동에 마스크가 상비품이 되는 시대가 다가오는가.

지방에서 오랜만에 서울 올라온 친구는 볼일 마치자마자 내려가기 바쁘다. 서울에 오면 바로 숨이 막히고 목이 칼칼해 빨리 벗어나고 싶다 한다. 먼지로 햇빛이 제대로 지상까지 전달되지 않으니 서울사람들은 태양광을 받아야 생성되는 비타민D가 부족하기 쉽다. 미국 아티스트 제프 홍(Jeff Hong)의 디즈니 캐릭터 작품 중에 오래오래 행복하게 산 '뮬란'이 현실 세계에서 마스크를 쓰고 고통 받는 모습이 묘사된 것이 있는데, 베이징 자금성 앞의 '뮬란' 마스크를 광화문 앞의 우리도 써야 하지 않을까.

이웃 중국은 자동차, 에너지 소비 증가와 토양 사막화로 공기의 질이 급속도로 악화됐다. 베이징 출근길 차량은 헤드라이트를 켠 채 운행하고 스모그로 스카이라인이 희미하다. 지난 4월 정저우에서는 '산공기' 시음회의 산소마스크 앞에 사람들이 줄을 선 진풍경이 벌어졌다는데 물을 팔듯이 공기를 파는 봉이 김선달이 등장할 날도 머지않았을 것이다. 중국의 매연은 태평양을 건너 미국 로스앤젤레스까지 날아간다고 하니 직격탄을 맞는 우리나라에는 그 영향이 거의 재앙이다.

다행히 최근 중국은 전반적인 환경개선정책을 대폭 강화하고 있다. 위성위치확인시스템(GPS)으로 본 중국 지도로 대기오염기준을 위반한 공장 위치를 실시간 붉은 점으로 표시하는 스마트폰 앱이 나오고, 베이징에서 새로 자동차 번호판을 받기가 로또 당첨되기만큼 어렵다는 말도 나온다. 또 중국 정부가 우리 정부와 한·중 환경협력 양해각서를 체결하고 대기오염 발생원인을 규명하기 위한 공동연구단을 설치하기로 했다니 늦었지만 반가운 소식이다.

8월 27일에 열린 '인류 건강과 기후변화' 국제회의에서 세계보건기구(WHO)의 마리아 네이라(Maria Neira) 국장은 "2012년에 대기오염으로 세계에서 700만 명이 사망했다"고 했다. 우리나라는 올해 초 다보스 포럼에서 발표된 환경성과 중 대기질 부문으로 전 세계 178개국 중 166위, '초미세먼지에 노출된 인구 가중치 평균'으로는 171위를 기록했다.

걸러지지 않고 폐포(肺胞)까지 침투하는 세계보건기구 지정 1급 발암물질 초미세먼지는 '침묵의 살인자'라 할 만하다. 이제 우리 기업은 그린스트레스를 친환경 이미지로 승화시켜 도약의 기회로 삼아야 한다. 아울러 2020년 유망업종 2위까지 부상할 중국 녹색시장, 더 나아가 대기오염이 극심한 인도, 인도네시아 등의 친환경에너지 사업에 발 빠르게 진출해야 할 것이다.

❖ 여의나루, 2014년 9월

사이버 감청과 사이버 망명

2006년 헨켈 폰 도너스마르크(Florian Henckel von Donnersmarck)가 감독한 〈타인의 삶〉이란 영화는 독일 통일 전 동독의 비밀경찰 슈타지(*Stasi*)가 요주의 인물인 한 극작가의 집에 감청장치를 설치, 그의 일거수일투족을 샅샅이 감시하는 모습을 보여 준다.

도청의 유혹은 비단 사회주의 독재체제에서 뿐만 아니라 자유민주주의 국가에서도 떨치기 어렵다. 1972년 리처드 닉슨 미국 대통령의 재선을 위해 미 중앙정보국(CIA)이 동원돼 워싱턴에 있는 민주당 선거운동본부에 전화도청을 시도한 '워터게이트 사건'은 닉슨 대통령을 중도 하야하게 만들었다. 최근 미국 스노든(E. J. Snowden) 사건의 후폭풍으로 영국에서도 불법감청 논란이 뜨겁다. 영국 일간지 〈더타임스〉는 지난 2일 런던경찰청과 국가범죄수사국(NCA)이 감청장비를 사용해 시민들의 통화와 이메일, 문자메시지, 심지어 범죄와 관련 없는 주변 사용자의 통화정보까지 무차별적으로 수집했다고 보도했다.

지난 9월부터 두 달 정도 카톡 감청을 두고 검찰과 카카오톡 사이에 신경전이 벌어졌다. 그 와중에 카카오톡을 떠나 보안성이 뛰어나다는 독일 메신저 텔레그램으로 이동하는 '사이버 망명'도 꼬리를 물었다. 이 사이버 검열 논쟁은 2014년 국정감사의 최대 이슈가 됐다. 국민은 수사기관과 인터넷서비스 사업자가 국민의 개인정보를 사이에 두고 핑퐁게임을 하듯 설전을 주고받는 모습을 지켜보면서 불안하고 착잡한 마음을 금할 수 없었을 것이다.

미래창조과학부가 집계한 2014년 상반기 감청 등 제공 현황을 보면 수사기관의 통신감청이 전년 동기 대비 48.2퍼센트 증가했다. 이 중 인터넷·이메일 등 인터넷 감청 건수는 무려 54.9퍼센트나 늘어난 것으로 드러났다. 이런 우려스러운 상황 이면에는 국가기관의 정보제공 압력에 인터넷서비스 사업자가 '적당히 알아서' 협조해 온 편법이 자리 잡고 있는 것이 아닐까 싶다. 인터넷서비스 사업자가 감청장비까지 갖추고 국가기관의 탈법적인 압력에 굴복한다면 더 이상 서비스제공자가 아니라 '은폐된 수사기관'의 역할을 수행하는 셈이다.

문자메시지와 모바일메신저, 위치정보 등에는 수사기관, 정보기관이나 인터넷서비스 사업자의 군침을 돌게 할 맛있는 소재가 풍성하게 널려 있다. 여기저기 맛보고, 분석·가공해 그럴 듯한 요리로 만들고 싶을 법하다. 하지만 국가기관이나 사업자에게 국민이 요구하는 바는 국가안전보장을 위해 혹은 중요 범죄수사를 위해 통신내용을 감청, 수색하더라도 법이 정한 요건과 절차를 지켜 합법적으로 하라는 것이다.

여기서 법관의 역할이 매우 중요하다. 영장을 발부하는 등 개인정보 열람을 허가하는 데에 있어서 중대 범죄수사라는 공익과 침해되는 통신비밀의 자유 및 프라이버시의 가치를 충분히 저울질함으로써 언제나 과도함의 위험성을 경계해야 한다. 아울러 전방위적 감청이나 싹쓸이식 압수수색이 이뤄지지 않도록 특정 범죄와의 연관성 및 소명과 대상의 특정 여부 등을 면밀히 검토해야 한다.

국민의 기본적 인권과 자유를 보장하기 위해 탄생된 국가권력이 오히려 인권을 침범하기 쉽다. 자유를 향한 갈망과 이를 억압하려는 국가권력의 의지는 숙명적으로 충돌하게 마련이다. 국가권력의 탈법 유혹을 누가 통제·감시하느냐? 바로 법관이다. 감청이나 수색의 적법성·정당성을 담보할 열쇠는 판사가 쥔 것이다.

국가권력의 오·남용 위험성을 경고한 효당 엄상섭 선생의 〈권력과 자유〉라는 책 속 글귀 하나가 떠오른다. "국가기관은 절대로 신뢰할 수 없다는 것이 현실인 만큼 국가기관을 구성하는 자연인의 욕망을 법적으로 구속해 둬야 한다. 법관이 맡은 이 직책을 다하지 못하면 민주주의는 그 기반부터 무너진다."

❖ 여의나루, 2014년 11월

양의와 한의, 상생의 길을 찾아라

최근 의료분야는 정보기술(IT)과의 융합에 따라 급속히 환경이 변화하고 있다. 미국 의료계에서는 의료보험 가입자의 가족상황, 생활습관 등을 과거 환자의 데이터와 비교 분석해 질병 발생 가능성을 예고해 주는 빅데이터 방식의 예측 프로그램이 확산 중이고 우리나라에서는 스마트폰에 심박센서와 같은 의료기기를 탑재한 제품이 의료법상 허용되는지 여부가 논란이 된다.

우리나라 의료영역에서의 다툼은 특히 양의와 한의의 대립 및 갈등에서 잘 나타난다. 2014년 6월 26일 헌법재판소는 외과의사의 침술행위를 금지하는 의료법이 합헌이라는 결정을 내렸다. 의료장비가 고도로 발달한 서방세계에서 침술에 대한 관심이 급격히 고조되고 있고, 중국의 여러 대학은 서양의사들에게 침구학을 강의하고 있다. 이러한 국제적 여건과는 대조적으로 한국의 양의는 침술을 제대로 배웠더라도 환자에게 침을 놓아서는 안 된다는 것이다.

1960년대 우리나라에서는 한의사가 청진기 · 혈압계를 사용하였다가 고발당하기도 했다니, 이러한 양의 · 한의 간 반목이 과연 의료의 본령에 부합하는지 의문이 든다.

19세기 말 서양문물이 들어오면서 우리나라 전통학문과 문화는 타격을 입었다. 전통문화는 일제강점기를 거치면서 더욱 위축될 수밖에 없었다. 그때 된서리를 맞은 한의학은 광복 이후에도 제대로 대접을 받지 못하고 지금도 양의학에 눌려 기를 펴지 못한다.

그러나 우리의 바깥세상에서는 동양의학이 엄청난 부가가치를 창출하는 블루오션이 되었다. 서방세계는 동양의학 연구에 열을 올리고 있다. 우리나라가 세계시장에 얼굴을 내밀지 못하는 사이 중국이 동양의학 수요를 선점해 버렸다. 전통 중의학(*Traditional Chinese Medicine*)의 영문 머리글자를 딴 'TCM'은 동양의학을 가리키는 보통 명사가 됐고 세계보건기구는 진료지침과 경혈의 위치를 규격화하며 한방용어를 중국식으로 표준화하고 있다. '모든 의료에서 전통중의학을 우선시한다'는 중국 헌법조항이 웅변하듯이 중의학을 세계적으로 끌어올리겠다는 중국인의 의지와 열정은 대단하다.

하지만 우리가 세계시장 진출을 아주 포기해야 할 만큼 비관적인 상황은 아니다. 지난달 러시아 모스크바에서 열린 '한류와 의료의 융합'이라는 주제의 '2014 한국국제의료관광 컨벤션'은 러시아 사람들의 양·한방 통합치료와 전통 침술에 대한 관심과 신뢰가 높음을 발견하고, 양의와 한의가 잘 소통 및 융합한다면 큰 시너지를 낼 수 있음을 확인하는 자리였다.

우리나라도 한의학의 과학화·표준화·세계화를 국가적 과제로 삼고 있다. 서양인에게 서양의학은 이미 친숙하므로 그들의 관심을 끌려면 우리의 독창적인 한의학이 잘 접목돼야 한다. 이것이 바로 융합의 창조경제이자 또 하나의 한류가 될 수 있다. 세계문화유산에 걸맞게 동의 보감도 오늘날 여전히 유효적절한 현대적 모습으로 변신해야 한다.

양의 대 한의라는 이원적 의료체계의 가치는 서로의 발전 속에서 국민이 더 나은 의료혜택을 받는 데에 있다. 수요자인 국민의 입장에서는 진단과 치료가 값싸고 적확하면 되는 것이고 양의 · 한의 구분 자체는 별 의미가 없다. 양방이냐 한방이냐는 결국 소비자가 선택할 문제이고 의사들은 국민에게 어떻게 하면 저비용, 고효율의 서비스를 제공할 수 있는지만 고민하면 된다. 양방과 한방이 서로 밥그릇 싸움에만 매달릴 것이 아니라 대승적 차원에서 상생의 길을 찾아야 할 것이다.

❖ 여의나루, 2014년 7월

세월호 참사에 비친 우리의 자화상

우리나라는 삼면이 바다이고 섬이 많아 해운업이 발달해 왔다. 그런데 그 규모가 대체로 영세하다 보니 선령(船齡)이 오래되고 선체나 설비가 노후하다. 여기에 저임금, 비정규직의 미숙한 선원들이 운항을 맡기에, 선원들에게 직업적 전문성이나 자긍심을 기대하기가 쉽지 않다. 하지만 바다의 위험성 때문에 해상항행에는 언제나 사고 발생 가능성이 따른다. 더욱이 바다에 고립된 상황에서 발생하는 해상사고는 심각한 인적·물적 피해를 끼친다.

2014년 새해부터 남해는 검은 기름으로 뒤덮였다. 1월 31일 여수에서 유조선이 부두 송유관을 파손했고 2주 뒤 부산에선 급유선과 화물선이 충돌해 기름을 쏟아부었다. 그렇지 않아도 서해는 조석간만의 차와 수심변화가 심하고 조류가 강해 전복 및 침몰사고가 빈번하다. 1993년 전북 부안군 위도에서 여객선 서해훼리호가 침몰해 292명의 사망자를 냈다. 2007년에는 태안에서 유조선의 기름이 유출되어 환경오염 재앙을 겪었다.

2014년 4월에는 잊으려야 도저히 잊을 수 없는 대참사가 발생했다. 전남 진도 앞바다에서 카페리 세월호가 뒤집혀 승객 476명 중 고등학생

250명을 포함한 300여 명이 가라앉은 배에서 빠져나오지 못했다.

진도 앞바다에 태풍이나 폭우가 내습한 것도 아닌데 맑은 하늘에 무슨 그런 날벼락이 있을 수 있을까. 현재까지 파악된 바로는 세월호 화물의 적재량 초과, 컨테이너 차량 등의 고박(固縛) 불량, 밸러스트(평형수) 배출에 따른 선박의 복원력 결여에다 항해사의 조종 미숙 등 각종 기본적 의무 위반이 사고원인으로 얽혀 있다.

서해훼리호 참사의 재발을 막기 위해 제도화된 운항관리자는 세월호 출항 전 화물의 과적과 고정 여부를 실제로 점검했는가. 선장은 도대체 무슨 급한 일이 있었기에 경험 없는 26세 3등 항해사로 하여금 이 물살 빠른 협수로에서 복원력이 현저히 떨어진 대형선박의 키를 잡게 했단 말인가. 더욱 놀라운 것은 과적, 미숙련 선원 채용 그리고 감독기관의 안전점검 부실이 구조적·상습적으로 이뤄져 왔다는 점이다. 심지어 승객을 구조할 골든타임을 놓친 관련기관의 무능은 엄청난 국민적 분노를 불러일으켰다. 선박 증·개축, 운항심사, 안전점검과 재난구조시스템에서 드러난 바로는 관리감독의 부실 정도가 아니라 아예 부재(不在)에 가깝다. 이번 참사는 우리 사회가 기본과 원칙, 인간존중의 가치를 잃어버린 채 고속성장, 압축성장의 그늘 아래 독버섯처럼 피어난 탐욕에 지배당하는 사회임을 드러냈다. 부끄럽지만 이것이 오늘날 우리의 자화상이다.

그동안 반성과 재발방지대책 수립은 해마다 되풀이됐다. 하지만 세월호의 눈물이 마르기도 전에 이어진 지하철 상왕십리역 추돌사고, 고양종합터미널과 장성요양병원 화재사고는 또 무엇인가. 그저 판박이처럼 관련자들의 책임회피만 난무하다가 언제 그랬느냐는 듯이 다시 일상으로 돌아가는, 고질적인 안전불감증에서 여전히 벗어나지 못하는 모습을 보여 주는 것 아닌가.

이런 참사를 반복하지 않기 위해서는 우리 사회에서 정말 중요한 가치가 무엇인지 뼈저리게 성찰해 봐야 한다. 사고예방을 위한 투자와 사고 발생 시 신속한 피해경감조치와 대응, 책임에 대한 엄격한 추궁이 이뤄져야 한다. 세월호 참사가 던져 준 의미와 메시지를 결코 잊어서는 안 된다.

❖ 여의나루, 2014년 6월

유럽 · 미국의 개인정보보호 인식 차이

1억 건이 넘는 카드 3사의 개인정보 유출 사태로 2014년 새해 벽두부터 나라가 시끄럽다. 개인정보보호는 우리나라뿐 아니라 세계적인 핫이슈다. 미국에서는 대형유통업체 '타깃'이 해킹당해 약 7,000만 건에 달하는 고객 신용카드번호, 카드 만료일 등 정보가 유출됐다. 영국 〈가디언〉은 2월 27일 미국 국가안보국(NSA)의 정보감시 프로그램을 폭로한 에드워드 스노든이 제공한 기밀문건을 토대로 영국 정보통신본부가 180만 명의 인터넷 이용자 웹캠 영상을 수집했다고 보도했다. 독일 함부르크 지방법원은 지난 1월 24일 디지털에서의 '잊혀질' 권리를 인정하는 취지에서 맥스 모슬리(Max Mosley) 국제자동차연맹 전 회장의 섹스 동영상을 구글에서 더 이상 검색할 수 없도록 했다. 한편 구글은 얼굴인식 기능을 사용하여 마주친 사람의 정보를 상세히 파악할 수 있는 '구글 글래스'(Google Glass)를 올해 다시 시장에 내놓겠다고 발표했다.

유럽과 미국은 개인정보보호를 둘러싸고 계속 갈등해 왔다. 2011년 여객예약기록(PNR)의 이전 · 사용에 관한 협정이 체결되기 전까지, 유럽연합(EU)은 미국행 유럽 승객의 정보를 미국 국토안보부와 세관 당국에 넘겨주는 일을 곤혹스러워 했다. 여객예약기록에는 생년월일, 휴대전화번호 등 온갖 정보가 포함되는데 미국에서는 이 정보를 상업적 거래 형태로 취급할 우려가 컸기 때문이다. 이제는 미국도 이 협정에 따라 유럽의 정보보호법을 따르게 됐다.

올해 초 페이스북이 모바일메신저 '와츠앱'(WhatsApp)을 인수하며 비슷한 우려와 논의가 불거졌다. 1월 29일에 페이스북이 와츠앱을 인수한다고 발표하자 유럽에서는 미국 NSA가 와츠앱을 통해 유럽의 정보를 정탐할 것이라는 경고가 나왔다. 독일 법무부장관 하이코 마스는 2월 22일에 〈프랑크푸르터 알게마이네 존타크 차이퉁〉(*Frankfurter Allgemeine Sonntag Zeitung*)을 통해 와츠앱 이용자는 앱 사용에 대한 대가로 자신의 개인정보를 파는 셈이라는 사실을 명확히 인식해야 하고, 유럽에서 서비스를 제공하는 미국 업체가 유럽 정보보호법의 규율을 받도록 하는 규정을 마련해 이용자의 개인정보가 훨씬 더 안전하게 보호받도록 하는 것이 중요하다고 했다.

이와 같이 개인정보를 어느 정도로, 어떻게 보호할 것인지에 관해 미국과 유럽 사이에 인식과 시각의 차이가 있다. 유럽은 프라이버시라는 기본권 내지 인격권 차원에서, 미국은 자유 내지는 자율 그리고 자산, 수익 측면에서 개인정보 문제에 접근한다. 그러다 보니 유럽의 법제도는 개인정보 보호에 엄격하지만 미국은 개인정보를 대체로 유럽에 비해 느슨하게 보호한다. 유럽은 정보를 관리폐기 대상으로 보는 반면, 미국은 '정보가 21세기 석유'라는 말처럼 정보로 수익을 내려 한다. 이런 인식 및 제도의 차이 때문에 양측 사이에 충돌이 생길 수밖에 없다.

우리나라 정보 유출 사태의 근본적 원인은 어디에 있는가. 그것은 정보보호에 관한 정부 및 기업의 인식 및 대처수준이 미국처럼 낮은 데서 기인한다고 본다. 특히 법을 위반하면서까지 정보수집·제공에 동의하도록 고객들에게 강요하는 업계의 실태 및 관행을 제대로 점검하지 않은 정부의 책임이 크다. 일만 터지면 국회는 입법을 발의하고 정부는 기업을 호되게 질책한다. 그러나 현행 정보보호법이 느슨한 것은 결코 아니다. 있는 법도 지키지 않으면서 더 강력한 피해자 구제책을 입법 개정하는 것은 사고 재발을 방지하기 위한 적절한 처방이 될 수 없다. 정보를 길거리에 휘날리는 휴지 정도로 가볍게 여기는 기업의 인식과, 일이 터지면 제재 강화로 국민의 불만과 불안을 무마하려 드는 정부의 안일한 감독 자세를 시정하는 것이 더 시급하다. 아울러 우리도 유럽처럼 미국 대기업의 정보보호법 위반에 대해 우리 법원이 우리 법으로 재판할 수 있도록 방안을 강구해야 한다.

❖여의나루, 2014년 3월

보이지 않는 살인자, 층간소음

테니스코트의 공 치는 소리가 새벽잠을 깨운다. 공연장에서 울리는 휴대폰 소리, 목욕탕에서 장난치는 아이들 소리, 늦은 밤 윗집에서 들려오는 피아노 소리. 이처럼 우리 삶은 아침에 눈을 떠 밤에 잠자리에 들 때까지 온통 소리로 둘러싸여 있다. 어떤 소리는 때와 장소, 정도, 상황에 따라 기분 나쁜 소음이 된다. 듣는 사람을 더욱 불쾌하게 하는 것은 소음제공자의 무례함, 결례를 저질렀다는 인식이나 미안함조차 없다는 점이다.

서울의 유독성 초미세먼지가 뉴욕의 2배에 달한다고 하니 숨쉬기가 겁난다. 이러한 대기오염이 건강을 해쳐도 모두 함께 마시니 다소 둔감하다. 오히려 우리 생활환경에서 가장 많이 접하면서 예민하게 느끼는 감각적 공해는 바로 소음이다. 올해 초 층간소음으로 살인, 방화 등 끔찍한 범행이 이어졌다. 이달 중순에는 빌라 2층의 집주인이 층간소음 문제로 다툰 1층 세입자의 집에 불을 질러 2명을 숨지게 했다. 10년 이웃의 대화가 단절된 결말이 이렇다니 충격적이다. 견디기 힘든 소음에 지속적으로 노출되면 정서가 불안해지고 긴장이나 스트레스 레벨이 높아지며 공격적으로 행동하거나 균형감을 잃기 쉬워진다. 그래서 최근 층간소음 분쟁 가처분사건에서 법원은 물리적 충돌을 우려해 항의 방문을 금지했다.

소음공해 피해는 동물도 피할 수 없다. 이달 초 열린 '2013 안산 에어쇼'에서 블랙이글 특수비행팀 소속 항공기가 일으킨 소음으로 소들이 유산했다. 올해 칠레 남부 마젤란해협이나 지난해 영국 스코틀랜드 파이프해안에서는 파일럿고래가 집단으로 육지에 올라와 죽는 이른바 스트랜딩(*stranding*) 현상이 일어났다. 생태학자들은 잠수함이 내보낸 초음파 때문에 방향감각을 상실했기 때문이라고 분석한다.

냄새와 소리의 역사는 인류 삶의 역사와 궤를 같이한다. 로마시대에도 발효식품인 치즈를 가공하는 과정에서 발생한 악취로 분쟁이 일어났다. 프랑스 샤르트르 주교 성 이보(St. Ivo, Bishop of Chartres)의 현명한 재판 이야기도 전해져 온다. 어느 부자가 한 가난뱅이를 상대로 손해배상 청구소송을 제기했다. 자기 집 부엌에서 풍기는 맛있는 음식 냄새를 매일 맡았다는 이유였다. 이보 주교는 그 요구가 정당하다고 언명한 후 가난뱅이에게서 동전을 받아 책상 위에서 소리를 내게 했다. 불고기 냄새의 대상(代償)으로는 동화(銅貨)가 낸 소리라고 판결한 것이다. 고기 냄새를 맡았다고 대가를 지불하라 하다니 적반하장도 유분수지, 남의 처지는 전혀 헤아리지 못하는 수전노다. 성 이보는 통쾌하게도 부자에게 동전을 주기는커녕 고통스러운 동전소리만 실컷 듣게 했다.

우리나라를 아파트 공화국이라 부른다. 그만큼 소음으로 인한 갈등도 잦고 그 양상도 심각하다. 급속한 산업화 및 도시화, 고속화, 고밀도화가 진행되면서 각종 문명의 이기는 소음을 일상화하는 도구가 되었다. 더욱이 시대와 사회의 지배적 정의와 형평의 관념이 바뀌고 국민의 권리의식, 환경의식이 높아지면서 소음에 대한 수인(受忍) 한도도 점점 낮아진다. 변호사들은 비행기 이·착륙 소음으로 고통 받는 주민들을 모아 기획소송을 벌이고 국가는 눈덩이처럼 불어난 배상금 때문에 몸살을 앓는 일도 생긴다.

층간소음의 대표적 유형이 아이들 뛰노는 소리, 발걸음 소리다. 아이들을 걷지도 뛰지도 못하게 할 수는 없는 노릇이다. 그렇지만 아이들에게도 집에서는, 특히 늦은 밤에는 '쿵쿵' 소리를 내지 않도록 예의와 절제를 가르쳐야 한다. 기본적 예의나 도덕을 어릴 적에 습득해야 훗날 어른이 되어서도 흔들리지 않고 이를 평생 가져간다. 층간소음을 해결하는 근본적 해결책은 이웃 간 소통과 배려를 통해 따스한 정을 회복하고 윤리와 생활 에티켓을 확립하는 데에 있다.

❖ 여의나루, 2013년 5월

신약 실험과 마루타 알바

'인간의 생명은 하느님께서 주신 가장 큰 선물이며 인생의 중요한 주제가 된다'는 취지의 2010년 천주교 부활절 메시지가 눈에 들어온다. 그러고 보니 최근 우리 사회는 생명윤리와 관련된 첨예한 문제로 갈등을 빚고 있다. 존엄사와 낙태, 인공수정 등이 바로 그것이다. 신령님의 점지니 인명재천이니 하면서 신의 영역으로 치부했던 탄생과 죽음이 이제는 어느 정도 인간의 손으로 조정된다는 느낌이다.

2009년 4월에 나는 독일 괴팅겐대학에서 열린 임상실험에 있어서의 윤리에 관한 학술대회에 참석했다. 이 주제도 인간 생명의 존엄성과 직결된다.

모든 약은 임상실험을 거치지 않고는 시판할 수 없다. 그러나 이 평범한 지침을 확립하는 데에도 역사적 우여곡절이 있었다. 수면제로 엄청난 매출을 거둔 독일 제약회사가 1968년 재판에 회부됐다. 수면제 부작용으로 기형아가 생겼다는 혐의였다. 제약회사는 임산부에게도 수면제를 복용하도록 권하면서 정작 시판에 앞서 새끼를 밴 동물을 대상으로 실험을 하지 않았다. 이 재판은 어떤 신약이든지 임상실험을 마친 후에야 제조허가를 받을 수 있도록 의약품법을 바꾸는 계기가 되었다.

위대한 의학적 발명에는 위험한 실험이 앞서야 한다. 임상실험에서는 무엇보다도 누구에게 먼저 신약을 실험할 것인가가 큰 골칫거리다. 아무리 아픈 사람이라도 자기가 실험대상이 돼야 하는 검증되지 않은 약을 쓰기는 언짢기 마련이다. '곰보'를 면하게 한 천연두 예방접종을 두 살 된 처남에게 처음 실시한 지석영 선생처럼 개발자 가족에게 실험하거나, 최근 상영되는 영화 〈셔터 아일랜드〉에서처럼 정신병원 입원 환자에게 실험하기도 했다. 전쟁터에서 지휘관이 선봉에 서듯이 제약회사 사장이 실험대상으로 나서고, 중국에서는 신종플루 백신의 안전성을 검증하기 위해 위생부부장(우리의 보건복지부장관에 해당한다)이 직접 피험자로 나서기도 했다.

나는 학술대회 참관 후 우리나라에서 피험자를 모으는 방법이 무엇인지, 또 예측되는 위험과 불편, 부작용, 보상 등에 대해 충분한 설명이 이루어지는지 관심을 갖게 되었다. 그러다 신약 임상실험 피험자를 모집하는 광고를 보고 응한 피험자가 인터넷에 올린 글도 보았다. 취업난이나 등록금 때문에 고민하는 젊은이가 짧은 시간 내 목돈을 벌기 위해 이런 임상실험에 참여하고 있었는데, 그들은 이런 '신체제공형' 아르바이트를 '마루타' 아르바이트라고 부르기까지 했다.

치료제의 임상실험이라 하더라도 의도하는 질병이나 상태의 체질을 가진 환자에게 적용하기 전에 우선 건강한 사람에게 투여하면서 약리작용을 관찰하고 적정한 투여량을 측정하는 연구가 필요하다. 그러나 어떤 경우든 부작용에 대한 피험자의 불안감은 분명히 존재한다. 의료당국이나 임상실험 종사자는 피험자 안전성 보장에 깊은 관심을 가져야 할 것이다.

❖ 한경에세이, 2010년 4월

매 맞는 아내

우리가 겪는 고통 중 상당 부분은 멀리 있는 사람들에 의해 만들어지지 않는다. 오히려 가장 가까이 있는 가족이 고통을 초래할 수 있다. 이런 경우 가까운 만큼 아픈 상처도 크다. 자주 마주치기 때문에 용서하기도 쉽지 않다. 밖에서는 대인관계가 좋고 관대하면서 집안에 들어오면 독선적이고 폭력적인 남편이 의외로 많다.

나는 대학교 2학년 때 아내를 만나 10년 사귀고 결혼했다. 오랜 세월 만나면서 서로 지닌 생각이나 정서를 웬만큼 안다고 자부했는데, 젊어서나 지금이나 언성을 높여 다툰 적이 적지 않다. 서로 안 맞는 사람끼리 부부의 연을 맺었나 하고 낙담하기도 한다. 그러나 한편 가만히 생각해 보면 부부싸움 자체는 실로 자연스러운 삶의 한 부분이 아닐 수 없다. 참으로 둘이 하나가 되는 일은 하루아침에 이뤄질 수 없고, 현실을 마주하며 겪는 아픔과 상처를 나누고 감싸 주는 과정을 거쳐야 한다.

그런데 부부싸움에 절도를 지키지 못한 경우가 많다. 판사로 있으면서 이혼사건을 다뤄 보니 가정파탄의 근저에 인격 모욕, 나아가 물리적 폭력이 넓게 깔려 있음에 놀랐다. 여성의 권리는 차츰 신장되고 있지만, 지금도 가정폭력에 신음하는 여성이 줄어들지 않는 것이 우리 현실이다. 지난해 프랑스에서 가정폭력으로 살해당한 여성 수를 따져 보면 사흘에 한 명꼴이라고 했던가. 우리나라에서도 언론에 보도된 것만 70명쯤이라는 사실은 끔찍하기만 하다.

언젠가 남편을 살해한 아내의 형사사건을 다룬 적이 있다. 수년간 남편에게 하도 많이 맞아 엄청난 피해의식에 시달리며 극도의 과민으로 불안에 가득 찬 아내가 자고 있는 남편을 칼로 찌른 사건이었다. 당시 사건이 정당방위에 해당하는지 고민했다. 하지만 정당방위를 인정받기 위해서는 '현재의' 급박한 공격에 대한 방어이어야 한다. 당시 남편은 평온하게 자고 있었기 때문에 정당방위 대신 심신미약을 인정해 형을 감경했다. 당시 재판실무 경향이 심신미약을 잘 인정하지 않아서인지, 이 판결이 전향적이라 하여 언론이 보도하기도 했다.

세월이 흘렀지만 내 손을 떠난 그 사건은 이후로도 가끔 여러 가지 생각을 떠올리게 한다. 매 맞는 여자의 심정, 그들이 앓는 스트레스성 장애를 더 깊이 이해하면서 '매 맞는 아내의 정당방위'도 좀더 폭넓게 인정할 여지가 있음을 새삼 깨닫는다.

우리 정서상 부부싸움에는 가능한 한 제3자가 끼어들지 않으려 한다. 그래서인지 경찰도 다소 소극적이고 미온적이다. 그러다 보니 가정폭력의 사각지대는 점점 더 커진다. 그런 점에서 최근 가정법원이 가정폭력을 다루는 사건에 전문조사관 활용, 동반 상담, 치료 위탁 등 방안을 강구하기로 한 것은 반가운 소식이다. 건전한 사회를 위해서는 무엇보다도 가정의 평화와 안전을 최우선해야 하는 게 아닌가.

❖ 한경에세이, 2010년 3월

장애인 · 비장애인 공생의 길

최근 장애인을 향한 사회적 관심을 높이는 보도가 이어졌다. 서울시는 모든 정책을 장애인의 관점에서 추진하고, 장애인 자립을 위해 6천 개 이상의 일자리를 만들기로 했다고 한다. 또 한 시각장애인이 사상 최초로 2차 사법시험에 합격해 일반인에게까지 큰 희망과 용기를 안겨 주었다. 한편 헌법재판소는 시각장애인 안마사 자격 독점 조항에 대해 약 2년 5개월 전에 이뤄진 위헌 결정을 뒤집고 합헌을 선고했다. 그 후 불과 열흘 남짓 만에 수기마사지사협회, 피부마사지협회가 다시 헌법소원을 청구했다.

장애인이든 비장애인이든 똑같은 사회구성원이다. 사회적 약자이자 소수자인 장애인의 생존권을 확보하고 실질적 평등을 구현하는 일은 오늘날의 시대정신이라 할 수 있다. 사회환경이나 분위기가 장애인에게 얼마나 친화적이냐는 선진국의 척도이기도 하다. 누구나 장애인이 될 수 있다는 점에서도 복지 사각지대에 놓인 장애인을 위한 적극적 우대조치가 필요하다.

안마는 일제강점기에 시각장애인에게 적합한 직종으로서 육성되었다. 이제 안마가 시각장애인의 전속 업종이라는 일반인의 인식과 시각장애인을 향한 신뢰가 형성됐다. 이런 상황에서 기존 안마시장을 해체하고 문호를 개방하라 하니 시각장애인의 반발이 거셀 수밖에 없다.

이동권(移動權) 조차 제대로 보장받지 못하는 시각장애인은 아직까지도 다른 분야의 취업이 극도로 부진하다. 안마 자격을 부여할 때 손의 촉각기능이 발달한 시각장애인을 배려하는 일은 충분히 이해할 만하다. 그러나 다른 이들이 안마사를 아주 못하게 할 것인지에 대해서는 법적 조망, 발전적 방향, 외국의 경험을 함께 고려해야 한다. 여기에는 시각장애인과 비장애인 양쪽의 의견이 팽팽하게 맞선다.

법 논리와 정책적 고려, 이상과 현실 사이에도 괴리가 있다. 안마시장은 이미 비장애인에 의해 크게 잠식돼 있다. 도처에 스포츠마사지 간판이 버젓이 걸려 있고, 안마시술소에서는 비장애인 종업원이 안마를 한다. 불법이 만연한 상황에서 너도나도 알게 모르게 탈법에 동참한다. 비장애인의 유사 안마가 전반적으로 광범위하게 이뤄지다 보니 제대로 처벌할 수 없는 지경에까지 이르게 된 현실이다.

개성을 신장하는 도구로써 경쟁을 통해 자유롭게 직업을 선택하도록 하는 것은 자유민주국가의 핵심 요소이다. 또 직업을 천직(天職) 이나 소명(召命) 이라 칭하는 데에는 중요한 의미가 깔려 있다. 소질, 재능에 따라 원하는 일을 하면서 살아가는 삶이 자아를 실현하는 자연스러운 과정이라는 것이다. 안마시장을 전적으로 시각장애인이 독점하도록 한 사례는 외국에서도 찾아보기 어렵다.

우리나라에서 안마시장을 비장애인에게 완전개방하기에는 시각장애인의 생존 문제가 절박하다. 위헌 결정 이후 일부 장애인은 한강에 뛰어내려 스스로 목숨을 끊는 등 극렬한 투쟁을 통해 자신들의 심각한 처지를 알리려 했다. 시각장애인을 위한 복지 현실은 다른 장애인과 비교해 보아도 열악하다.

그렇다고 시각장애인이 언제까지나 안마업에만 매달릴 수는 없다. 시대적 흐름에 따라 시각장애인도 다양한 직업을 가져야 한다. 영국에는 장애인 변호사가 400여 명, 독일에는 시각장애인 법관이 대략 60명 있다고 한다. 선진국에서는 시각장애인이 교수, 기자, 목사, 화학자, 경찰 등 다양한 직종에 종사한다.

이제 비장애인들의 반발로 세 번째 헌법논쟁이 재연되었는데, 이러한 갈등만 반복돼 참으로 안타깝다. 헌법재판소가 궁극적 해결책을 내놓을 수는 없다. 정부와 국회가 문제점을 심각하게 인식하고 장애인의 생존과 비장애인의 자유가 공생·공존할 수 있는 길을 시급히 찾아내야 한다. 또 시각장애인을 위한 다양한 직종을 찾는 등 대안을 검토, 개발하여야 한다.

장애인과 비장애인 사이의 충돌이 더 심화되어서는 안 된다. 서로 더불어 소통하면서 함께 아우르는 세상이 되도록 당국의 적극적이고도 진지한 관여가 필요하다. 장애인이 바람직한 직업활동을 통해 자기신뢰와 자긍심을 되찾고 주위 세상과 잘 융합하도록 하려면 폭넓은 기회를 제공하고 여건을 조성해야 한다. 이를 위해 비장애인 및 기업가의 인식 및 시선이 획기적으로 변화해야 한다.

❖ 동아광장, 2008년 11월

고객정보보호, 뒷짐 지다 큰코다친다

2008년 4월 독일에서는 도이치텔레콤의 자회사인 T-모빌이 고객 1,700만 명의 이름, 주소, 휴대전화번호, 생년월일, 이메일 주소 등 개인정보를 2년 전에 도난당했다는 사실이 뒤늦게 알려졌다. 신용에 큰 타격을 입은 도이치텔레콤은 고객정보를 더 안전하고 투명하게 보호하기 위해 정보보호 담당이사제를 신설하는 등 구조, 기술, 절차를 개선할 고강도 대책을 내놓았다.

우리나라에서도 병무청, 국민건강보험공단 등 공공기관뿐만 아니라 온라인업체나 오프라인업체 등 민간영역에서도 정보 누출사건이 계속 발생했다. 공공기관의 정보 유출보다는 오히려 사적영역의 개인정보보호가 더 큰 관심을 끈다.

요즘처럼 정보화가 급속히 진행되는 시대에, 우리의 일거수일투족이 정부 권력에 의해 감시를 당하거나, 인격이 물건처럼 목록화되는 것은 아닌지 두려움이 앞선다. 개인의 은밀한 영역이 유리알같이 외부에 다 드러나지 않도록 하기 위해서는 개인정보보호를 위한 유효적절한 대책 마련이 시급하다.

개인정보를 어느 정도로, 어떻게 보호할 것인지 구체적인 논의에 들어가면 시각차가 드러난다. 유럽연합에서는 미국행 유럽인 승객의 개인정보를 미국 세관에 넘겨줄지를 두고 큰 논란이 있었다. 유럽은 개인정보보호를 다소 엄격한 법률로 규제하지만, 미국은 전통적으로 사적 영역의 자율을 중시하여 보호수준도 유럽에 비해 느슨하기 때문이다.

기본적으로는 미국식 사고방식처럼 개인정보를 개인이 직접 보호해야 한다. 그러나 여기에는 정보제공에 있어서의 실질적 자율 및 합리적이고 공정한 시장질서 보장이 전제돼야 한다. 초고속인터넷 보급률이 세계 1위 수준인 우리나라에서 인터넷은 선택이 아닌 생활필수재이고, 거대한 민간업체가 정보를 장악, 독점하는 시대가 도래하였으니 어느 정도 규제는 불가피하다.

개인정보제공에 있어서의 자율, 즉 제대로 된 동의를 위해서는 무엇보다도 어떤 목적으로, 어디에 정보가 제공되는지 충분한 설명이 있어야 한다. 제대로 된 이해를 바탕으로 개인은 노출할 개인정보를 스스로 결정할 수 있어야 한다. 아울러 개인정보를 제공한 대가로 싸고 풍부한 지식정보를 제공받는지, 즉 정보제공에 따른 서비스가 제공한 정보와 적정한 대가관계에 있는지 살펴야 한다.

정보보호를 위한 최선의 대책은 정보수집을 최소화하는 것이지만, 전자상거래 등에서 어느 정도의 정보가 서비스 이용에 필수적인지 구체화하기 어렵다. 사업자의 무차별적 수집 때문에 주민등록번호가 중국 암시장에서 거래될 정도에 이르지 않았는지 국민의 불안감은 대단하다. 우선 주민등록번호가 개인정보수집의 필수항목인지 제대로 검증해야 한다. 주민등록번호는 원래 공적 확인을 위해 출발한 것임을 인식해야 한다.

한편 기업의 개인정보보호가 너무 허술하다고 여론의 몰매를 맞다 보니 정보활용 측면이 다소 위축된 듯하다. 전자상거래에서 고객정보를 활용하여 소비자의 요구를 파악해 이를 광고에 활용하는 것은 비용절감과 효용성 측면에서 필요하다. 맞춤형 광고는 소비자도 원하는 바이다. 정보보호 이념과 정보이용 효용성이 서로 조화를 이룰 수 있는 접점을 찾아야 한다.

본인이 원치 않는 스팸메일은 프라이버시 침해이나, 원래 전화번호나 이메일 주소는 사람이 다른 사람들과 어울려 살면서 자연스럽게 노출되는 비(非)민감 정보다. 그렇다면 사실에 기초한 상업적 광고에 한하여 사전동의가 아닌, 수신거부에 따른 전송금지 방식을 취하는 것이 기업의 표현 및 영업의 자유와 개인의 프라이버시 간 충돌을 해결하는 상생의 길이 아닌가 생각한다.

올해 드러난 일련의 정보 누출사건은 빙산의 일각일지 모른다. 이번 위기를 전화위복의 기회로 삼아 다시는 잘못을 반복하지 않아야 한다. 기업이 이윤과 비용절감에만 치중하다 보면, 정보보호는 자연히 뒷전으로 밀린다. 그러나 정보보호를 위한 교육 및 투자를 귀찮아하는 여태까지의 관행을 이어가면 파산 위기에까지 몰릴 수 있다. 경영자는 이를 깊이 인식하고 관리와 감독을 철저히 하면서 보안시스템 구축에 힘써야 한다.

❖ 동아광장, 2008년 10월

제 3 부

법원, 재판 그리고 판사

읽기의 힘

민주적 판사와 국민의 눈높이

심판받는 법원

'삼례 3인조' 재심의 의미

미국 대법관 인선 신경전

책 권하는 사회

법관 양심으로 포장된 주관

재판에 웬 보수? 진보?

재판의 변수

뇌물재판 관전법

로스쿨 단상

스포츠 트라우마

법관이 법원을 떠나는 사회

민사법정은 대화·토론의 장

읽기의 힘

글을 잘 쓰는 사람은 대체로 엄청난 독서가다. 작년 일본에서는 개그맨 마타요시 나오키(又吉直樹)의 소설 데뷔작 〈불꽃〉이 일본의 가장 권위 있는 문학상인 아쿠타가와상을 수상하여 문단에 신선한 충격을 안겨 주었다. 그는 방송 녹화를 마친 뒤 새벽까지 자는 시간을 줄여 가면서 석 달 걸려 이 소설을 썼다고 한다. 헌책방에서 2천 권 이상의 책을 사 모아 읽은 독서광으로 알려진 그는 "코미디로 밥을 먹지 못해 괴로울 땐 책을 읽으며 허기를 달랬다"고 한다.

이달 14일 세계 3대 문학상 중 하나로 꼽히는 맨부커상에 〈채식주의자〉라는 소설로 최종 후보에 올라간 한강 작가는 일본의 오에 겐자부로(大江建三郎)를 거명하면서 그와 함께 멘부커상 후보에 올라 영광이라고 소감을 밝혔다. 1994년 노벨문학상을 수상한 오에 겐자부로는 깊이 있는 탐구와 이해를 위해서라면 같은 책이라도 두세 번씩 읽을 것을 권하면서 퇴고(推敲)를 소설가의 최고 덕목으로 쳤다. 그는 작년 우리나라를 방문해서 "아직 일본은 한국인들에게 충분히 사죄하지 않았다"고 발언해 큰 주목을 받기도 했다.

얼마 전 책방에 들렀더니 글쓰기에 관한 책 두 권이 눈에 띄었다. 묘하게도 두 저자 모두 재소자 경력이 있었다. 두 저자는 교도소에서 책 읽는 습관, 글 쓰는 실력이 엄청 향상되었다 했다. 교도소도 지내기 따라서는 학교 못지않은 좋은 배움터라는 말이 된다. 그들이 '좋은 글쓰기 방법'을 다룬 책을 낼 만큼 필력과 내공을 교도소에서 쌓은 것은 그곳에서 세상과 담을 쌓고, 딴 데 신경을 쓰지 않은 채 오로지 독서에 몰두할 수 있었기 때문일 것이다.

팔순의 나이에도 하루 네댓 시간 읽고 쓴다는 대표적 문학평론가 김윤식 교수도 '다산'을 위하여 엄청나게 '다독'을 했다. 그는 2013년 9월에 한 신문과의 인터뷰에서 "나에게 읽기란 '생존을 위한 양식(糧食)'"이라고 했다. "쓰기 위해서는 그 10배를 읽는 게 글 쓰는 사람의 윤리"라는 말에서 엿볼 수 있듯이, 그는 쓰기와 읽기를 위해 혼신의 열정을 다 쏟아붓는다.

한문학자인 정민 교수도 최근 한 인터뷰에서 "사유와 읽기, 쓰기의 관련성"을 언급했다. 그는 사유가 명료하면 글쓰기는 자연히 해결되는데, 사유의 힘은 많이 읽고 내면에 많이 쌓아 둔 데서 나온다고 했다.

원로 언론인 남재희의 〈통 큰 사람들〉이란 책은 소설가 이병주를 소개한다. 이병주는 독서량은 물론 소설 · 에세이 · 정치평론 등 작품 수도 대단한 것으로 유명하다. 남재희는 이병주의 글이 탁월했던 이유는 그가 책을 읽은 다음 반드시 자세한 독후감을 적어 놓는 데 있었다고 분석한다. "글을 쓰면서 그 독후감에서 자주 인용하니 수준이 높고, 서양 명저의 지식을 듬뿍 담은 현학적인 글이 되었다"는 것이다.

결국 글을 잘 쓰려면 위의 예에서 보듯이 다독(多讀), 다사(多思), 다작(多作)이 따라야 한다. 글의 핵심은 콘텐츠, 즉 잘 영근 알맹이인데 참신한 착상이 그냥 하늘에서 떨어지거나 땅에서 솟을 리가 없다. 좋은 글을 쓰기 위해서는 열심히 읽고 쓰고 생각을 골똘히 하는 수 외에 따로 왕도가 없다. 독서는 생각의 폭과 깊이를 더해 준다. 글쓰기의 목적이나 소재는 그냥 읽지 않고 생각하면서 읽다가 만들어진다. 생각을 심화하기 위해서는 읽거나 느끼거나 겪은 바를 바로 메모하는 습관이 필요하다. 메모를 하면서 내용을 다시 한 번 반추하게 되고, 이는 글쓰기의 준비 작업이 될 수 있는 것이다. 이런 면에서 디지털 시대에 수첩 메모가 다소 아날로그적으로 보일지 모르지만, 한 번 권장해 볼 만하다 하겠다.

법률문장 작성도 일반적인 글쓰기의 궤에서 벗어나지 않는다. 관련 논문, 외국 자료, 입법 연혁이나 입법 이유를 열심히 찾아보면서 생각을 많이 해야 한다. 법률가는 인간사를 다루는 직업이므로, 인간을 탐구하고 이해하는 데에도 관심을 기울여야 한다. 그런 점에서 사회학, 심리학, 경제학 등 여러 학문 분야를 섭렵하는 것은 물론, 동시대인의 다양한 삶을 비춰 주는 소설도 읽어 보아야 한다.

글 쓰는 이의 스타일이나 개성에 따라 약간의 차이가 있을 수 있겠지만, 퇴고 역시 또 하나의 읽기이자 글을 완성함에 있어 필수불가결한 과정이다. 본인이 수긍할 수 있을 때까지 읽고 고치고 또 읽고 고치는 힘든 과정 속에서 글의 힘이 점점 살아나면서 좋은 글이 탄생하게 되는 것이다.

❖ 글쟁이의 꿈, 법률문장에 관한 단상 모음, 2017년

민주적 판사와 국민의 눈높이

안정적으로 장기집권에 성공한 일본의 아베 총리는 도널드 트럼프 당선을 맞이하여 발 빠르게 뉴욕으로 날아가는데, 우리는 대통령 탄핵을 요구하는 목소리로 큰 소용돌이에 휩싸여 나라 안 문제도 갈피를 못 잡고 있다. 자유민주주의 국가라지만 여전히 권위적 대통령제와 분식적 민주주의에서 답보 상황을 면치 못하는 모습이고, 인기에 영합하려는 정치적 수사와 포퓰리즘이 난무한다. 현실을 예리하게 진단하고 방향을 제시하여 이 혼미한 시기를 슬기롭게 헤쳐 갈 지도자가 그립다.

2016년 터키 비상사태에 민주화 관련 판사와 기자들이 구금된 사건을 보면서 독재와 부패를 막는 파수꾼은 바로 언론과 법원임을 깨닫는다. 민주와 법치가 위협을 받는 난국일수록 기자와 판사는 현실을 제대로 보고 제 목소리를 내야 한다. 특히 난제는 사법부로 몰려가기 마련이라, 법원은 중심을 확고하게 잡아야 한다. 미국의 홈스(Oliver Wendell Holmes) 대법관이 한 말처럼 "인간은 그 시대, 그 사회의 아들"일 수밖에 없다. 적극적으로 그 시대와 사회의 흐름에 발맞추어 살아가야 한다. 판사 역시 공동체가 널리 공유하는 법 확신이 무엇인지 끊임없이 고민해야 한다. 재판은 국민의 눈높이에 맞추는 것이 핵심이다.

독일 시인 브레히트(Bertolt Brecht)가 1943년 미국 망명 시절 쓴 〈민주적 판사〉란 시가 있다. 시에 등장하는 이탈리아인 식당 주인은 세 번이나 미국시민권을 신청했다가 떨어진다. 그의 영어능력을 확인하려는 판사의 질문에 매번 "1492년"이라고만 답한 탓이다. 네 번째 시민권 심사에서 판사는 식당 주인이 힘겹게 노동하며 생계를 꾸려 나가는 데 바빠 새로운 언어를 배울 여유가 없음을 알아차린다. 그래서 판사는 콜럼버스가 신대륙을 찾아 떠난 연도를 물었고, 1492년이라고 여일하게 답한 식당 주인은 마침내 시민권을 땄다는 내용이다.

독일 바이에른주에서는 법관이 아닌 고등학생들이 초등학생들의 작은 비행을 심리하고 처분을 내렸다. 언론은 그들을 '운동화 신은 판사'라 불렀다. 사회적, 경제적으로 웬만큼 갖춘 데다가 나이도 많은 판사가 어려운 처지에 처한 비행 초등학생들의 사정을 충분히 이해하기에는 어려움이 있고, 더욱이 그러한 아이들에게 맞는 적절한 조치를 강구하기는 더욱 힘들다는 판단에서 그런 제도를 운영한 것이다.

광화문 촛불집회 참가자는 2016년 11월 12일 주최 측 추산 100만 명, 19일 주최 측 추산 60만 명에 달했다. 12일 열린 집회에서 법원은 사상 최초로 청와대를 목전에 둔 내자동 네거리까지 집회 및 시위를 허용했다. 집회 메시지를 제대로 전달할 수 있도록 시위 주체와 항의 대상이 서로 더 잘 보고 들을 수 있는 거리까지 근접하도록 한 것이다. 법원은 집회가 대통령의 국정운영에 대한 우려에서 비롯되었으며 대통령에게 국민의 목소리를 전달하고자 이루어진 점, 집회 참가자들이 그동안 평화롭게 시위를 진행하며 성숙한 시민의식을 보여 주었다는 점 등을 고려했다. 판사 결정의 단초는 판결문에 좀처럼 등장하지 않았던 "대한민국은 민주주의 국가"라는 첫 구절의 표현에 있다. 사법부의 판단, 평가

하나하나가 우리 사회의 근간을 좌지우지함을 느끼게 하는 결정이었다.

독일 기본법 전문에는 "신과 인간에 대한 책임"이 헌법정신으로서 명시되어 있다. "네 마음과 성품을 다하여" 인간을 이웃으로서 사랑하는 자세를 갖고 헌법을 섬기겠다는 의지의 표현이다. 또한 기본법은 "국민의 이름으로 판결을 내린다"고 선언한다.

권력의 수탁자인 대통령도, 국회의원도, 판사도 모두 국민의 하인이다. 결국은 주인인 국민을 위하여, 국민의 눈높이에 맞추어, 국민의 말을 경청하면서 국가권력을 행사해야 한다. 자신의 권력의 원천이 어디 있는지 항상 가슴 깊이 새겨야 할 것이다.

❖ 여의나루, 2016년 11월

심판받는 법원

심판하는 법원이 최근 심판받는 위치에 서게 됐다. 중견 법관이 직무와 관련해 거액의 금품을 수수한 혐의로 구속 기소돼 국민과 법원 모두 엄청난 충격을 받았다. 대법원장이 직접 나서서 국민들에게 공식 사과까지 했다.

인류가 공동체생활을 영위한 이래 재판관 직역이 독자적 권력을 형성하면서부터 지배자는 판관들의 비리를 경고해 왔다. 구약성경은 뇌물에 대해 "뇌물은 지혜로운 이들의 눈을 어둡게 하고 의로운 이들의 송사를 뒤엎어 버린다"고 지적했다. 헤로도토스의 〈역사〉(*Historiai*)를 보면 페르시아의 캄비세스 왕은 금품을 받고 부정한 판결을 내린 판사 시삼네스의 피부를 모두 벗겨 내서 시삼네스가 재판하며 앉던 의자에 씌웠다. 그리고 시삼네스의 후임으로 그 아들 오티네스를 임명하고는 그 의자에 앉아 재판을 하도록 했다.

그럼에도 근대 유럽에 이르기까지 법관이 뇌물을 받는 폐해가 만연했다. 영국의 대법관이었던 프랜시스 베이컨은 예순 살에 상원에서 뇌물죄를 고백하고는 런던탑에 갇히기도 했다. 괴테는 자서전적 작품 〈시와 진실〉에 당시 사법 풍경과 베츨라어고등법원의 역사를 기술하였다.

베츨라어고등법원 판사 중 귀족 서너 명이 뇌물죄로 체포되었는데, 괴테는 이 자서전에서 "오랫동안 훌륭한 인물로 존경받던 사람들이 매우 수치스러운 죄로 문책을 받아 치욕적 형벌을 받는 슬픈 광경이 여기저기서 나타났다"고 적었다.

오래전부터 뇌물 수수가 많았던 데에는 선물이 금지되고 허용되는 상황 사이에 명확한 선이 없다는 이유가 크다. 중세시대에는 항아리에 넣은 포도주, 바구니에 담은 고급과자 그리고 사냥으로 잡은 사슴고기 등 성찬이 뇌물로 많이 오갔다. 2004년 미국의 연방대법관 스캘리아는 체니 부통령의 소송이 대법원에 계류 중임에도 체니 부통령과 함께 오리사냥을 떠났다. 스칼리아 대법관은 〈LA타임스〉가 보낸 서면질의에 "오리고기 맛이 좋았다"고 답하는 등 이 사건이 아무 일도 아닌 듯 빈정대는 투로 해명했다.

괴테 시절 사법관 시보가 시청으로부터 받는 보수가 토끼고기였다고 하니, 당시 법관이 받은 급여의 불충분함이 어느 정도인지 짐작된다. 법관은 청탁조로, 또는 승소한 당사자에게서 받는 금품을 정의의 대가 내지는 재판수수료나 사례금으로 여겼다. 법관의 이러한 인식은 독일의 대표적 극작가 브레히트의 희곡 〈코카서스의 백묵원(白墨圓)〉에 잘 나타난다. 희곡에 등장하는 조지아의 판사 아즈닥은 소송 당사자에게 불만을 터뜨린다. "그대들은 푸줏간에 갈 때 값을 치러야 한다는 사실은 알고 있으나, 법관에게 갈 때는 마치 장례식 후의 잔칫상에 가는 것처럼 간다."

요즘과 같은 극심한 자본주의 경쟁체제와 물질지상주의가 판치는 세상에서 지혜롭고 의로운 법관으로 사는 것은 수지가 맞지 않는다. 더욱이 종종 부패집단으로 매도되는 비굴한 상황을 견디면서까지 의연하게 재판업무를 계속 맡으리라 기대하기는 참 어렵다. 그럼에도 법원은 최근 윤리적으로 많이 고양돼 있다. 지금 필요한 것은 자정을 위한 법원의 더 혹독한 자기비판과 노력이다. 쓰리지만 환부를 과감하게 도려내고 소금을 듬뿍 뿌려야 한다.

국민은 의롭고 지혜로운 법관에게 재판을 받고 싶은데, 미래가 그리 밝아 보이지 않아 답답하다. 현명하고 공정한 재판관을 뽑고, 이러한 재판관이 법원에 계속 머물 수 있도록 하는 것은 비단 법원뿐 아니라 행정부와 국회의 책무이기도 하다. 이러한 소망을 실현함에 있어서는 무엇보다도 사법과 법관을 향한 국민의 따뜻한 시선과 성원 그리고 격려가 필요하다.

❖ 여의나루, 2016년 9월

‘삼례 3인조’ 재심의 의미

유죄확정 판결을 받은 사건을 새로 재판하는 재심이 개시되려면 먼저 무죄를 인정할 증거의 ‘신규성’과 ‘명백성’이 인정돼야 한다. 하지만 실제로 이 두 장벽을 뛰어넘기는 너무 힘들다. 재심을 ‘열리지 않는 문’이라 부르는 이유가 바로 여기에 있다.

2016년 7월 8일 전주지방법원은 지난 1999년 전북 완주군 삼례읍에서 슈퍼마켓 주인 할머니를 숨지게 한 혐의로 징역 3년에서 6년을 선고한 이른바 ‘삼례 3인조’ 강도치사사건에 대한 재심 개시를 결정했다. 재판부는 “올해 초 진범이라는 사람이 양심선언을 한 데다, 피해자 사위가 촬영한 경찰 현장검증 영상 등을 보면 무죄를 인정할 만한 새롭고 명백한 증거가 있다”고 선언했다. 이 영상에는 ‘삼례 3인조’를 지칭하여 “야는 탤런트고, 쟈들은 신인이구먼”이라 말하는 경찰의 목소리와 함께 두려워하고 당황해하는 용의자들의 모습이 담겨 있다고 한다. 이들이 유죄확정 판결을 받은 직후 그해 11월, 부산지검은 ‘부산 3인조’를 체포해 삼례사건에 대한 범행 자백을 받아냈다. 그런데 사건을 인계받은 전주지검은 이들을 무혐의 처분했다. 당시 진범이라고 고백한 이 씨는 “수사관이 ‘네가 범행은 했어도 범행 장소가 다른 곳일 수 있다’는 등의 이유로 자백을 묵살했다"고 말했다.

복역 당시 청년이던 '삼례 3인조' 중 최씨는 7월 10일 〈연합뉴스〉와 인터뷰하며 "지난 17년 세월은 돌아보기 힘들 정도로 끔찍했다"고 고백했다. 또 자신을 폭행한 형사들에게 똑같은 고통의 세월을 살게 해 주고 싶다는 말과 함께 분노를 표출했다.

국가권력의 오만한 남용으로 진실과 정의가 희생당한 대표적 사건으로는 베를린 영화제 황금곰상 수상작 〈아버지의 이름으로〉의 바탕이 된 영국 '길퍼드 4인방'(Guildford Four) 사건, 또 작가 에밀 졸라가 쓴 "나는 고발한다"(J'accuse)는 공개편지와 함께 국수주의자와 지식인 간 사상전쟁으로 확대되었던 프랑스의 드레퓌스 사건을 들 수 있다.

길퍼드 사건의 전말은 이러하다. 1974년 길퍼드의 한 식당에서 폭탄 테러가 발생했다. 제리 콘론 등이 경찰의 고문, 심지어 가족에 대한 노골적인 협박 때문에 거짓자백을 했고, 살인 등의 죄로 15년을 복역한 뒤 1989년에야 재심으로 풀려났다. 심지어 1977년에 진범이 경찰에 길퍼드 4인방은 잘못이 없다고 밝혔음에도 불구하고 경찰은 이를 묵살했다. 2005년 토니 블레어 총리는 이 최대의 사법 과오에 대해 사과까지 했다.

인간은 너무 허약한 존재라 허위로 자백할 개연성이 있으므로 법관은 자백에 너무 큰 비중을 두어서는 안 된다는 사실을 가슴 깊이 새기게 한 사건이다. 재심재판부가 지적한 대로 '삼례 3인조'의 자백 진술도 범행 방법, 내용 등에서 일관되지 않을 뿐 아니라 서로 모순되는 부분도 적지 않았다. 유죄를 선고한 재판부는 이 부분을 향한 의심을 어떻게 합리적으로 해소했을까.

드레퓌스 사건에는 군대의 횡포와 음모, 거기에 끝까지 잘못을 시인하지 않는 뻔뻔함과 가증스러움이 더해졌다. 1894년에 유대계 장교 드레퓌스는 조작된 증거로 인해 군사기밀을 빼돌렸다는 혐의를 뒤집어쓰고 종신형을 선고받아 아프리카 '악마의 섬'에 유배되었다. 1898년에 진범 에스테라지가 잡혀 재판에 넘겨졌지만, 어이없게 그는 무죄 판결을 받았다. 이에 에밀 졸라가 용감하게 나서서 군대의 오만과 편견을 고발했고, 여기에 가세한 지식인들의 요구로 1899년 두 번째 재심이 열렸다. 그러나 재심 법정도 드레퓌스에게 유죄를 선고했다.

사형이 집행되면 그 뒤 재심으로 종전 판결을 무효화해도 죽은 목숨을 되살릴 수 없다. 죄 없는 자에 대한 유죄 판결은 정의감정을 엄청나게 해친다. '의심스러울 때에는 피고인의 이익으로'라는 형사재판의 철칙은 법정에서 생생히 살아 움직여야 한다.

❖ 여의나루, 2016년 7월

미국 대법관 인선 신경전

2016년 2월 타계한 스캘리아(Antonin Scalia) 대법관은 30여 년간 미국 연방대법원 보수진영의 대변자였다. 진보파의 대모 격인 긴즈버그(Ruth Bader Ginsburg) 대법관은 애도성명에서 스캘리아 대법관과 이념적으로 첨예하게 대립하면서도 합의나 판결문 작성 과정에서는 완벽히 소통하였다면서 문서화된 텍스트를 해석하는 입장에서는 다르지만 헌법과 사법제도를 존중한다는 점에서 "우리는 하나다"라고 했다.

스캘리아 대법관에 대한 애도기간이 끝나자마자 공화당과 민주당은 곧바로 후임 대법관 인선 문제를 둘러싸고 전투에 들어갔다. 미국 대법관 자리는 본인이 사망하거나 스스로 물러나지 않는 한 비지 않는다. 우리의 6년 임기제와는 판이한 종신제다. 대통령이 종신제 대법관을 세워 자신의 이념적 성향을 사법적 판단에도 관철시키려고 하고, 그러다 보니 진보와 보수 진영 모두 대법관 인선에 매우 민감하게 반응한다. 그래서 2017년 1월 퇴임하는 오바마 대통령이 대법관을 임명할 수 있느냐는 사안이 미국 정국의 핫이슈가 된 것이다.

오바마 대통령은 공화당의 반대에도 불구하고 지난달 워싱턴DC 연방항소법원장인 메릭 갈랜드(Merrick Garland)를 신임 대법관으로 지명했다. 오바마 대통령은 그가 "보수·진보 양측으로부터 인정받는 중도적 대법관"임을 강조하고 공화당도 '트럼프 돌풍'을 우려하는 만큼 상원이 대법관 후보자 인준을 서둘러야 한다고 했다. 갈랜드는 아내가 프러포즈를 승낙한 이래 최고의 영광이라 답했다. 하지만 다음 날 토마요르 대법관은 대법관들이 서로 다른 개인적 배경 및 전문적 경험을 통해 서로 배우고 생각을 보완할 수 있어야 하는데, 현재 대법관 8명 전원이 아이비리그 출신이고 그중 5명이 가톨릭, 3명이 유대계라고 말했다. 갈랜드 지명자 역시 하버드 로스쿨 출신의 유대계이므로 대법원 구성의 다양성 부족을 에둘러 지적한 것으로 보인다.

상원 의석의 과반을 장악하고 있는 공화당은 미국 국민이 선거를 통해 결정해야 한다면서 대법관 인준 절차를 거부했다. 20여 년 동안 사안에 따라 보수와 진보를 넘나들었던 오코너(Sandra Day O'Connor) 전 대법관은 미국과 미국인이 관심을 가져야 할 중요한 자리를 차기 대통령 당선 때까지 미루는 것은 적절치 않다는 취지로 공화당 입장에 반대 의사를 밝혔다. 한편 공화당 대선 후보 트럼프는 보수 유권자를 집결하려는 목적에서 자신의 헌법적 가치를 대표하는 대법관 후보군 11명의 명단을 공개했다.

〈로마의 휴일〉의 시나리오를 쓴 돌턴 트롬보(James Dalton Trumbo)의 일생을 다룬 영화 〈트롬보〉를 보면 대법관의 정치적 성향이 유죄와 무죄를 가를 수 있음을 알 수 있다. 제 2차 세계대전 후 냉전체제가 들어서며 미국의 반공주의자에게 공산주의자는 마녀였다. 지금은 상상하기도 어려운 할리우드의 어두운 과거사지만, 트롬보를 비롯해 당시 반공산주의 광풍으로 공산주의자로 몰린 이른바 '할리우드 10'은 1947년 의회 반미활동조사위원회 청문회의 증언대에 섰다가 모두 의회모독죄로 기소당한다. 트롬보가 대법원에 건 마지막 희망은 1949년 여름에 자유주의자 대법관 머피와 루츠레츠가 사망하며 사그라진다.

2016년 9월에 우리나라 대법관 1인의 임기가 만료된다. 그런데 지난 4월 총선 결과 여소야대 국회가 되면서 신임 대법관 임명에 다소 미묘한 어려움이 벌어질 것 같다. 야당이 국회에서 반대하면 대통령의 의중이 반영된 대법관 지명자를 임명하기 어려워진다.

부처님 오신 날을 앞두고 해인사 방장 원각스님이 한 말씀이 생각난다. 진보 · 보수 모두 너와 나를 내려놓고, 일에 따라 일의 성공을 위해 진보도 되었다 보수도 되었다 할 수 있으면 좋겠다. 일이 잘 되게 하기 위해 어느 입장이 필요한지 먼저 생각하면서 상대의 시각을 과감히 수용하는 대법관은 미국뿐만 아니라 우리에게도 필요하다.

❖ 여의나루, 2016년 5월

책 권하는 사회

중복이 지났다. 후덥지근하다. 기승을 부리는 이 염제(炎帝)를 어떻게 물리칠까. 이열치열로 보양탕도 좋겠지만 바람 잘 통하는 시골집 마루에 드러누워 독서 삼매경에 빠져 보는 것은 어떨는지. 졸음이 오면 책을 베개 삼아 스르르 잠에도 빠져 보고….

영국 시인 헨리 앨퍼드(Henry Alford)는 〈너와 나〉(*You and I*)라는 시에서 사랑하는 사람을 "동반자, 위안자, 친구, 삶의 안내자"라 불렀다. 사람 대신 물건 중에 이 표현에 딱 맞는 것은 무엇일까. 바로 책이다. 책은 세상의 눈과 귀로서 거기에 인생길이 다 들어 있다. 책은 어둠 속 길을 밝히는 지혜의 원천이자 나침반이다. 책이 쌓인 서재와 도서관은 영혼을 치유하는 곳이다. 작고한 안병욱 교수는 "독서는 인생의 깊은 만남, 책 읽는 기쁨은 법열(法悅)"이라고 하면서 "책을 읽어라. 위대한 음성들이 조용히 그러나 간절히 우리를 부르고 있다"고 했다.

독서는 한 나라의 문화와 지적 수준을 측정하는 바로미터이다. 그 나라의 저력과 미래, 희망은 국민들의 독서 양과 질로 저울질할 수 있다. 1983년 독일 유학 당시 어학연수를 받기 위해 인구 2만 정도의 소도시 민가에 두 달 동안 머문 적이 있었다. 어학교재가 어려워 과제를 풀며 경찰이던 집주인에게 저녁마다 많은 도움을 받았다. 그는 이해하기 어려운 카프카의 단편소설이나 〈슈피겔〉 잡지에 실린 글의 내용을 명쾌하게 설명해 주었다. 평범한 시민의 해박한 인문학적 이해에 탄복하지 않을 수 없었다.

법률문화에서도 독일의 대표적 법철학자 라드부르흐의 책 〈법학원론〉을 보면 그 깊이와 무게에 충격을 받지 않을 수 없다. 이 책은 라드부르흐가 실업계 고등학교 학생들의 법적 소양을 높이기 위해 1920년대에 쓴 강의록이다. 나는 법률가가 되고 30년쯤 지나 그 책과 조우했는데도 폭넓고 깊이 있는 내용에 감탄했다. 오늘날 우리나라 고등학교에서 가르치는 법교육과 질적, 양적으로 비교해 보면 두 나라 사이의 법률문화 수준이 엄청나게 다름을 느낄 수 있다. 민주, 법치국가인 우리나라의 국민 대다수는 자신들이 의지하고 있는 법을 너무 모른다. 어릴 때부터 누려야 할 자유와 권리 그리고 그 한계와 의무를 익히는 것은 자신뿐만 아니라, 국가와 사회의 건전한 발전을 위해서 매우 중요하다.

나의 초등학교 시절의 도서관은 만화방이었다. 만화방에서 파는 어묵을 간장에 찍어 먹으며 2, 3시간 만화에 푹 빠지면 포만감에 젖었다. 읽을거리가 귀한 시절이었는데, 중학교에 입학해 보니 서가에 책들이 제법 꽂힌 조그만 도서관이 있었다. 1학년 겨울방학 때 난방도 안 되는 도서관에서 다이제스트 세계명작전집이나 우리나라 소설책을 많이 읽었다. 책이 펼쳐 보여 주는 세계가 어린 나이에 신기하고 재미있었다. 어느 몹시 추운 날 사서(司書)가 딱하게 보았든지 나무를 주워 오라고 해서 난롯불을 피웠다. 손을 녹이느라 연통을 손바닥으로 감쌌는데, 한동안 손바닥이 타는 줄 모르고 있다가 모락모락 김이 오르는 것을 보고서야 화들짝 놀라 연통에서 손을 떼 보니 이미 화상을 입었던 일도 기억난다.

요즘도 군것질하는 기분으로 서점을 가끔 들른다. 좋은 음식 먹고 좋은 영화 보면 그러하듯, 서점에서 책을 뒤적이고 있으면 기분이 전환되고 활력이 재충전된다. 여행을 가기 전에 혹은 갔다 온 뒤에 여행지와 관련한 지리나 역사를 공부하면서 지적 호기심을 충족하는 재미 또한 여행 못지않게 쏠쏠하다.

최근 버스나 지하철 승객들이 손에 책 대신 휴대폰을 들면서 자기성찰 기회도 현저히 줄어들었다. 한 국가의 저력은 국민들이 얼마나 책을 읽고 생각할 수 있는지에 따라 좌우된다. 그런 점에서 책을 권하고 벗하는 사회적 기풍이 한층 더 고양되어야 한다. 어둡고 힘든 사람들의 한숨과 눈물을 책으로 공감하면서 우리 사회에 따뜻한 감성적 이해와 교류가 충만해지면 얼마나 좋을까.

❖ 여의나루, 2015년 7월

법관 양심으로 포장된 주관

사람은 자신이 태어나고 자란 바탕에서 자유스러울 수 없다. 누구나 성장하면서 각자 자신의 인생관과 세계관을 갖게 마련이고 개인의 이러한 가치관은 존중돼야 한다. 법관 역시 사람인지라 의식적이든 무의식적이든 재판을 함에 있어서도 자신의 출신과 경험에서 영향을 받는다. 판사로 근무하던 1983년 독일 연수를 하면서 법관의 출신, 성향과 재판 간의 상관관계를 분석, 고찰하는 '법관사회학'이란 학문을 처음 접했다. 재산에 따라 판사를 프롤레타리아 판사와 부르주아 판사로 구분하고, 노동쟁의사건 등 계급 간 대립이 현저히 나타날 수 있는 영역을 중심으로 이른바 계급재판이 일어나는지 분석하는 내용이었다.

우리나라에서는 올해 형사재판 과정에서 판사의 이념적 성향이 여론의 도마에 올랐다. 통합진보당 당내 경선 대리투표, 집회신고 범위 밖의 도로 점거, 북한 김일성 묘소 참배 등 사건의 1심 판결을 담당한 판사를 보수 쪽 언론은 '좌편향 판사'라고 거칠게 비난했다. 하급심 재판의 실수는 심급구조에 따른 사법의 자기구제에 의해 상급법원에서 시정될 수 있다. 진행 중인 형사재판을 언론이 함부로 보도하면 특정 의도에 따라 상급심 판결에 영향을 끼칠 우려가 있으므로 판결을 비판함에 있어 절제와 품위가 아쉬웠다.

재판의 신뢰와 불신을 가르는 분기점에 법관의 양심이 서 있다. 양심이란 양심적 병역거부에서와 같이 개인의 종교적 혹은 주관적 소신 내지 신념을 의미하기도 한다. 하지만 재판준칙이 되는 법관의 양심이란 의사들의 히포크라테스 선서에서와 같이 직업적 덕목을 의미한다. 그리고 이는 공인의 양심이다. 그래서 헌법은 특별히 법관과 국회의원에게 양심을 요구한다. 국가이익을 우선해 양심에 따라 직무를 행해야 한다는 헌법의 명시처럼, 국회의원들은 다양한 견해와 상충되는 이해관계를 널리 파악해 충분한 검토와 교량을 거쳐야 한다.

법관도 마찬가지다. 양심에 따른 재판은 건전하게 지탱해야 할 국가에 대한 책무이자 법관의 기본 전제조건이다. 그래서 법관의 양심은 주관적 자의(恣意)나 독단을 벗어나 객관화돼야 하고 집단적 공감성, 보편성을 지녀야 한다. 역대 대법원장의 법관 임명식에서 약방에 감초같이 등장하는 당부가 바로 법관의 양심이다. 양승태 대법원장은 2013년 12월 2일 신임 법관 임명식에서 "자기 혼자만의 독특한 가치관이나 주관, 신념을 법관이 따라야 할 양심과 혼동해서는 안 된다. 얕은 정의감이나 설익은 신조를 양심으로 내세우다가는 오히려 재판의 독립이 저해될 수 있음을 인식해야 한다"고 말했다.

법관의 양심은 가끔 국가권력이나 세력집단, 여론과 갈등을 빚는다. 유병진 판사가 6·25전쟁 후 부역자 재판을 하면서 고민했던 모습도 이러한 갈등의 표출이다. 6·25전쟁이 끝난 후 북한에 부역했던 사람들을 부역자처벌법에 의해 사형 또는 징역 10년 이상의 중형에 처하도록 하였다. 유 판사는 거짓말만 하고 먼저 달아난 정부와 피란의 기회조차 빼앗긴 힘없는 백성의 입장 사이에서 고민을 거듭하다가 당시 들끓는 사회 분위기에도 불구하고 부역자들에게 무죄나 집행유예를 선고했다. 유 판사의 대단한 용기가 사회적 심리강제라는 여론의 장애를 극복했던 것이다.

정의의 여신이 흔히 두 눈을 가리고 있는 모습으로 묘사되는 데에서 잘 드러나듯 법관은 결정에 편파성을 띠지 않아야 한다. 아울러 시대의 흐름을 잘 읽어야 한다. 또한 인간적 한계와 불완전성을 시인하고 정당성의 상대성을 인식하여 자신의 관점을 그 누가 검증하더라도 합리적이라 할 수 있도록 비판적 접근과 자기성찰, 자기교정을 할 필요가 있다. "재판관은 언젠가 후일 자신이 심판을 받는다"는 경고의 의미로 법관석 위에 최후의 심판 그림을 걸어 두었다던 서양 사법사의 일화를 곰곰이 되새겨 보아야 할 것이다.

❖ 여의나루, 2013년 12월

재판에 웬 보수? 진보?

"재판관에게는 보수와 진보의 양극화된 이념보다는 자유민주주의 헌법 수호의 의지가 절실히 요청된다. 결국 재판은 진보·보수의 울타리를 뛰어넘어, 헌법적 가치로 수렴 귀결되어야…."

헌법재판소 창립 22주년을 맞아 이강국 소장은 2010년 9월 1일 자 어느 신문과의 인터뷰에서 "보수와 진보가 다른 한쪽을 타도하거나 부정하려고 사생결단식으로 싸워서는 안 되고, 건강한 보수, 책임 있는 진보로서 소통·공존하여야 한다"고 말했다. 우리 사회의 이념적 대립이 심화되는 것에 대한 우려의 표시였다.

사회 전 분야에 만연한 보수, 진보의 이분법이 이제 사법영역에서도 종종 눈에 띈다. 최근 헌법재판소 재판관이나 대법관의 선출 시기가 다가오면 어떤 경력과 성향의 재판관, 대법관을 뽑을 것인지에 관심이 쏠린다. 사회단체들은 유력한 후보자의 재판 결과를 분석하면서 저울질한다. 해마다 걸림돌 혹은 디딤돌 판결을 뽑아 호(好), 불호(不好)를 표함으로써 향후 재판이나 고위법관 선발에 영향을 미치려 한다. 특히 진보단체는 헌법재판소나 대법원의 인적 구성에서 보수와 진보의 균형을 맞추도록 요구한다. 임명권자인 대통령은 자신의 정치적 취향에 맞는 재판관을 임명하고 싶을 것이다. 그래서 노무현 정부를 거치면서 진보적이리라 기대받는 대법관, 재판관들이 대법원이나 헌법재판소로 들어왔다.

또 언론에서도 재판관들의 이념을 분석하여 판결 결과를 예측하고, 선고 후에도 이념을 잣대로 판결을 분석하는 기사가 종종 눈에 띈다. 재판관도 인간인지라 자신의 출신환경, 경험 등에 영향을 받기 마련이고, 편견을 전혀 갖지 않는다고 볼 수도 없다. 자기가 맡은 사건에서 나름대로의 이데올로기를 가질 수도, 어떤 정치적 경향을 띨 수도 있다. 분쟁종식을 위해서는 충돌하는 가치, 이익 사이에서 어느 한쪽 편을 들 수밖에 없다.

그럼에도 불구하고 재판관은 결정을 내림에 있어서 어떠한 편견이나 특정 세계관, 정치적 경향으로부터 벗어나야 한다. 이는 사법의 속성이다. 재판관은 이념면에서 보수, 진보 어느 한쪽으로 경도(傾倒) 되기보다는 균형과 중립을 지켜야 한다. 보수와 진보라는 도식적 범주 안에 갇히지 않고 사안에 따라 진보·보수를 자유롭게 넘나들어야 한다. 그러므로 재판관에게는 보수와 진보의 양극화된 이념보다는 자유민주주의 헌법을 수호하려는 의지가 절실히 요청된다. 결국 재판은 진보와 보수의 울타리를 뛰어넘어 헌법적 가치로 수렴 귀결돼야 한다. 미국 오크너전 대법관의 말처럼, 대법관이나 재판관의 이념은 진보도 보수도 아닌, 헌정질서와 가치를 지키려는 헌법 수호정신이다. 보수도 진보도 헌법원리 안에서 논의를 벌여야 하고, 자유민주적 헌법질서와 가치의 틀 안에서만 공생·공존할 수 있다.

보수와 진보는 비단 정치적 이념으로만 나누어지는 것이 아니다. 예컨대 사형제 및 간통죄 존폐나 안락사·낙태 허용 여부라는 각 이슈에 있어 보수는 현상유지, 진보는 변화를 택한다. 보수는 변화를 거부하고 기득권을 유지하려는 방어적 성향 때문에 비합리적이라는 평가를 받기 쉽고, 규제·정체·답답함·과묵함 등으로 좋지 않은 인상을 준다. 반면 법률에 문외한인 일반인은 자유와 정의에 매료되고, 이는 진보적 성향에 부응한다. 그래서 외형상 진보가 그럴 듯하게 보인다. 그러나 사회적 약자보호와 같은 정의 실현이 진보만의 몫은 아니다. 실제 정의를 이루는 데에는 이상과 현실 사이에 간극이 존재하기 마련이고, 그 사이를 메우려는 노력에는 완급 조절과 방향 조정이 필요하다. 여기서 법적 안정성이 강조된다. 그런 점에서 자유와 안정은 역사의 발전과 맞물려 늘 충돌하기 마련이고, 실제 분쟁을 해결함에 있어서 정의와 법적 안정성 중 어느 것을 우선할 것인가가 사법의 최대 화두이다.

사회적으로 영향이 큰 판결 결과를 놓고 보수, 진보 어느 한쪽은 크게 반기고 어느 한쪽은 세력의 기반을 잃고 위축되기도 한다. 그러나 대법원, 헌법재판소의 다수의견에 반대하는 소수의견 자체가 사회 변화에 있어서는 중요한 의미를 지닌다. 재판관이 교체되면 언제든 다수의견이 될 수 있기 때문이다.

소수의견을 낸 이들은 결정이 자기 뜻과 다를 수 있다는 점을 용인해야 한다. 이는 변화가 일어나면 보수 측에게, 변혁에 실패하면 진보 측에게 요구되는 자세이기도 하다. 불복종이나 반발이 아닌, 승복과 기다림의 자세가 필요한 것이다. 대한변협 주최 '2010년 변호사 대회'에 참석한 스티븐 잭(Stephen N. Zack) 미국 변호사협회장은 "판결에 승복하는 문화가 미국 사법시스템을 지탱하는 힘"이라고 했다. 물론 결정에 대한 합리적인 비판은 사회 발전을 위해 바람직하다. 그렇지만 물리적 힘이나 세력 과시, 집요한 비난, 인신공격이나 명예훼손 등은 우리나라가 선진사회로 진입하는 것을 막는 최대의 장벽이자 극복해야 할 최대 과제이다. 반드시 평화적인 방법과 합리적인 이성을 동원해야 한다. 이런 성숙한 자세야말로 21세기에 우리 국민에게 필요한 가장 중요한 덕목이라 할 것이다.

이렇게 사회 변화의 물꼬를 틀 수 있는 대법관, 재판관을 뽑는 자리임에도, 이번 대법관 후보자 인사청문회에서 볼 수 있듯이 국민적 관심은 총리나 장관 인선에 훨씬 미치지 못한다. 후보자가 헌법 수호정신과 열린 마음, 유연한 자세를 가졌는지 국민 모두가 면밀히 잘 살펴야 할 것이다.

❖ 굿소사이어티, 2010년 9월

재판의 변수

판사 시절 소송 당사자가 변호사 없이 혼자 민사재판을 수행하는 모습을 보면서 답답함을 느낀 적이 더러 있었다. 당사자는 제대로 증거를 대지 못하면서도 "하늘과 땅이 다 아는데 무슨 증거가 필요하냐"며 역정을 내기도 했다. 이런 답답함은 변호사가 딱 맞는 증거는 찾지 못하고 변죽만 울려대도 마찬가지다. 이때 재판부가 증거방법에 대해 시사라도 했다가는 공정치 못하다는 이유로 기피당할 위험이 있다. 증거재판주의에서는 돈을 빌려주고도 차용증을 받아 두지 않아 패소하기도 한다. 당사자로서는 법원이 원망스러울 수밖에 없다.

변호사마다 서로 다른 실력이나 성의도 재판 승패와 연결된다. 충분히 이길 사건인데도 1심에서는 패소했다가 2심에서 변호사를 바꿔서야 승소하기도 한다. 어려운 사건에서 역전승하기 위해서는 명의처럼 유능한 변호사의 적확한 진단과 처치가 뒷받침되어야 한다.

재판 결과는 판사들의 법에 대한 이해에 따라 달라지기도 한다. 재판은 설득의 장이다. 판사를 자신의 법 논리로 설득해야 재판에서 이길 수 있다. 같은 사안을 두고 각 판사들의 법적 관점에 따라 유죄 혹은 무죄로 갈리는 일을 '이현령비현령'(耳懸鈴鼻懸鈴)이라고 비난하기도 한다.

그러나 민주사회의 꽃은 상대성과 다원성에 있다. 분쟁 종식을 위해 대법원이 최종적인 법률해석을 할 뿐이다.

어떤 행위가 불법인지, 잘못인지 판단하는 일은 시대 변화에 민감하다. 시대가 흐르면 가치관이나 평가도 변한다. 그래서 종전에는 운이 없는 것으로 쳐서 그럭저럭 참았던 일이라도, 생활형편이 나아지고 권리의식이 깨어나면 법정으로 가져간다. 방파제를 걷다가 갑자기 들이닥친 너울성 파도에 휩쓸리거나, 남의 집 앞 눈길에서 미끄러져 다친 경우 예전에는 천재지변이나 자신을 탓했다. 이제는 방파제에 안전난간을 설치하지 않은 국가나 지방자치단체, 제때 눈을 안 치운 이웃의 잘못을 따진다. 최근 비행장과 사격장 인근 주민이 몇천 명씩 모여 소음을 원인으로 한 손해배상 청구소송을 제기하였다. 주민의 쾌적한 생활과 국가의 재정 중 어느 것을 우선할 것이냐는 정책적 판단 역시 시대의 흐름에 따라 변할 수 있다.

법이 보호하는 범위도 문화에 따라 다르다. 독일에서 연수하던 1983년 당시 우리나라에서는 피임을 위한 정관수술을 하였음에도 아이가 생겼을 때 재판을 통해 부양비를 청구할 생각은 할 수도 없었다. 그런데 놀랍게도 독일에서는 그 당시 이미 원치 않은 아이의 존재가 법적 손해인지 여부를 법정에서 다투고 있었다. 우리나라에서는 세월이 한참 지나서야 이러한 쟁점을 법정에서 다룰 수 있었다.

스스로 법원의 판단을 받는 입장이 돼 보니 재판 불만이란 말이 피부에 와닿는다. 여기에는 판사, 변호사의 잘못이 크다. 다만 재판 불만을 해소하는 데에 있어서 이러한 재판 및 법의 속성이나 변수를 이해할 필요도 있지 않나 생각해 본다.

❖ 한경에세이, 2010년 4월

뇌물재판 관전법

"전 총리 초반 득점."

얼마 전 형사재판을 다룬 어느 신문의 기사 제목이다. 무슨 제목이 이런가. 재판이 무슨 농구 게임인가.

형사재판이 피고인에게는 형극의 길이지만 관전자에게는 퍼즐 게임처럼 흥미진진한 한 편의 추리소설일 수도 있다. 최근 형사재판에서는 법정 공방이 치열하게 이뤄진다. 이전보다 훨씬 박진감 넘칠뿐더러 결과를 예측하기도 어려워졌다. 재판은 살아 움직이는 생물이란 말이 새삼 실감난다. 신무기를 선보이고, 기습 공격을 감행하며, 회심의 카드로 역전을 시도한다. 한판 진검승부를 보는 듯하다.

대중의 관심이 큰 사건은 재판이 아닌 수사단계에서부터 생중계가 시작된다. 피의사실공표 여부에 대한 논란이 여전히 뜨거운데도, 수사기관은 수시로 보도자료를 돌리고 언론은 호기심을 불러일으키는 데 열을 올린다. 무죄추정의 원칙은 저 멀리 내팽개쳐지고, 수사단계에서 이미 단죄가 이뤄진다. 하지만 우리가 아는 진실은 장님이 코끼리 만지듯 부분적일 수 있다. 전체를 파악하지 않고 부분만으로 전체를 다 아는 듯 착각한다.

변호사로서 활동을 하다가 내가 파악한 진실이 법정에서 통하지 않아 당황한 적이 있다. 그러면서 깨달은 사실 중 하나는 피고인 측이 대체로 불리한 정보나 손해되는 증거에 대해선 입을 잘 열지 않는다는 점이다. 패전 후 의기소침했던 일본인의 자존심을 일으켜 세워 줬던 구로자와 아키라 감독의 영화 〈라쇼몽〉(羅生門)은 살인사건을 둘러싼 여러 사람의 증언을 통해 사람들이 어찌나 이기적이고 자기중심적인지, 얼마나 자기합리화와 주관적 각색을 잘 하는지 보여 준다.

돈을 줬다는 사람의 검찰 진술과 법정 진술이 다른 일은 있을 수 있다. 지엽적인 데에서 말을 바꾸는 이유는 기억력이라는 것 자체가 원래 믿을 수 없기 때문이다. 핵심적 부분은 의도적으로 바꿀 수도 있다. 왜 법정에선 주지 않았다고 하면서 검찰에게는 줬다고 하는가. 이는 어쩌면 살아남기 위한 동물적 본능과도 무관치 않을 듯하다. 주었다는 진술과 받지 않았다는 진술이 팽팽하게 대립할 때 서로 상대의 거짓말을 부각해 흠집 내기에 총력을 기울인다. 피고인은 시간적으로는 알리바이로, 장소적으로는 현장 상황으로 반격을 가하기도 한다.

❖ 한경에세이, 2010년 4월

로스쿨 단상

2008년 법원을 떠나 로펌 변호사가 된 나에게 연수원장이라는 직함이 덧붙었다. 로펌에 웬 난데없는 연수원? 연수원을 설립한 계기는 로스쿨 출범과 무관하지 않다. 예비법조인 역량을 높이는 데 로펌이 일조하기 위해서는 좀더 체계적인 조직과 교육시설을 갖춰야 하지 않나 하는 생각에서였다.

덕분에 지난겨울에는 로스쿨 학생들을 자주 접했다. 예전 사법연수원 교수 시절이 아련히 떠올랐고, 그때의 젊음 속으로 빠져드는 듯한 감회에 젖기도 했다. 나이가 들어 젊은 목소리가 들리는 자리에 낄 수 있다는 것 자체만으로도 얼마나 큰 기쁨인가?

로스쿨 학생들이 보고 싶어 하는 것은 실무경험이 풍부한 변호사들의 실제 생활과 살아 있는 사건이었고, 원하는 것은 공동체험이었다. 문제는 변호사들이 워낙 바쁜지라, 가만히 두면 학생들 지도에 소극적이라는 점이었다. 나는 학생들에게 멘토 변호사를 공격적인 방법으로 괴롭히라고 주문했다. 식사를 할 때가 되면 변호사들 방문 앞에서 어슬렁거리고, 하찮은 질문거리라도 만들어 자주 방문하라고 했다.

지원자 50여 명의 면면을 보니 변리사, 회계사, 의사, 약사, 기자 등

경력이 화려했고 박사학위 소지자도 있었다. '이제는 한 직종의 자격이나 고학력만으로는 먹고살기가 여의치 않은 세상이 됐구나'라는 생각에 새삼 젊은 세대의 취업난을 절감하면서, 법조계의 전문성은 더 심화되리라는 기대도 가져 보았다.

세미나를 마치고 늦은 저녁 학생들과 함께 맥주잔을 기울이기도 하고, 민사재판 방청 후에는 소감을 묻기도 했다. 최근 대법원에서 연 로스쿨 학생 대상 모의재판대회에 참가한 이들의 실력이 실제 법조인들과 비교해도 손색이 없었다는 평가나, 영어만 능숙하면 한국 로스쿨 졸업생이 미국 월가의 로펌에서도 충분히 활약할 것이라는 어느 외국인 로스쿨 교수의 말에 수긍이 갔다.

그러나 이런 기대와 낙관 뒤에는 불안과 걱정이 깔려 있음도 숨길 수 없다. 학생들이 효율적이고 체계적으로 실무수습을 할 수 있을 정도의 로펌은 부족하고, 시설이나 전문 강사진 등 교육 여건도 제대로 돼 있지 않다. 로스쿨 학생들의 실무수습 운영은 로스쿨, 관계기관, 변호사협회는 물론 로펌 간에도 별 논의가 없다.

미국에서는 최근 법률시장의 변화로 많은 로스쿨 학생이 진학을 후회하거나 진로를 불안해한다고 한다. 혹시 우리나라 로스쿨 학생도 비싼 수업료와 3년이라는 긴 시간을 투자하고서 백수가 되는 상황이 발생하지는 않을까 하는 우려도 든다.

법조인의 공급 확대는 질적 저하로 이어져 심각한 사회문제를 일으킬 수 있다. 사건 수임에 쫓긴 변호사가 사회갈등을 봉합하고 조정하기보다는 오히려 조장할 위험성도 있다. 법치주의 선봉에 설 변호사들을 잘 길러내기 위한 고민이 필요한 때다.

❖ 한경에세이, 2010년 3월

스포츠 트라우마

2010년 새해 벽두부터 3월 중순까지 이어진 폭설과 추위는 스키 마니아들에겐 반가운 손님이었지만, 스키장 곳곳에는 부상을 일으키는 복병이 숨어 있다. 한편 미남 축구스타 데이비드 베컴은 헤딩을 하다 공을 차 내려는 상대 미드필더와 충돌해 얼굴을 강타당하고 아킬레스건이 파열되어 남아공월드컵 출전 여부가 불투명하다.

스포츠를 하다 보면 프로나 아마추어 가릴 것 없이 부상을 입기 마련이다. 나도 운동하다가 여러 차례 다친 경험이 있다. 중학교 때 운동장에서 축구공 대신 돌을 차는 바람에 생긴 오른쪽 엄지발가락의 피멍은 40대를 넘길 때까지 남아 있었다. 20년 전쯤 스키를 배우다가 내 눈 바로 위를 다른 사람의 폴(*pole*)로 찍힌 충격은 지금도 기억에 생생하다. 본의 아니게 가해자가 된 적도 있었다. 골프 라운딩 도중 드라이버로 친 볼이 전방 우측에 있는 바위에 맞으면서 뒤 홀에서 퍼팅을 하는 사람의 허벅지를 맞힌, 아찔한 사건도 떠오른다. PGA 선수조차 OB를 내는 모습을 보면, 둥근 공은 어디로 날아갈지 모르는 속성을 지닌 듯싶다.

결국 경기자는 항상 사고의 언저리에서 노는 셈이다. 그래서 위험한 스포츠를 즐기는 경기자는 게임의 규칙을 지켜야 한다. 이는 기본적 의

무이자 에티켓이다. 그럼에도 안전불감증이 만연하다는 사실이 염려스럽다. 사고 위험이 곳곳에 널려 있지만 평소엔 위험으로 느끼지 않는 습관이 배어 상당수 경기자는 규칙이나 매너에 무심하다.

스포츠 사고는 이를 겪거나 목격한 사람들에게 오랫동안 심리적 고통 및 스트레스를 안겨 줄 수 있다. 비록 다른 사람이 보기에는 사소한 사고일지라도 직접 경험한 본인에게는 쉽게 헤어나기 어려운 정신적 외상, 즉 트라우마(*trauma*)가 될 수 있다. 나 또한 폴로 눈 바로 위를 찍힌 후에는 스키에 두려움을 느꼈다. 그래서 스키 타는 공포를 극복해야 할 과제로 생각했었다. 또 이번 밴쿠버 동계올림픽 개막전을 코앞에 두고 조지아 루지 종목 선수가 연습 중에 느닷없이 죽은 사건은 스피드를 생명으로 하는 스키선수들에게 큰 충격을 줬다.

끔찍한 사고뿐 아니라 거듭되는 실패와 좌절도 스포츠의 어두운 그림자일 것이다. 실패를 두려워하는 부정적 생각이나 부담감을 털어내고 실력을 제대로 발휘해야 하는데, 여러 번 실패한 사람에겐 그것이 쉽지 않다. 나는 수영을 배우면서 지진아(遲進兒)의 심정을 느껴 보았다. 왜 그리 자유형을 하지 못해 애를 먹었는지 모르겠다. 약간 고개만 돌리면 되는 숨쉬기가 안 돼 헤매면서 열패감을 실감했다.

하루아침에 부정적인 사고를 깨끗이 지우고 긍정적인 믿음으로 새롭게 태어나기는 어렵다. 누군가와 상처를 공유할 수 있고 격려받을 수 있을 때 트라우마를 극복할 수 있는 것이다. 스포츠 밖 삶의 이곳저곳에서도 실패와 좌절, 사고의 경험으로 트라우마에 시달리는 사람이 의외로 많다. 그들이 하루빨리 트라우마의 터널에서 빠져나올 수 있도록 주위의 따뜻한 관심이 필요하다.

❖ 한경에세이, 2010년 3월

법관이 법원을 떠나는 사회

얼마 전 현직 판검사를 상대로 한 설문조사에서 정년을 채우겠다고 답한 사람이 열 명 중 두 명에 불과하다고 한다. 일본에서는 법관이 중간에 법복을 벗는 일이 없다는데, 우리나라에서는 해마다 상당수 법관이 법원을 떠난다. 올해는 군법무관 중 성적 상위자 대부분이 대형 로펌으로 진로를 희망하였다. 모 일류대학 로스쿨 입학면접에서 장래희망이 판사라고 말한 지원자는 별로 없었다고 한다.

직장 만족도는 업무의 난이(難易), 다과(多寡), 직책의 중요성 및 상응하는 보수, 일에 대한 자긍심 등에 의해 결정된다. 이 점에서 법관직의 매력도는 그리 높지 않은 것 같다. 우선 야근이 별 대책도 없이 법관생활 내내 지속된다. 법관에게 부여된 과제를 제대로 성취하기 위해서는 나름대로 내적 고요함과 침착함을 갖추어야 하는데, 산더미 같은 기록 때문에 시간에 쫓기는 법관에겐 이를 기대하기 어렵다. 사건의 진행속도와 통계에 신경을 쓰다 보면 법정에서 경청하고 당사자와 소통하는 일에 자연 소홀해질뿐더러 창의적인 법리 개발도 힘들어진다.

그런데 여러 사건 중에는 법원까지 오지 않아도 될, 의미 없는 상소나 간략한 절차로 진행해도 되는 내용도 많다. 이 모두를 3심까지 같은 수고를 들여 진행하려면 엄청난 사회적 비용이 든다. 효율적인 사법 운용을 위하여 무익한 소송을 자제하면서 약식 절차를 감내하고, 법관의 판단을 존중하는 풍토를 조성해야 한다.

그동안 대다수 법관은 보수 등 근무 여건이 좋지 않은 상황에서도 법의 정의로운 집행자라는 명예심으로 직책을 수행했다. 그러나 오늘날 만연한 개인주의적 풍토와 심화해 가는 자본주의 구조 아래에서 법관에게 마냥 선공후사(先公後私)의 선비정신만으로 직책을 감당하도록 고집하기는 어렵다. 법관의 지위와 역할은 막중하다. 재판의 독립을 위하여도 외국의 예를 참조해 그에 걸맞은 보수체계를 마련하여야 한다.

올해도 사회적 영향이 큰 여러 사건의 재판에 대한 비판이 이어졌다. 한 사건에서는 판사의 절차진행을 두고 여론에 영합하려는 사법 포퓰리즘이라 하고, 다른 사건의 결론에 대하여는 사회적 강자의 요구를 일방적으로 대변한다는 비난도 있었다.

물론 법관의 잣대는 누구에 의하여 검증되어도 합리적이어야 한다. 법관은 자신의 관점이나 시각이 과연 객관적이고 논리적인지 항상 과학적, 실증적으로 검토하여야 하고, 끊임없는 자기 성찰을 통한 비판적 자세를 세워야 한다. 간혹 재판에 고려해야 한다면서 내세우는 국민감정이나 여론 등은 대체로 그 실체를 확인하기 어렵고 모호하다. 어떤 때는 연출, 유도될 수도 있고, 바람 부는 대로 물결치기도 한다. 판사는 이에 흔들리지 말고 긴 안목을 갖춰 시대변화의 의미와 흐름을 직시하여야 한다.

최근 법조비리 등을 파헤치며 사법부를 비난한 보도가 나며 판사들의 사기가 많이 저하되었다. 국민이 사법부에 품는 인상은 대체로 대중매체에 의하여 형성되는데, 언론은 전체 사법부의 모습이 아닌 눈에 띄는 소수의 예외에 초점을 맞춘다. 그러다 보면 간혹 부정적 이미지가 과장돼 성실히 일하는 대다수 법관을 참담한 심정에 빠지게 한다.

물론 법관도 인간인 만큼 실수할 수 있고, 국민의 사법 불신에 대해서 어느 정도 책임도 있다. 그러나 이를 침소봉대하거나 비난의 화살을 전체 조직으로 돌려 마치 법관 모두가 문제에 연루된 듯 비약, 매도하는 일은 곤란하다. 언젠가 사법부에 대한 신뢰도를 물은 여론조사에서 재판을 실제 경험한 사람은 그렇지 않은 사람보다 사법부를 훨씬 많이 신뢰한다는 결과가 나왔다. 이는 재판을 직접 경험하지 않은 채 언론보도만으로 형성된 사법부의 이미지가 훨씬 부정적임을 보여 준다. 언론의 신중한 자세가 요구되는 대목이다. 아울러 법관들도 사법 불신의 원인이 무엇인지 철저히 추적하고 최선을 다해 제거해야 한다.

이미 로스쿨 개원 등을 통해 미국적 전통 및 문화를 바탕에 둔 법률가 양성제도를 채택한 이상, 좋은 법률가가 법관직을 지망하고 법관은 정년까지 긍지를 가지고 일할 수 있는 제도적 장치를 시급히 마련해야 한다. 어떻게 해야 법정신을 지키려는 의지와 신념이 확고한, 겸손한 법관을 확보할 수 있을지 진지하게 고민해야 할 시점이다.

❖ 동아광장, 2008년 12월

민사법정은 대화 · 토론의 장

최근 법원에서는 민사재판과 관련해 구술변론 활성화를 제일 큰 실천과제로 삼고 있다. 대전지방법원은 올 3, 4월에 걸쳐 전 국민의 관심을 끈 이른바 KT&G 주주총회 결의금지 가처분사건과 두 건의 행정사건을 전자법정에 의한 집중심리 방식으로 재판을 진행하였다. 또한 올해 초 사건관리부를 신설해 쟁점이 있는 실질적 변론사건만을 본안재판부로 넘기고 있기 때문에, 다른 법원에 비해 구술변론을 실시할 토대 내지 여건이 잘 조성돼 있다.

대화와 토론이 진리 발견을 위한 최선의 접근법임에는 의문의 여지가 없을 듯하다. 독일의 저명한 법철학자인 구스타프 라드부르흐는 그의 저서 〈법학입문〉의 서문에서 형법학자로 추앙받는 프란츠 폰 리스트(Franz von Liszt)의 학문을 다음과 같이 칭찬한다. "그에게 있어서 학문은 진리의 법정에서 한없이 계속되는 공개 또는 구술공판과도 같은 것이었다. 이 공판은 활발한 토론과 생기에 찬 에피소드를 동반하면서, 항상 새로운 입장과 국면에 임하도록 요구하고 있다." 진리를 추구하는 학자들이 학문세계에서 벌이는 격론을 법정에서의 구술공판에 비유한 것이나, 법정을 생기에 찬 토론과 에피소드가 한없이 계속되는 광장으로 파악한 점이 흥미롭다.

요즈음 형사재판에서는 공판중심주의가 제법 정착되었다. 일반 방청객도 법정에 잠시 앉아 있으면 쉽게 사안을 파악할 수 있기 때문에 재판의 재미를 느낄 수 있다. 그러나 여전히 민사법정의 방청석에 앉아 있으면 어떤 사건이 진행되는지 알기도 어렵다. 심지어 사건 당사자조차도 자신의 혹은 상대방의 변호사가 법정에서 무엇을 하고 있는지 잘 모르는 경우도 있다. 미국 법정을 다룬 영화에 친숙한 우리 국민은 이제 한국의 법정에서도 변호사들이 연출하는 진지하고 재미있는 공적 세리머니가 영화에서처럼 펼쳐지길 바라고 있다. 국민의 사법참여가 강조되는 시대적 흐름을 감안하면 더 이상 그 바람을 외면할 수 없는 시점에 접어들었다고 할 수 있다.

1992년 가을, 일본변호사연합회 독일 민사소송 시찰단이 독일의 민사재판을 보고 와서 펴낸 책의 내용은 정말 놀랍다. 일본 변호사들이 독일 법정을 방청하고 충격을 받은 것은 법정이 문자 그대로 '구두에 의한 토론의 장'이라는 사실 때문이었다. 구두변론으로 활기가 넘치는 법정을 직접 목격한 후 '서면 교환과 결과 진술의 장'으로 전락한 일본의 변론 방식 자체를 근본적으로 바꿀 필요를 느꼈다고 한다. 이 책에서 더욱 놀랍고 유감스러운 사실은 일본에서 구두변론이 유명무실해진 원인을 찾아 제거하자고 계속 부르짖는 것은 변호사회뿐이고, 정작 법원은 의식적으로 이 문제를 피해 온 듯 보인다는 것이다. 우리나라에서 최근 법원이 구술변론 실시에 적극성을 보이는 반면, 일부 변호사들이 회의적 시각을 드러내는 상황과 묘하게 대조된다.

그동안 여건의 제약이나 잘못된 관행, 편의적인 사고방식 때문에 구술변론은 제자리를 못 찾고 겉돌았다. 그런데 2002년 개정된 민사소송법의 핵심은 구술변론주의가 선택이 아닌 필수라는 것이다. 구술심리를 활성화해 살아 있는 법정을 만드는 일은 바로 법률, 즉 민사소송법에 따른 재판을 하려는 노력이고 재판의 재판다운 본래 모습을 찾아보려는 시도다.

구술변론이라 함은 이미 법원에 제출된 소장이나 준비서면을 법정에서 다시 그대로 읽으라는 의미가 절대 아니다. 재판부를 포함한 모든 관련자가 다툼이 있는 중요 사실이나 법적 쟁점을 법정에서 실질적으로 논의해 보자는 것이다.

이러한 살아 있는 법정을 운영하는 것은 사법 신뢰와도 직결된다. 사실 서면심리주의는 공개재판과 맞지 않다. 공개재판은 사건진행 상황에 대한 방청객들의 이해를 전제로 한다. 이런 면에서 공정하고 투명한 절차를 통해 재판을 진행한다는 사실을 국민이 직접 확인할 수 있다는 것은 구술변론주의의 큰 장점이다. 전문가들끼리 모여서 그들만의 언어로 얘기하고, 방청객은 재판이 어떻게 진행되는지 도무지 알 수 없는 과거의 재판 방식이 자칫 국민들에게 사법 불신을 안겨주지 않았나 하는 우려가 든다. 열린 법정에서 재판부와 당사자, 방청객이 모두 지켜보는 가운데 구술공방이 이루어짐으로써 재판을 관심 있게 지켜본 사람이라면 누구나 왜 결론이 그렇게 나왔는지 쉽게 공감할 수 있는 분위기를 조성할 수 있다면, 재판 공정성에 대한 신뢰가 지금보다 더 높아지지 않을까.

구술변론과 집중심리로 재판을 진행하면 법정의 모습이나 사건을 처리하는 효율성 및 적정성도 과거와는 크게 달라지리라 예상한다. 이전에는 변호사들이 보따리를 들고 법정을 여러 번 들락날락하며, 마치 가랑비 내리듯 찔끔찔끔 산발적으로 공방을 벌였다. 변호사가 법정에 여러 번 찾아가 장시간 자기 차례를 기다리는 것은 짜증스런 일이다. 직업상 최대의 불만이자 애로라고 알고 있다. 그렇게 하지 않으려면 재판부와 당사자 쌍방 대리인이 인식을 공유해서, 법정에서 단 한 번의 진검승부를 벌여야 한다. 다시 말해, 소나기가 쏟아지는 것처럼 호우식 공방을 펼치는 집중적 구술변론으로 재판을 진행해야 할 것이다.

변론의 집중이 따르지 않으면 구술변론의 효과는 거의 없어진다. 한 사건을 가지고 오랜 기간에 걸쳐 띄엄띄엄 심리를 하면 법관의 기억이 흩어지고 말아 결국 적정한 판단을 하기 어렵다. 따라서 재판의 역량을 짧은 시일에 집중해 결론을 내는 집중심리주의야말로 구술심리의 이상을 성공적으로 실현하기 위한 필수 불가결의 전제이다. 과거와 같이 서면심리에 의존해 변론이 집중되지 않으면 뒤늦게 기일이 돌아올 때마다 판사와 변호사는 흩어진 기억을 되살리기 위해 기록을 처음부터 다시 정밀하게 살펴야 하는 불편과 이중노고가 따른다. 사건의 진행은 지연되고 불필요한 정력만 낭비되는 셈이다. 쇠뿔도 단김에 빼라는 말이 있듯, 어려운 사건일수록 제때 처리하지 않으면 방향을 잃고 점점 완결하기 어려워진다. 민사소송의 목표가 사건을 신속하게 처리하고, 적정한 결론을 내리는 것이라는 데에 판사나 변호사, 국민 모두가 인식을 같이 한다면 구술변론이야말로 법관이나 변호사 모두에게 상생의 윈윈전략이라 할 수 있다.

익숙한 것을 버리고 새로운 체제로 나아가는 데에는 필연적으로 불편과 고통이 따른다. 더욱이 변화에는 적응을 위한 노력이 필요하기에 반발도 있게 마련이다. 판사들이나 변호사들이 구술변론주의를 머릿속으로 이해하고 공감하는 것은 쉬워도, 실제로 실천하는 데에는 아직 몸이 바로, 또 확실히 따라가지 않는 것이 솔직한 실정이다. 웬만하면 종래로 회귀하려는 일반적인 경향도 있어 새로운 인식이나 제도의 확대나 정착은 쉽지 않다. 그래서 판사들에게는 확고한 실천의지가, 소송 당사자나 소송 대리인, 특히 변호사들에게는 깊은 이해와 적극적 성원, 협조가 필수적이다. 변혁 과정에 어느 정도 탄력적인 운용과 속도 조절이 필요하겠지만, 그것이 구술주의를 회피하거나 형해화하는 구실이 되어서는 안 된다. 특히 법관은 재판진행 과정에서 재판 당사자들이 구술심리가 정말 필요하고 유익하다고 실감할 수 있도록 탄력적이고도 실천적인 운영방안을 부단히 탐구하여 모색해야 할 것이다.

구술변론은 판결을 내리는 판관과 자신의 운명을 법원에 맡긴 사건 당사자 및 그 대리인이 서로 얼굴을 마주보고 사건에 대해 실질적이고 진지하게 논의를 발전시켜 나가면서 해결책을 모색하는 그 자체로 충분한 가치를 지닌다. 이는 결과적으로 재판이 절차적 정의 및 정당성을 확보하도록 한다. 우리 국민은 법정이 용광로처럼 갈등과 분쟁을 용해하고 봉합하여 근본적으로 사건을 해결하는 장이 되기를 바란다. 이제는 우리의 재판도 법정영화의 한 장면처럼 흥미 있는 하나의 공적 의식이 되어야 할 때가 된 것 아닌가?

❖ 대전지방법원, 법원과 사람들, 2006년

제
4
부

판사, 법관들에게 말을 걸다

법관들에게 보내는 가을편지

언젠가는 충심을 알아주겠지요

쌍방향 소통하는 재판관이 됩시다

법 집행은 공평무사하게

조정과 협상

국민의 신뢰를 받는 재판

새해를 맞이하면서

법관들에게 보내는 가을편지

서울중앙지방법원 법관 여러분, 안녕하십니까? 법원장입니다.

구름이 약간 끼었습니다만 하늘은 더욱 높이 보이고, 나뭇잎이 곱게 물들어 가는 것이 영락없이 가을입니다.

어제 가을맞이 체육축제의 시상식 및 뒤풀이에 판사 및 직원이 250명 정도 참가하여 2층 구내식당을 가득 메웠습니다. 판사들이 많이 참석해서 입상 팀을 축하하면서 직원들을 격려하는 모습은 참 보기가 좋았습니다.

지난 주 금요일 국정감사는 여러분 덕분에 무사히 잘 마쳤습니다. 열악한 환경과 과중한 업무 속에서 묵묵히, 열심히 일하시는 여러 법관님들께 송구스럽기도 하고, 무척 감사하게 생각합니다.

10월에는 이런 저런 행사가 많았습니다. 둘째 토요일에는 산악회에서 설악산 대청봉을 다녀왔고, 셋째 토요일에는 법관 전체가 청계산을 올랐습니다. 청계산 등산 후 회식 장소가 추워서 고생하셨죠. 그렇지만 다들 모처럼 동료들과 같이 땀을 흘리고 담소를 나누느라 훈훈한 하루가 되었을 것입니다.

살면서 가까운 사람들과 같이 땀 흘리면서 운동하고 웃고 밥 먹는 일이 매우 소중한 것입니다. 직장에서도 내부에서의 에너지와 파이팅이 넘쳐야 양질의 사법서비스가 나올 수 있겠죠.

최근 우리 판사들이 재판을 보는 인식이나 태도는 이전과 비교할 수 없을 만큼 절차적으로나 내용적으로 좋아졌습니다. 그런데도 이런 변화와 우리의 노력이 국민에게 제대로 전달되지 않고 있기에 좀더 적극적으로 대국민 홍보를 할 필요가 있다고 생각합니다. 지난달 15일에는 중앙법원 출입 기자단과 소회의실에서 간담회를 했습니다. 사회를 제대로 지탱하려면 법관이 법의 정신과 원칙을 확고히 지키려는 의지와 용기가 아주 중요하므로, 언론이 앞서 법관들을 격려하고 재판독립 등 법관의 역할이나 입장을 국민에게 잘 전달해 달라고 부탁하였습니다.

우리 법원 홈페이지에 법원칼럼 코너를 연 것도 이러한 노력의 일환입니다. 그동안 동료들의 노력 덕분에 중앙법원 홈페이지가 많이 개선되었습니다. 또 구성원들이 적극적으로 참여한 덕분에 우리 법원이 홈페이지 최우수법원으로 선정되었습니다. 자주 방문해 격려해 주시기 바랍니다.

제가 오늘 이 가을편지를 띄우게 된 것은 무엇보다도 국정감사를 겪으면서 느낀 저의 소감을 여러분에게 전하고자 함입니다. 저에게는 국정감사가 반추와 자성의 좋은 계기가 되었습니다. 국민의 눈높이에 맞춘다고 하면서 그 눈높이가 어느 정도인지 제대로 가늠하였는지, 혹시 재판의 편의를 앞세워 소송 당사자나 피고인의 인권이나 권리를 가볍게 생각하지 않았는지, 재판을 부드럽게, 또 원활하게 진행하기 위하여 얼마나 노력하였는지. 혹시 우리는 그동안 바깥에서의 비판을 의식적으로 외면하고 자기합리화와 변명에만 매달리지 않았는지 국정감사를 통하여 스스로 반성해 보고, 발전과 개선을 모색하여야 할 것입니다. 가정에서나 사회에서 매우 중요한 것은 상대방의 주장을 잘 경청하면서 이루어지는 대화와 토론입니다. 상대의 입장이나 시각은 그 사람의 입장이 되어 보아야 잘 알 수 있는데, 다른 사람을 심판하는 법관으로서 배려와 쌍방향 대화, 소통에 얼마나 정성을 기울였는지, 국정감사를 받으면서 뒤돌아보는 기회가 되었습니다.

요즘 신문에서는 말과 글로 우리의 마음을 어지럽게 하는 일을 간혹 보게 됩니다. 글은 쓴 사람의 인품을 반영한다는 말처럼, 글은 사람됨을 비추어 줍니다. 또, 한번 쏟아 놓은 말이나 글은 주워 담을 수 없기 때문에 표현에 신중을 기하여야 합니다. 더욱이 법관은 사건을 직접 심판하는 지위에 있기 때문에, 표현에서는 고도의 품격을 유지하는 등 일반인들 앞에 모범이 되어야 하고, 행동에서도 사법부 전체에 대한 국민의 존중과 신뢰를 촉진하도록 노력하여야 합니다. 법관직이 가진 사회윤리적인 무게를 기억하며, 법관은 고도의 전문가적 행위기준을 따라 행동하고, 공적 신뢰에 걸맞은 높은 정직성과 적절성, 성실성을 유지하여야 하며, 품위를 떨어뜨리는 행위는 피하여야 할 것입니다.

법관은 법정에서 질문을 하며, 의견을 표명하는 과정에서도 정제된 전략을 세우고 세련됨, 원활함, 부드러움, 경건함과 예절, 절제를 보여줘야 합니다. 의견을 표명함에 따르는 파급효과는 생각보다 훨씬 클 수 있지만, 이제 법정에서는 석가의 염화미소만으로는 곤란하다고 생각합니다. 법관에게 있어서는 어떤 말을 할 수 있느냐보다 어떻게 말하느냐가 더욱 중요한 것입니다.

이번 국정감사에서도 전관예우, 유전무죄 시비가 끊이지 않아 안타까웠습니다. 정의의 외관은 정의 못지않게 중요하다는 것을 또 한 번 실감했습니다.

판사도 인간인 이상 여러 사람들과 관계를 맺어야 합니다. 또 다양한 교류를 통해 사회 현상을 이해해야 올바른 재판을 할 수 있으며, 수도승처럼 외롭게 세상과 절연하여서는 적정한 판결을 내리기 어렵다고 생각합니다. 그렇지만 판사는 국민을 상대로 심판하는 역할을 맡았기 때문에 사람을 사귐에 있어서나 행동에 있어 각별히 조심하지 않으면 안 됩니다. 그 조화점이 어디인지 참 딜레마가 아닐 수 없습니다. 언제 어떻게 이 업보를 털어낼 수 있을지. 그 짐이 참 무겁고 힘들게 느껴집니다.

여하튼 사법부의 위상을 확립하는 것은 우리가 어떻게 하느냐에 달려 있습니다. 우리 사법환경 · 여건 · 전통과 맞는 건전한 법조문화, 판사와 검찰, 변호사와의 적절한 관계를 잘 형성하도록 다 같이 노력하여 이 어려움을 극복합시다. 기 꺾이지 말고 더 잘 되도록 열심히 노력하면, 언젠가는 국민들이 아끼는 법원이 될 것이라 확신합니다.

이 아름다운 가을에 가정과 직장 모두에서 풍성한 수확을 거두시고, 올해 남은 두 달 마무리 잘 하시면서 이번 주말에는 가족, 친지와 함께 흠뻑 가을의 정취에 빠져 보시기 바랍니다.

❖ 서울중앙지방법원 칼럼, 2007년 11월

언젠가는 충심을 알아주겠지요

안녕하십니까?

요즘 날씨 변화가 참 심하지요. 주말에는 심술궂게 비가 내리더니, 월요일에는 청명한 하늘이 얄밉다가, 다시 비가 오고 개는가 싶더니, 지금은 또 구름이 몰려오고 있지요. 태풍이 연달아 올라오면서 수해지역에 다시 큰 비가 내릴 것으로 예상된다니, 추석을 앞두고 물벼락을 맞아 망연자실한 수재민들이나 농민들의 처지가 참 딱하고 걱정됩니다.

한가위 보름이 며칠 남지 않으니 혹시 어릴 적 설레었던 추억과 함께 마음은 벌써 고향에 가 있는 것은 아닌지요? 추석이 다가오니 세월이 참 무정하다는 생각도 듭니다. 이제 좀 있다 고운 단풍철 지나고 찬바람 얼굴에 부딪히면, 두터운 겨울 옷 끄집어내야 하고, 그러면 또 한 해를 보내야 하니 벌써 마음이 스산해지기도 합니다.

좋지 않은 환경과 과중한 업무 속에서도 묵묵히 열심히 일해 주시는 중앙법원 가족 여러분 덕분에 우리 법원이 올 상반기를 그럭저럭 넘겼던 것 같습니다. 여러분의 노고에 정말 감사드립니다. 여러모로 모자란 제가 법원장 자리를 차고앉아서, 여러분의 직장생활을 힘들게 해 드리는 것 같아 송구스러운 마음을 금할 길이 없습니다.

사회가 평화롭게 공존·발전해 나가기 위해서는 공동체를 구성하는 사람들이 서로 존중·배려하여야 하고 잘 소통하여 서로 신뢰할 수 있어야 합니다. 우리 법원 구성원들이 열심히 일하고 있는데도, 우리의 노력이나 진심이 국민들에게 잘 전달되지 않아서인지, 재판이나 법원을 비난하는 언론보도나 여론조사를 접하곤 합니다. 그때마다 참 속상한 것은 저만의 경험이 아닐 것입니다. 사람 사이의 불신은 서로 잘 알지 못하고 이해하지 못한 데에서 비롯되고, 이는 서로 소통이 원만하지 못한 탓입니다. 법원과 국민 사이에 생긴 간격이나 오해, 불만도 그와 비슷할 것입니다.

그래서 저는 국민들과 직접 맞부딪히며 우리의 마음을 열어 보이면 좀 낫지 않을까 해서 말로써 접근하는 1일 법률교사와 글로써 가까이 가는 법원칼럼을 2008년 대전법원에 있을 때부터 구상했습니다. 아울러 분쟁이 법원에까지 오기 전에 해결하도록 돕는 방법도 생각해 보았습니다. 바로 홈페이지에 계약 정보를 게재하는 것입니다. 구체적으로는 계약을 체결할 때 증빙서류를 남기도록 국민을 계몽하고, 이해하기 쉽고 바른 계약서를 쓰도록 돕고자 중요 계약서 양식을 직접 제공하며, 몇몇 중요 계약과 관련된 법적 기본사항을 알기 쉽게 정리해 전해 드리는 일 등입니다. 이 모든 활동이 법과 법원, 재판에 대한 국민의 이해와 인식, 법의식에 관한 문화수준을 높이고, 나아가 법의 생활화와 법치주의의 확립에도 기여하지 않을까 기대합니다.

법원칼럼에 글을 기고하여 주신, 1일 법률교사를 자원해 주신, 계약 관련 정보 제공을 위하여 수고해 주신 모든 분들께 바쁘신 중에도 저의 취지를 잘 이해하고 협력해 주셔서 진심으로 감사하다는 말씀을 드립니다. 학생들이 여러분의 강연을 듣고 힘과 용기를 얻어 바람직한 인생의 길을 모색해 본다면, 시민들이 우리의 칼럼이나 계약정보를 보면서 고개를 끄덕거리거나 미소 짓는다면 우리의 작업이 힘든 중에도 보람 있고 의미 있지 않겠습니까? 모든 변화는 조그마한 첫걸음을 한 발짝 내딛는 데에서 출발한다고 생각합니다. 눈에 잘 띄지 않는 조그마한 실천일지는 몰라도, 계속 쌓이면 언젠가 큰 의미를 지니리라 믿습니다.

저는 중앙법원에 이제 1년 남짓 근무하면서, 우리 구성원이 방관자나 손님이 아닌 적극적 · 능동적 참여자이자 주인이 된다면 공룡처럼 엄청난 우리 조직도 조금씩 움직이게 되고, 우리와 접하는 국민들에게도 크고 작은 감동을 안겨줄 수 있다고 낙관적인 생각을 해 봅니다.

여기 책 두 권은 최근 제가 이리저리 뒤적여 보다가 괜찮다는 생각이 들어 저의 고마움과 미안함을 전하고자 준비해 보았습니다.

환절기 감기 조심하시고, 즐거운 추석 명절을 맞으시길 빌겠습니다.

❖ 서울중앙지방법원 칼럼, 2007년 9월

쌍방향 소통하는 재판관이 됩시다

오후 내내 연찬하느라 많이 지쳐 있겠습니다만, 오늘 논의한 사항 중 몇 가지만 간단하게 짚어 보았으면 합니다.

올해는 재판부가 새로 출범하면서 좋은 재판을 위하여 다졌던 각오와 결의를 제대로 구현하고자 최선을 다해 달린 한 해였습니다. 여러분의 노력 덕분에 민사재판의 모습이 많이 바뀌었습니다. 제가 법정에서 직접 확인해 보기도 하였고, 또 이제 재판이 많이 달라졌다는 감탄을 소송대리인이나 국민으로부터 직접 듣기도 하였습니다.

그렇지만 더 보완·개선할 점은 분명히 있습니다. 겸허하게 우리의 노력과 자세를 다시 한 번 점검해 보아야 합니다. 그래서 우리 스스로 내부적인 비판과 반성을 하고, 앞으로의 개선 방향을 모색해 보고자 오늘 이 자리를 마련한 것입니다. 바람직하지 못한 현실은 타파해야 하고, 문제가 있는 부분은 고쳐야 합니다.

이번 민사재판장 워크숍에서는 구술심리 역할극 시연이 단연 눈에 띄었습니다. 역지사지(易地思之), 법관이 재판하는 사람이 아니라 재판받는 사람의 입장에 서서 그들의 힘듦과 아픔을 느껴 보는 유익한 시간이 되었을 것으로 압니다. 법대 위와 법대 아래의 거리가 그렇게 멀고, 그래서 판자의 자리가 그렇게 높은 줄 몰랐다는 변호사의 이야기도 시연을 하면서 충분히 공감을 하였을 것으로 생각됩니다.

우리나라 사람들은 전반적으로 커뮤니케이션, 즉 대화와 토론에 취약합니다. 물론 저 자신도 그렇습니다. 의사소통의 기법을 학교에서 제대로 배운 바가 없기 때문이 아닌가 싶습니다. 그러나 오늘날 법관에게 주어진 중요한 과제는 커뮤니케이션, 즉 소송 당사자 · 대리인 · 국민 · 언론과 진솔한 대화를 나누는 일입니다. 이는 쌍방향 소통으로 이루어져야 합니다.

민주주의의 생명은 인간과 인간 사이의 대화와 토론에 있습니다. 이런 점에서 법정은 민주주의가 가장 통용되는, 대화가 독백으로 사라지지 않는 유일한 장소입니다. 법정처럼 인내심을 갖고 이야기를 청취하여 주는 곳은 달리 없습니다. 이런 점에서 법관은 마음이 아픈 사람의 말을 끝까지 들어주는 심리치료사나 고해성사를 듣는 신부와 비슷한 역할을 한다고 하겠습니다.

내년에는 우리 모두 커뮤니케이션 역량을 더욱 높여서 민사재판이나 형사재판 모두 법정이 살아 움직이는, 활기찬 의식(儀式)의 장이 되도록 노력합시다.

민사재판의 진행과 관련하여, 제 경험으로 볼 때 변론 초기 단계에 쟁점을 명확히 정리하지 못하면 나중에 큰 난관에 봉착할 수 있습니다. 배가 산으로 올라가 장기미제사건이 되어 버리는 것이죠. 결심(結審)하고 나서야 비로소 기록을 검토하며 결론을 내리는 기존 관행을 탈피해야 합니다. 즉, 검토하고 결론 내리는 일을 한 단계 앞으로 당겨 변론기

일에 벌어지는 대화와 토론으로 옮겨 놓아야 합니다.

구두변론의 핵심은 바로 여기에 있습니다. 별 쟁점도 없는데 무턱대고 변론준비기일부터 열어 불필요한 서면공방으로 기록을 두껍게 할 필요는 없습니다. 한편 준비서면을 중복해 제출하는 경우도 있는데, 이는 판사가 준비서면을 읽지 않을까 하는 당사자의 불안감에서 비롯된 것이란 생각이 듭니다. 구두변론 과정에서 소송 대리인에게 적절한 방법으로 그 내용을 알고 있다는 사인을 보내면 당사자가 안심하고 중복된 준비서면을 제출하지 않을 것입니다. 그런 점에서 법정 커뮤니케이션에 판사가 적절히 개입하여 질문하고, 의견을 표명할 필요가 있습니다. 즉, 재판장이 구두변론에 좀더 적극성을 보이고, 필요한 경우 적절한 심증개시도 있어야 할 것입니다. 판사의 일련의 심증형성 과정이나 의문이 법정에서 표출되어야 당사자 간에 훨씬 실질적인 토론이 벌어지고 더 적정한 결론도 도출할 수 있을 것입니다.

여하튼 우리 모두 구두변론 정착을 위한, 유효한 수단과 아이디어를 총동원하여야 합니다.

다음으로 판결의 간이화에 대하여 말씀드리겠습니다. 우리의 판결이 어렵고, 문어체이며 문장도 너무 길어서 복잡하다는 이야기를 많이 듣습니다. 저는 우리 판결문에 일제 조선고등법원 판결 스타일의 잔재가 여태까지 남아 있는 것은 아닌지 추측해 봅니다. 우리 판결문은 문어체이고 각 문장이 깁니다. 어색한 외국어 투도 아직도 남아 있습니다.

왜 의사소통을 변론에서만 하고 판결에서는 하지 않습니까? 법관이 이성적인 판결로 시민을 설득하려 시도하는 일은 의무입니다. 물론 누구나 이해하기 쉬운 말로 설명하기란 어렵습니다. 그렇지만 절차와 결론 모두가 평이해야 함은 거역할 수 없는 역사적 과제입니다.

미국 연방대법원 판결에는 문학이나 고전에 나오는 비유적 표현이 종종 등장합니다. 일반인들도 이를 좋아하는 것 같습니다. 미국 대법원 판결이 많이 암기되고 인용되는데, 이는 이해하기 쉬워 학생이나 국민들이 잘 기억할 수 있기 때문이 아닌가 생각합니다.

독일의 루돌프 폰 예링(Rudolf von Jhering)은 입법자에게 "생각은 철학자처럼, 말은 농부처럼" 하라고 충고합니다. 법관이 국민에게 의사표현을 할 때에도 들어맞는 말일 것입니다.

마지막으로 법정언행에 대하여 말씀드리겠습니다. 법정을 돌아보니 아직도 다소 경직되고, 권위적인 말투나 분위기가 남아 있습니다. 정중함과 겸손함, 부드러움이 우리 법원의 인상을 결정하는데, 이러한 자세는 철저히 준비할 때에 가질 수 있는 여유에서 나온다고 생각합니다.

직업적 매너리즘에 빠지는 것은 곤란합니다. 우리한테는 평범하고 일상적인 사무일지 몰라도, 당사자에게는 생명과 같이 귀중한 재산이 걸린 일입니다. 사건 하나하나에 최선을 다하는 모습을 보여 주는 일이야말로 국민의 신뢰를 얻는 데 지름길이 될 것입니다.

재판다운 재판, 국민의 신뢰를 받는 재판을 하기 위하여 우리 다 같이 지혜를 모읍시다. 저는 여러분들이 재판을 잘 할 수 있도록 최선을 다해 뒷바라지하겠습니다. 다시 한 번 올해 고생하신 것 깊은 감사의 말씀을 드립니다. 올해 건강하게 잘 마무리하시고, 오늘 저녁은 멋진, 재미있는 추억의 밤이 되시기 바랍니다.

❖ 서울중앙지방법원 칼럼, 2007년

법 집행은 공평무사하게

오후 내내 워크숍을 하느라 제법 피곤하시겠습니다만, 여러분과 오랜만에 갖는 귀한 시간이라 제가 몇 가지만 말씀드리고자 합니다.

요즘 형사재판 모습이 엄청 바뀌고 개선되었습니다. 제가 처음 판사 생활을 시작한 1970년대 후반이나 지금으로부터 10년 전, 혹은 5년 전과 비교해도 형사재판이 크게 달라졌습니다. 형사재판에서도 구술변론을 실현하기 위해 피고인의 말을 많이 듣느라 법정에 머무는 시간이 길어지고, 증거조사도 더 실질화하는 등 법 규정을 충실히 이행하려 하였습니다. 유・무죄의 판단에 있어서는 무죄추정의 법리에 기하여 유죄 인정에 많이 신중해졌고, 양형도 엄정해졌습니다. 구속재판은 정말 변했습니다. 우리들에게는 일상적 업무일지 몰라도, 당하는 사람은 구속을 소우주의 파괴나 청천벽력처럼 치명적으로 느낍니다. 이에 대한 판사들의 인식도 크게 고양되었습니다. 이러한 변화는 여러분들이 그동안 인식 전환과 실천을 위해 꾸준히 노력한 덕분입니다. 정말 감사하고, 이 자리를 빌려 그동안 쏟은 노고에 대하여 깊은 치하의 말씀을 드립니다.

그렇지만 우리가 가야 할 길은 아직도 멀었습니다. 계속 분석・검토하고 연찬하지 않으면 안 됩니다. 그런 점에서 올해 초 워크숍 때 자신이 세웠던 각오를 얼마나 제대로 실천했는지 반추해 보는 이 자리는 큰 의미를 가집니다.

판사생활은 평생 자기를 연마하고 수련·수양하는 길이라 할 수 있습니다. 계속 갈고 닦지 않으면 어느 순간 녹이 슬어 제 구실을 하기 어렵습니다. 큰 기상을 키우기 위하여 독수리처럼 더 높이 날아야 하고, 상황을 적확하게 포착하기 위하여 매처럼 아주 멀리까지 주시하여야 하며, 천착함에 있어서는 두더지처럼 아주 깊이 파들어 가야 합니다. 넓게 경험하고 깊이 파고들어 스스로를 귀한 존재로 만들어야 하는 것입니다. 여기에는 전문성도 빼놓을 수 없습니다.

오늘 워크숍의 또 다른 목적은 개정 형사소송법제도에 대한 이해를 제고하고 그에 따라 제도를 신속·확고하게 정착시키는 데에 있습니다. 내년에 실시될 개정 형사소송법을 앞두고 걱정이 많습니다. 법원과 검찰 사이에 개정 형사소송법에 대한 이해와 인식도 다소 다릅니다. 또한 판사들도 내년에 형사재판이 어떤 모습으로 변화할지 충분히 이해, 주지하지 못했습니다. 그래서 개정 형사소송법 실시에 따라 바뀌는 업무를 숙지하고 그 실천의지를 다지기 위하여 오늘 이 자리를 마련한 것입니다.

개정 형사소송법 실천에 대한 공감대가 넓게 형성되고, 그 방안에 대한 중지를 제대로 모아야 새로운 제도가 잘 정착할 수 있을 것입니다. 새 제도의 실시에 맞추어 우리는 겸손하게 좀더 성숙한 자세로 형사재판에 임하여야 할 것입니다.

사마천의 사기에는 "如衡之平 如鏡之澈 乃玉其白 乃氷基凊"이라는 구절이 있습니다. "법을 집행함에 있어서는 언제나 저울대같이 공평하여야 하고, 거울같이 투명하여야 하며, 또한 구슬같이 결백하여야 하고, 얼음같이 맑아야 한다"는 것입니다. 법적용, 법집행의 생명은 바로 이러한 공평무사에 있습니다.

해마다 국정감사에서 구속 및 양형의 형평성 · 공평성 시비가 전관예우, 유전무죄 무전유죄라는 듣고 싶지 않은 표현과 함께 제기됩니다. 이는 사법부 불신의 한가운데를 차지합니다. 사회에서 문제가 되는 부정의 · 불공평을 제거하기 위하여 우리는 무척 노력과 반성을 해 왔는데 국민은 아직 만족하지 못하였습니다. 전관예우나 유전무죄 시비는 화이트칼라(*white-collar*), 뇌물 등 범죄에 집중해 일어납니다. 미국에서도 이른바 화이트칼라 범죄, 특히 사회적으로 힘 있는 인텔리 계층의 범행은 맞서 투쟁하기 특히 어렵고, 정의와 법적 보호라는 측면에서 시급히 해결해야 할 문제라는 지적이 제기됩니다.

양형에 있어서 경험적 접근에만 의존하면 위험할 수 있습니다. 누가 검증해도 합리적이도록 양형을 해야 하며, 양형 과정도 실감되게 이해할 수 있어야 함을 유의해야 합니다. 우리도 이제는 양형의 합리적 재량범위를 과학적 · 실증적으로 검토하여 양형을 합리화함으로써 하루빨리 사법 불신에서 벗어나야 합니다. 양형위원회가 출범하여 조만간 양형지침을 마련하면 양형의 형평성 · 적정성 시비는 많이 줄어들 것으로 예상됩니다.

어떻게 하면 우리 사회에 사라지지 않는 비리와 부패의 사슬을 끊을 수 있을지, 우리 직역에서 부패근절을 위하여 할 수 있는 일은 무엇인지 꼼꼼히 고민해 보아야 합니다. 공공부문에 있어서의 근본적인 부패근

절을 위해서는 민간영역에서의 비리를 함께 제거하여야 합니다. 그런 점에서 이제는 뇌물을 제공하는 쪽에 대한 양형도 경험적 접근이 아닌 합리적 · 발전적인 관점에서 심층적으로 분석 및 검토하여야 할 단계라고 생각됩니다.

우리 사회에서 유전무죄나 전관예우 등 형평성 시비가 일어나는 또 하나의 영역이 구속입니다. 구속재판과 관련해 흥미로운 사실은, 수사기관 입장에서 효율적인 형사사법을 확보하고 국민 · 피해자를 보호하기 위해 광범위한 구속을 인정해야 한다는 주장이 독일이나 미국에서도 제기된다는 것입니다.

그러나 판사는 맡은 역할에 따라 피고인 및 피의자의 형사절차상 인권을 보장해야 합니다. 이는 판사가 국가형벌권을 행사함에 있어 꼭 챙겨야 하는 가장 중요한 직무상 의무입니다. 그러므로 헌법과 형사소송법 정신에 따라 구속사유를 엄격히 심사하여야 하는 일은 법관에게 부여된 소중한 과제라 할 것입니다.

구속할 사람은 구속해야 하고, 구속하지 말아야 할 사람은 구속하지 말아야 합니다. 그런 점에서 구속영장의 발부율 · 기각률은 문제될 수 없습니다. 다만 국가공권력 행사의 장인 영장재판에 있어서도 예측가능성을 제공해야 합니다. 구속사유의 추상성이 유전무죄 무전유죄의 시빗거리가 되는 마당이니만큼 더 구체적인 기준을 정립하도록 계속 노력합시다.

구속재판도 법관이 자율적 법적 확신에 의하여 결정하는 사법적 판단입니다. 재판제도의 본질상 개별 법관 사이에 어느 정도 편차가 발생하는 것은 필연적이고, 통일된 기준을 설정할 수는 없습니다. 그러나 법관 사이의 편차가 일정한 한계를 벗어나면 수사기관 및 일반 국민의 영장 재판의 적정·공정성에 대한 불신을 초래할 우려가 있습니다. 바람직한 구속사유에 대한 관행을 시급히 재정립함으로써 법관 상호간 현격한 영장발부율 편차를 줄여 구속재판의 공평성·형평성을 강화하여야 할 것입니다.

다음으로 형사재판에서의 사건관리, 업무의 효율성과 적확성을 이야기하고자 합니다. 누구에게나 업무는 시간과의 싸움입니다. 형사사건에 있어서도 많은 사건을 효율적으로 처리하기 위해서는 사건관리가 핵심입니다. 형사사건이 늘어나고 공판중심주의를 실현하는 중인데, 사건을 검토할 시간이 부족하다고 하여 마냥 재판부만 자꾸 늘릴 수는 없습니다.

저는 배심재판 도입을 기회삼아 집중심리를 제대로 확립함으로써 돌파구를 찾아야 한다고 생각합니다. 현행 형사소송법이 집중심리주의를 명시하지는 않았습니다. 하지만 변론주의·구술주의·직접주의가 지배하는 공판절차에서 심리가 중단된 탓에 발생하는 심증연락 박약화 방지, 법관의 신선하고도 생생한 심증형성을 위하여 집중심리주의가 필요합니다.

민사·형사 간 집중심리는 구술심리와 공판중심주의의 보완입니다. 법정 확보 등 여러 걸림돌이 있습니다만 중지를 모아 여러 가지 적정한 실천방안을 강구하여야 할 것입니다. 개정법이 시행되면 피고인 심문시간이 줄어들 것으로 예상되지만, 증인 심문도 핵심 쟁점사항에 집중하도록 준비절차에서부터 확실히 정리해야 할 것입니다.

마지막으로 무죄추정의 원칙에 대하여 언급하고 싶습니다. 피고인은 유죄 확정판결이 있을 때까지는 범죄인으로 취급되지 않고 무죄로 추정될 권리를 가지고 있습니다. 그러나 이 헌법상 원리가 실무상 제대로 지켜지는지 회의적인 시각이 있습니다. 이 원리는 단순한 교과서적 원칙이 아니라 꼭 지켜야 할 철칙입니다. 다행히 요즘에는 이를 이해하는 판사들의 인식이 많이 개선되었습니다만, 다시 한 번 헌법 및 형사소송법의 정신과 원리를 잘 새겨야 할 것입니다.

죄 없는 자에 대한 유죄판결은 증거불충분을 이유로 죄 있는 자를 무죄 석방하는 일에 비교할 수 없을 정도로 정의감정을 강하게 침해합니다. 왜냐하면 뚜렷한 부정의를 감수하는 것은 정의가 실현되지 못했다는 추측보다 훨씬 참기 어렵기 때문입니다. 따라서 뚜렷한 부정의를 제거하는 것이 국가형벌권을 관철하는 일보다 더 절박한 과제입니다.

특히 피고인 중에는 고독한 사람, 절망적인 사람, 사회로부터 거부당한 사람이 많습니다. 범죄를 저질렀는지 여부와 상관없이 모두 힘든 처지에 빠진 절해고도의 유배인들과 비슷합니다. 판사가 자신의 처지를 잘 알 수 있을지 불신하며 품는 불안감도 대단합니다. 판사는 무엇보다도 인간애와 헌법 이념으로 표현된 인간의 존엄과 가치를 믿는 확고한 신념을 가져야 합니다. 그래야 우리가 염원하는 재판다운 재판이 이루어질 것입니다.

역사의 수레바퀴는 느리지만 끊임없이 돌고 있습니다. 우리 모두 변화의 한 축을 담당하면서 동참하여야 할 것입니다. 얼마 남지 않은 한 해 건강하게 잘 마무리하시길 빕니다.

❖ 서울중앙지방법원 칼럼, 2007년

조정과 협상

안녕하십니까? 법원장 이주흥입니다.

먼저 서울중앙지방법원 법관 및 직원을 대신하여 이전부터 조정위원으로 활동하고 계신 조정위원님들께는 그동안의 헌신적인 노고에 깊이 감사드리고, 이번에 새로 조정위원으로 위촉되신 조정위원님들께는 바쁜 업무에도 조정위원 위촉을 흔쾌히 승낙해 주신 데 대하여 깊은 감사의 말씀을 드립니다.

법원의 조정이 대체적인 분쟁해결수단으로 확고하게 뿌리를 내릴 수 있었던 것은 전적으로 조정위원님들의 헌신적 노고 덕분입니다. 저희 판사들을 대신하여 법원장으로서 진심으로 감사의 말씀을 드립니다.

올해도 조정활성화는 우리 중앙법원의 큰 화두입니다. 조정이야말로 국민의 사법참여입니다. 조정위원님은 맡은 조정사건에 관한 한 바로 판관입니다. 가족구성원이 서로 갈등을 얼마나 건설적으로 해결할 수 있느냐에 따라 가정의 존속과 파괴가 결정됩니다. 직장도 갈등과 분쟁의 골이 깊이 파이면 건설적 · 창조적 · 생산적 분위기를 형성하기 어렵습니다. 우리 공동체의 분쟁도 평화적 · 공존적 · 상생적으로 해결하는 것이 이상적 방법이라 하겠습니다. 그렇다면 조정위원님은 단순히 주어진 사건을 해결하는 역할만 하는 것이 아닙니다. 공동체를 이루는 구성원 간의 갈등을 봉합·조정하는 조정자 내지 분쟁해결 지도자, 사회갈등 해소의 자원자 역할을 하신다고 볼 수 있습니다. 협상을 통하여 대립관계를 공동의 문제해결관계로, 대결구도를 해결구도로 만드는 것입니다.

조정이 현대의 시대정신에 부합하는 제도이자 사회적 유대를 증진하는 수단임은 두말할 나위가 없습니다. 판결로 분쟁을 해결하면 빈번하게 상처를 입기 쉽고 지속적 평화를 보장하기도 어렵습니다. 반면 조정은 큰 손해를 보는 사람이 없어 판결보다 당사자가 더 받아들이기 더 쉬운 윈윈(*win-win*) 게임입니다. 조정에는 패자가 없습니다.

조정위원님이 하시는 조정도 궁극적으로는 당사자의 설복을 목적으로 하고, 판사가 하는 재판도 결국은 설득의 문제입니다. 그렇다면 당사자들을 어떻게 하면 잘 설득할 것인가 하는 방법이나 기술의 문제는 재판이나 조정에서 모두 비슷합니다. 재판이나 조정 모두 인간사를 대상으로 하므로, 재판이나 조정을 잘 하기 위해서는 인간에 대한 깊은 이해와 탐구가 필요합니다.

인간이란 잘 아시다시피 감정적이고, 불완전하고, 집착이나 고집이 강해서 의사소통이 쉽지 않습니다. 자기 멋대로 해석하기도 하고 주관이 뚜렷하여 자칫하면 편견과 독선에 치우치기 쉽습니다. 예측이 불가능하고, 체면이나 자존심 때문에 아무도 항복하기 원하지 않습니다. 자기가 보고 싶은 것만을 보는 경향 때문에 무수히 쏟아지는 정보 중에서도 자신의 기존 인식에 부합하는 사실만을 받아들입니다. 그리고 자신에게 이로운 점과 상대방의 결점만을 보려고 합니다.

이렇게 복잡하고 까다로운 존재 사이에, 더욱이 이미 서로 마주하기 싫어하는 양 당사자 사이에 끼어드는 일이 판사직이고, 조정위원 여러분이 하는 일입니다. 그렇다면 이해관계가 상치되어 법원에 온 두 당사자의 체면과 자존심을 세워 주고, 결과도 각자 이겼다고 여기도록 이끄는 성공적 조정이 얼마나 힘든지 쉽게 짐작할 수 있습니다. 조정위원님 여러분도 실제 조정을 통하여 잘 느끼시리라 생각됩니다.

이렇게 쉽지 않은 조정에서 성공을 거두기 위해서 치밀한 전략과 기술, 노력이 필요함은 두말할 나위가 없습니다.

첫째, 마음과 자세가 중요합니다. 판사는 재판에 임함에 있어 열린 마음과 진지하고도 성실한 자세 그리고 열의를 견지하여야 합니다. 조정위원님 여러분도 양쪽 당사자들 또는 대리인들 말에 진심으로 관심을 갖고 귀를 기울이고, 양쪽 당사자의 입장에 들어서서 그들의 관점과 입장을 이해할 수 있어야 합니다.

영민한 당사자들은 조정위원님이 얼마나 열의를 가지고 있는지 잘 압니다. 조정위원님들이 자신의 사건을 진지하게 열의를 가지고 대한다는 사실을 알게 되면 굳게 닫힌 당사자들의 마음의 문이 차츰 열릴 것입니다. 기술도 중요하지만 그보다 열린 마음, 열의와 정성이 훨씬 더 중요합니다.

둘째, 철저하고도 치밀한 준비와 연구도 중요합니다. 조정위원도 판사와 마찬가지로 분쟁의 핵심을 잘 파악하여 사건을 장악하여야 합니다. 사건이 항해를 해 나가는데 어떻게 나아갈지 미리 예측도 해 보고, 폭풍을 만날 것에도 대비를 하여야 합니다. 파도가 밀려오는 경우 난관을 돌파할 전략도 짜 두어야 합니다. 양쪽 당사자가 서로 어떤 대응을 할 것인지 미리 예측하고 준비를 하여야 합니다.

조정을 잘 하기 위한 다른 지름길이나 마법이 없습니다. 철저한 준비와 꾸준한 인내 그리고 끈기가 필요할 뿐입니다. 순풍을 만나 순조롭게 끝나는 사건도 있지만 많은 시간과 노력을 들여야 하는 사건도 적지 않습니다. 상반된 이해관계의 당사자 사이에 밀고 당기는 과정을 참을성 있게 지켜보아야 할 때도 있습니다. 그러한 때에도 조정실이 양 당사자 관계가 양보가 힘들 정도의 치열한 전투장으로까지 변하도록 내버려두어서는 안 됩니다.

아울러 사고의 폭을 넓히고 아이디어를 창출하여 여러 가지 견실한 대안을 상호이익이 되는 방향으로 개발하여야 합니다. 이해관계가 다른 양 당사자를 동시에 만족시킬 수 있는 좋은 방안이 어딘가에 있을 것이므로, 이를 찾아내야 합니다. 파이를 그냥 자르는 것이 아니라 키워서 공평하게 나누어 가지도록 지혜를 짜내어야 합니다.

셋째로, 아무리 입장이나 이해관계가 다르더라도 공평하다고 판단되는 기준에 대하여는 승복하므로, 공정하고도 객관적인 방법이나 규칙을 제시해야 합니다. 전문가의 의견, 일반적으로 승인된 법칙이나 관행, 법률, 시장가격 등을 협상절차의 중요한 기준으로 제시하고 아울러 공동체의 이익과 정의, 형평관념을 고려하는 것입니다.

마지막으로 당사자의 마음을 감동시켜야 합니다. 감정이동이라고 할까요. 마음이 움직여야 설득이 되는 것입니다. 어렵지만, 어느 정도 이기적이고 아전인수 격인 양쪽 당사자들의 관점을 충분히 이해하고, 스스로 옳다고 믿는 당사자들의 감정까지 공감할 수 있어야 비로소 그들의 마음을 움직일 수 있다고 믿습니다. 그렇게 설득하지 않은 상태에서 강압적으로 조정을 마무리하려 하면 조정 방식과 언행에 불만을 가진 당사자들이 반발할 수도 있을 것입니다.

재판은 비용이나 시간 측면에서 부담이 클 수밖에 없습니다. 그러므로 사실 모든 법적 분쟁에서 초기 단계에 조정을 거치도록 운영하는 방안도 강구할 필요가 있습니다. 본격적으로 재판을 시작하기 전에 훨씬 간편하고 신속한 해결책을 찾기 위하여 먼저 진지하게 조정을 한번 시도해 보는 것입니다.

올해 상설·즉시조정제도를 새롭게 운영하는 것도 바로 이에 부응한 시도입니다. 우리 법원은 상설조정위원회제도를 도입함으로써 국민들에게 조정위원의 조정을 통하여 분쟁을 해결할 수 있는 기회를 항상 제공함은 물론, 시급하거나 즉시 해결하여야 할 사건은 즉일조정제도를 통하여 쌍방의 이해관계를 적절히 조절하도록 하고 있습니다. 상설조정위원회제도가 이러한 제 기능을 다하기 위해서는 조정위원님들의 협조가 절대적으로 필요하니만큼 앞으로 많은 관심과 애정을 가져주시길 간곡히 부탁드립니다.

올해도 저희 법관들은 의연한 자세로 품격과 긍지를 가지고 민주주의와 법치주의 그리고 법질서 확립을 위하여 최선을 다하겠습니다. 또 우리 중앙법원의 조정이 획기적으로 활성화되고, 내실을 갖추도록 조정위원 여러분들의 전폭적인 관심과 참여를 부탁드립니다.

아무쪼록 조정위원님 여러분 모두 가슴에 앙금을 지니고 법원에 온 당사자 사이에 황금의 다리를 놓아 주는 훌륭한 마음의 연금술사가 되시길 기원합니다.

귀한 시간을 내어 이렇게 참석해 주셔서 정말 감사합니다. 소찬이나마 이 저녁이 법관들과 조정위원님 사이에 오랜만에 허물없이 좋은 대화를 나누는 자리, 또 더욱 가깝게 친해지는 친교의 자리가 되었으면 합니다. 조정위원님들 모두의 건강을 기원하고 가정에 화목과 행운이 늘 함께하길 빌겠습니다.

감사합니다.

❖ 서울중앙지방법원 칼럼, 2007년

국민의 신뢰를 받는 재판

멀리 홍성이나 서산에서 오시느라 수고가 많으셨습니다. 대전법원 관내 판사님들 모두 한자리에 모이시니 대단히 반갑습니다. 지난 2월 인사 때 새로 오신 판사님들 중에서 본원 판사님들은 뵈었는데 지원에 새로 전입오신 판사님들은 오늘 처음 뵙습니다. 대전법원 관내로 오신 것을 환영합니다. 그리고 예비판사를 거쳐 판사로 임관하여 법관생활을 다시 새롭게 시작하시게 된 분들도 축하를 드립니다.

대전법원에서 여러분들과 같이 근무하게 된 것은 큰 기쁨입니다. 대전법원이 과중한 업무 속에서도 지난 연말 대법원에서나 법원 내외간에 여러 가지로 좋은 평판을 받았기에, 법원장인 저로서는 평소 성실히 근무하신 여러분들에게 무척 감사합니다. 대법원은 대전법원 관내가 특히 법정언행 개선을 훌륭하게 진행하였다며 높이 평가하였습니다. 여러분께 다시 한 번 치하의 말씀을 드립니다.

저희가 오늘 이렇게 대전법원 관내 전체법관 연찬회를 가진 취지는 올해 1년 재판을 진행할 새로운 재판부가 출범하는 마당에 좀더 자신감을 가지고 재판을 시작할 수 있는 계기를 마련하고, 또 본원 · 지원이 다 함께 모여 우리의 재판 실무능력을 향상하는 기회를 가지고 역량을 제고해 보고자 함에 있습니다. 그리고 이번에 새로 오신 판사님들이나 이미 대전 관내에 계셨던 판사님들 사이, 본원·지원 판사님들 사이에 서로 친숙해질 시간이 다소 짧았던 것 같습니다. 오늘 이 자리를 빌려 서로 간의 거리감을 줄이고 좀더 친숙한 사이가 되어 본원과 지원 사이에 단합된 일체감을 느껴 보자는 데에 오늘 연찬회의 또 다른 의미를 두고자 합니다.

요즘 신문을 보면서 느끼고 계시겠지만 사회 전반적으로 법원에 대한 다양한 욕구가 분출되고 있습니다. 때때로 법원에 부정적인 내용이 보도되기도 하여 염려되는 바가 없지 않습니다. 저도 법원에 대한 부정적 평가에 대해서는 다소 서운한 마음이 듭니다. 하지만 그보다는 여태까지 법원이 우리 사회가 기대하는 높은 수준의 역할에 다소 미치지 못하였기에 좀더 잘하라는 질책성 비판이 아닌가 합니다. 그래서 제 나름대로는 이러한 비판이 있을수록 이를 긍정적으로 받아들이고 겸허한 반성과 발전의 기회로 삼는 것이 좋지 않은가 생각해 봅니다. 오늘 이 자리에서 여러분들도 그동안의 법관생활을 뒤돌아보면서 자기성찰과 반성의 시간을 가지면 좋지 않을까 합니다.

저는 오늘 여러분들에게 무슨 인사말을 할 것인지 매우 고심하였습니다. 오늘 내일 간에 걸친 연찬회에서 발표할 내용의 핵심 출발점은 결국 우리가 판사로서 어떻게 하면 재판을 잘 할 수 있는가, 재판다운 재판과 국민들이 납득할 수 있는 재판은 어떤 것인가, 판사로서 직무 내에서 또는 직무 외에서 어떻게 처신하는 것이 바람직한가 하는 문제라 할 것입니다. 다소 원론적인 이야기일 수 있겠으나 오늘 저도 우리가 판사가 되면서부터 계속 힘들게 부둥켜안고 있는 제일 큰 화두를 여러분들에게 던져 볼까 합니다.

재판의 가장 기본적인 자세이자 국민의 신뢰를 회복하는 가장 핵심적인 접근법은 항상 재판의 내용 및 절차의 바탕을 헌법에 두는 것이라고 저는 생각합니다. 법률해석을 하면서도 합헌적인 실체법적 의미를 찾아야 하겠지만, 재판절차를 진행하면서도 과연 헌법이 민사·형사소송절차를 어떻게 규정하였는지, 그 이념이나 정신이 무엇인지 살펴보는 일이야말로 앞서 본 화두에서 출발하여 이를 풀어나가는 가장 좋은 길잡이가 아닌가 합니다.

저의 이러한 헌법적 접근법이나 시각은 헌법재판소 연구관을 하면서 체득하였습니다. 그 귀중한 시절부터 어려운 법적 문제나 논점을 헌법적 관점에서 조명해 보는 습관을 가지게 되었습니다. 그런데 여기서 우리가 직업적으로 가장 중요하게 생각해야 할 헌법조문은 여러분들이 잘 아는 헌법 제103조, 즉 헌법과 법률에 의하여 그 양심에 따른 재판을 해야 한다는 조문입니다. 저는 어떤 궁극적이고 원론적인 법적 의문에 부딪쳤을 때에는 헌법에서 출발해 문제를 따져 보는데, 헌법 제103조야말로 우리가 재판하는 데 가장 기본적인 지침이 될 것입니다.

여러분은 오늘 이 연찬회에서 제가 왜 헌법 이야기를 끄집어내는지 의아하게 생각하실지 모릅니다. 하지만 몇 가지 헌법조문을 생각해 보면 제가 왜 이런 이야기를 하는지 바로 이해하시리라 믿습니다. 우리 헌법은 법관을 사법업무의 과제를 위탁받은 독립된 헌법기관으로 규정합니다. 그리고 법관을 다른 공무원들과 마찬가지로 국민의 봉사자라 하였습니다. 우리는 우리의 업무를 어떤 식으로 해야 할지 알 수 있도록 이끄는 몇 가지 중요한 사항을 그 조문들에서 끌어낼 수 있습니다. 법원은 국민을 위한 법원이 되어야 되고, 법관도 위탁자인 국민의 뜻에 따라 그들에게 봉사하는 자세를 가져야 합니다. 그러므로 우리가 국민에게 봉사하며 친절히 대해야 한다는 사실은 너무나 분명합니다. 법관이 국민의 봉사자라는 명제로 볼 때 결국 재판받는 사람이 재판의 주체라 할 수 있습니다. 수탁자인 법관이 재판주체의 말을 무시하고 가로막으며 모독을 주는 일은 있을 수 없습니다. 당연히 우리는 재판주체의 말을 경청하여야 합니다. 재판주체와 커뮤니케이션하여, 혹은 관계된 다른 사람의 의견을 들음으로써 결론을 도출해야 합니다. 그럴 때만이 소송 관계인이 재판의 결론을 납득할 수 있고 신뢰할 수 있습니다. 그럼으로써 법정이 국민의 갈등을 통합·조정하고 해소하는 용광로와 같은 중요한 기능을 수행하는 만남의 장이 될 수 있으리라 기대해 봅니다. 헌법에서 이야기하는 가장 중요한 덕목인 '인간의 존엄과 가치'는 헌법 중의 헌법으로서 헌법의 최고 가치라고들 합니다. 판사가 민사재판절차의 소송 관계인이나 형사재판절차의 피고인의 가치를 인정하고 그들의 존엄을 생각한다면 그들을 함부로 대할 수는 없을 것입니다.

민사소송과 형사소송의 당사자들은 상당히 조급하고 위급한 처지에 처한 사람들입니다. 우리 판사들은 그들의 민사상 분쟁과 갈등에 대하여, 또 그들의 죄와 벌에 대하여 판단을 합니다. 민사재판에서는 당연히 사법서비스를 제공한다는 의미에서 그들을 대하여야 합니다. 하지만 형사재판 피고인도 헌법이 보장하는 실체적 기본권이라든가 절차적 기본권을 가집니다. 당연히 피고인의 존엄성을 인정하고 그들의 여러 가지 권리를 인정해 배려하여야 할 것입니다. 그러므로 피고인으로부터 청문을 한다는 것은 너무나 당연한 이야기이고 국민들의 입장에서는 우리 법원에게 적절한 사법적 보장을 청구할 수 있는 권리를 가지는 것입니다.

국민의 권리구제는 효과적으로 시기적절하게 이루어져야 하고 때늦은 것이 되어서는 안 됩니다. 헌법에서 규정한 신속재판은 헌법이 정한 국민의 절차적 기본권을 바탕에 두고 생각해야 됩니다. 헌법에는 이런 신속재판과 어울러 공개재판을 규정하고 있습니다. 공개재판이라는 것은 민사재판에서는 서면심리보다는 구술변론에 훨씬 더 가까이 연결됩니다. 결국 공개재판과 구술변론이 국민들로 하여금 재판의 결론을 이해하도록 하는 데 훨씬 효과적인 수단이 될 수 있다고 생각합니다.

헌법에 법관의 신분과 재판의 독립이 보장되어 있습니다만, 우리 법관들의 신분보장은 결국 국민을 위한 것이지 법관 개인을 위해서 있는 것이 아닙니다. 재판의 독립이라 하여 법관이 자의적으로 재판해도 되는 것입니까? 절대 그렇지 않습니다. 가끔 일반 국민들이 법질서를 위반하는 행위를 대수롭지 않게 여긴다고 한탄하는 목소리도 있지만, 과연 판사들이 절차법을 얼마나 잘 숙지하는지, 이를 재판 과정에서 제대로 실현하는지 한 번쯤 뒤돌아 볼 필요가 있다 할 것입니다.

지금 우리가 구술변론과 집중심리를 하자는 것은 바로 변론을 한 번 실시하고 특별한 사정이 없으면 그대로 종결을 하자는 2002년도 개정 민사소송법 규정을 그대로 따르고 지키자는 이야기이도 합니다. 증거조사는 일괄해서 집중적으로 실시하여 끝내라고 민사소송법은 규정합니다. 이시윤 교수의 민사소송법 교과서를 보면 이를 두고 '심판구조의 혁명'이라고 표현합니다. 기존처럼 가랑비 옷 젖는 식의 재판 대신 '소나기 집중호우'식의 재판이 되면서 이제 변호사가 여러 차례 법정을 오가는 재판은 역사의 뒤안길로 사라지고 있다고 합니다. 민사소송법이 이렇게 획기적으로 바뀐 것을 여러분은 얼마만큼 피부로 느끼는지, 과연 이시윤 교수의 지적대로 종전의 구태의연한 모습이 정말 역사의 뒤안길로 사라졌는지 한 번 생각해 보시기 바랍니다.

얼마 전 대전법원에서 가처분사건을 심리하면서 프레젠테이션도 했습니다마는 그런 프레젠테이션도 일회성으로 그쳐서는 안 될 것입니다. 여러분이 프레젠테이션을 원하시면 뒷받침해 줄 물적 시설이 항상 갖추어져 있습니다.

그와 별개로 또 다른 유형의 구술변론이나 집중심리가 각 재판부의 실정 및 사건의 특성을 고려해서 이루어져야 합니다. 이러한 접근이 곧 신속한 재판으로 연결된다고 생각합니다. 재판의 지체는 법원의 신뢰를 떨어뜨리는 큰 요인이 되고 있습니다. 실제로 재판 지연이 고질적 폐단으로서 소송 당사자를 지치게 한다는 지적까지 나옵니다. 최근 신문을 보면 늑장판결이니 느림보재판이니 하여 비판하고, 어떤 시민단체에서는 법원의 재판 지연을 대상으로 손해배상 청구소송을 제기하겠다고 합니다.

영국의 보통법(*common law*)에도 "Justice delayed, justice denied" 라는 말이 있습니다. 그만큼 소송촉진이나 신속은 사법의 사활과 관계되는 중대한 문제입니다. 국민들의 권리구제가 1심부터 해서 5년 이상 걸린다면 이는 정말 심각한 문제입니다. 어떤 의미에서는 사실상 절차 거부와 같을 수도 있습니다. 그렇다면 국민의 절차적 기본권을 보장해 준다는 판사가 스스로 절차적 기본권을 무너뜨리는 결과를 초래하지 않느냐는 우려도 듭니다. 또한 재판이 늦어지면 판결이 사회를 선도하기는커녕 장의사 역할밖에 할 수 없다는 자조가 나올 수밖에 없습니다. 온갖 사회적 부산물을 뒤치다꺼리하면서 정작 국민들에게는 별다른 도움도 못 주고 사회적 조명을 받지 못한다는 것입니다.

저 스스로도 재판을 하면서 얼마만큼 이 부분을 심각하게 고민을 했는지 자문하며 반성을 해 봅니다. 특히 젊은 단독판사 시절에 사무분담이 바뀔 때나 혹은 인사이동이 있을 때, 어려운 사건을 감당할 자신이 없어 미루지 않았는지 지금도 그때 일이 생각나 부끄러운 마음이 듭니다. 그때의 경험을 되돌아보건대 어려운 사건을 법관 개인이 고민하지 말고 본원·지원 합쳐서 100여 명의 법관이 중지를 모음으로써 (예컨대, 내부통신망 '한밭누리'를 통해 다른 판사들의 의견을 구하는 등) 다른 법관들의 도움을 통하여 자신의 업무역량을 제고하는 일이 경제적이고 효율적이지 않겠는가 생각합니다. 그래서 본원 단독판사들에게는 쟁점의 공통관리 방법을 두고 이야기하고 싶습니다. 법원도서관에 자료를 부탁하는 것도 문제를 해결하는 좋은 방법이 될 것입니다.

자기한테 어려운 사건은 다른 사람도 어려울 수도 있는 것이니, 혼자서 끙끙대지 말고 서로 중지를 모으되 좀더 다부지게 '내가 처리하지 않으면 안 된다'는 의지를 가지고 사건에 강한 투지와 의욕을 쏟는다면 어려운 사건도 잘 처리할 수 있을 것입니다.

다음은 형사재판과 관련하여 한두 마디 말씀을 드리겠습니다. 요즘 탈주범이 경찰에게 사살되는 내용의 〈홀리데이〉라는 영화에서 탈주범이 "유전무죄 무전유죄다, 판검사도 돈으로 살 수 있다"라고 말한 것이 종종 신문지상에서 오르내립니다. 또 얼마 전 신문에 기고된 유명 저널리스트의 글에서 재판 불신이 얼마나 뿌리 깊은지 확인하고 저는 무척 놀랐습니다. 여러분들도 참으로 듣기 편치 않으시겠지만 왜 그런 이야기가 끊어지지 않을까요?

제가 대전법원으로 부임하기 전에 서울고등법원 형사1부 재판장을 하면서 변호사의 법관면담에 대하여 고심을 한 적이 있습니다. 아시다시피 변호사의 법관면담과 관련한 예규가 마련되어 있기는 하나 아직은 완전히 정착되지 못하였습니다. 과도기적 상황에 어떻게 하면 예규의 취지를 살리면서도 변호인들의 기분을 상하지 않도록 부드럽게 예의를 갖출 수 있을지 고심한 결과, 판사실을 찾아온 변호인들을 상대로 대부분 서서 대화를 나누고 1분 내지 2분 만에 면담을 끝냈습니다. 그러자 변호인들이 한두 번 제 방에 찾아오고는 곧 저의 의도를 알아차려 다음부터는 특별한 일이 없으면 거의 방문하지 않게 되었습니다. 판사실에 와서 사건에 대해서 '선처를 부탁한다' 하는 말도 공판중심주의의 견지에서 보면 법정에서 변론으로 대신하여야 하는 것 아닙니까? 법정에서 변론하도록 충분한 자리를 마련해 놓았는데 이른바 '소정 외 변론'을 한다 하여 판사실을 방문하는 것은 후진적이고 낙후된 모습이라 할 것입니다. 우리 법원이 불필요한 오해나 불신을 받는 것이 이런 데에 기인하는 바가 크다고 생각합니다.

법관윤리강령이 어떻게 되어 있는지 잘 모르고 지내던 몇 년 전 일입니다. 독일 트리어(Trier)에 있는 법관연구소가 연구하는 법관윤리라는 주제가 참신하고 마음에 들어 일주일간 독일 판사들과 같이 숙식하며 이 주제에 대해 생각을 정리하는 기회를 가졌습니다. 이때 법관윤리강령의 현실성과 강행성에 의문이 들었고, 법관윤리강령이 좀 살아 있는 것으로서 훨씬 구체적인 행동규범으로 자리 잡아야 한다는 생각을 하게 되었습니다. 우리를 향한 비난도 결국은 바깥 모습이 실제와 다른 데에서 초래되는 오해와 불신이라고 할 것입니다. 정의의 외관도 정의 그 자체의 본질적인 요소 중 하나임을 깨닫고, 바깥 모습도 그것을 창출한 법관이 책임져야 할 것입니다. 판사들이 맡은 일이 굉장히 민감하고 공평성이 요구되기 때문에 이러한 필요가 나타나는 것 같습니다.

법원이 자율적으로 노력하지 않으면 양형기준표 논의에서처럼 타율적으로 그러한 노력을 강제 당하게 됩니다. 전관예우라는 이유로 외부에서 들어오는 비판도 굉장히 강하게 느껴집니다. 비록 전관예우라든가 '유전무죄 무전유죄'라는 얘기가 법원의 실제와는 다르다고 하여도 판사들이 계속 침묵을 지키는 것이 옳은 것인지, 침묵을 지키는 것이 혹시 이러한 비판에 대해 시인하는 것으로 비치는 것은 아닌지 우려됩니다. 판사는 판결로 말한다고 하지만 현재 상황은 이러한 말이 그대로 통하기 어렵다고 봅니다. 너무 과도하거나 사실과 다른 비난을 듣고 있기보다는 적극적으로 해명을 하는 것이 어떤가 하는 생각이 듭니다.

우리 법원의 한밭누리 내부통신망이나 법원 홈페이지의 법원칼럼이 이런 적극적인 해명의 기능을 할 수 있을 듯합니다. 한밭누리나 법원 홈페이지는 언론이나 국민에게 우리가 하고 싶은 이야기를 전하고, 우리의 고민도 나누며, 설명할 것은 설명하고 잘못한 것이 있으면 사과하는 그런 진솔한 모습을 보여 주는 창구 내지 거점으로 생각하면 어떨까요? 한밭누리에서 괜찮은 글들을 홈페이지의 법원칼럼으로 옮기고 또 거기서 괜찮은 것은 신문의 칼럼으로 내는 등 우리가 다들 주인의식을 가지고 능동적, 적극적으로 법원에 대한 신뢰를 높이기 위해 노력해야 할 것입니다.

지금 이야기한 것은 실천하기 상당히 어려운 사안이고, 부끄럽습니다만 저 자신도 잘 지키지 못하면서 여러분 앞에서 말을 꺼내게 되었습니다. 하지만 우리가 지금 이야기하는 것이 논리의 문제가 아니라 절실하게 실천해야 되는 과제임은 분명합니다. 여러분이 대전법원 1층 민원

부서에 들러 보셨는지 모르겠는데, 법원을 방문한 민원인들은 한결같이 크게 놀랍니다. 일반 민원부서들은 매우 획기적으로 변하고 있습니다. 대전법원은 작년 연말에 2번이나 우수법원으로 선정되었는데, 재판도 여러 현실적 여건이 모두 갖추어졌을 때만 잘할 게 아니라 주어진 여건에서 노력을 기울이면 많이 개선될 여지가 있을 것입니다.

대전법원의 판사님들께서 역량과 중지를 모아 바꿔야 될 것은 바꾸고 실천해야 될 게 있으면 실천하여 계속 노력해 나가자는 취지에서 말씀드리다보니 너무 길어진 것 같습니다. 부디 오늘과 내일 오전까지 이어지는 연찬회가 여러분들 각자의 법관생활에 유익한 참고가 되고 아울러 좋은 추억이 되었으면 합니다. 감사합니다.

❖ 대전지방법원, 법원과 사람들, 2006년

새해를 맞이하면서

대전법원 가족 여러분, 반갑습니다. 새해를 맞아 여러분과 여러분 가족에 건강과 행운이 넘치기를 진심으로 기원합니다.

대전은 제가 1998년 고등법원에서 근무하면서 따뜻한 정을 느끼고 좋은 인상을 가졌던 곳인 데다, 오랜 역사와 전통 속에서 우리나라 발전의 중심축에 선 도시이기에 다시 부임해 오게 되어 무척 기뻤고, 반가웠습니다.

그동안 서울고등법원에서 부패사범전담 형사재판업무를 1년 반 넘게 맡으면서 약간 심신이 지친 상태였기에 그 자리를 벗어나는 것만으로도 홀가분했고 오랜만에 마음의 평화를 맛보았습니다. 그렇지만 한편 대전법원과 같이 큰 법원의 행정관리업무를 처음 맡게 되어 내심 긴장도 하고 염려도 하였습니다.

저는 부임해 와서 우리 법원 구성원들과 직접 대면하여 의사소통을 원활하게 하는 일을 최우선 과제로 생각했고, 이를 신속히 도모하고자 두 달여 동안 부지런히 판사, 직원들과 식사를 함께하면서 많은 이야기를 나누었습니다. 그러면서 저는 사법서비스의 수요자인 국민에게 보다 양질의 사법서비스를 제공하기 위하여 능동적·적극적 자세를 갖고 창의적·개방적 사고를 하도록 부탁하였고, 국민의 눈높이에서 민원과 재판업무를 맡도록 당부 드렸습니다. 또 한편 우리 법원 가족들의 일상사까지 들으며 짧은 시간 내에 무척 친근함을 느끼게 되었습니다.

올해 우리 법원 직원들 모두가 나름대로 열심히 노력한 결과, 지난 연말 전국법원종합평가와 전국법원혁신 단기과제실적평가에서 두 번이나 우수법원으로 선정되는 영예를 안았습니다. 그동안 헌신적으로 노력해 주신 직원 여러분에게 진심으로 감사한 마음을 전합니다. 이에 만족하지 않고 올해도 꾸준한 자기혁신을 통하여 모든 직원들의 역량을 모아 더욱 선진적이고 모범적인 대전법원이 되도록 노력합시다.

저는 올해도 여러분과의 만남을 즐겁게 여기며, 다양한 방법으로 자주 여러분을 만나 더욱 친숙해지기 원합니다. 서로 격의 없이 이야기를 나누며, 즐거움과 애환을 함께할 수 있도록 만드는 데에 힘쓰겠습니다. 우리가 지금 추진하고 있는 대민업무 혁신이나 법정심리 개선이 대외적인 의사소통 개혁의 문제라면, 우리 내부의 원만한 의사소통은 대외적 업무 개선을 위해 무엇보다도 중요한 전제조건이 아닐 수 없습니다.

국민은 새로운 사법이 출현하길 요구하는데, 이제는 법원이 이에 대해 구체적 변화로 대답해야 할 때라 생각합니다. 국민은 법원에 창의성과 부단한 자기개발 그리고 사고의 다양화·다원화 및 개방성을 요구하고 있습니다. 이에 따라 법원이 최우선해야 할 실천과제는 민원업무에서는 국민의 편의를 생각하여 한층 따뜻하고 친절한 법원이 되고, 재판업무에서는 적정·신속하게 정의와 형평을 실현하고 법정에서 투명하고 공개적으로 실체적 진실을 가릴 수 있도록 공판중심주의와 구두변론주의, 집중심리주의를 정착하는 것입니다.

법정언행 및 심리방식을 개선하기 위하여 모범적 재판 사례영상을 공동으로 모니터링하며 언론학·심리학 교수가 직접 법정을 보고 전문적 의견을 내도록 하는 계획을 법정언행연구회가 이미 준비해 왔고, 벌써 실행으로 옮기고 있습니다. 지난해부터 추진해 온 법정언행 개선이 다소 외형적 부분에 치중하였다면, 올해는 한 단계 더 나아가 알맹이 있고 실질적인 심리 방식의 개선을 함께 추구해 나가야 할 것입니다.

공판중심주의와 구술변론주의는 법정을 찾아온 당사자들이 자신의 입장을 법정에서 충분히 말할 수 있도록 합니다. 재판 과정을 국민이 주시할 수 있도록 투명하게 공개된 법정에서, 소송 관계인과 눈을 마주하면서, 양쪽에 공평한 변론과 증거조사의 기회를 주고 사실관계나 법률적 쟁점에 대해 격론을 벌이도록 함으로써 현출된 소송 및 증거자료에 의해 결론을 내자는 이야기입니다. 이러한 투명성과 공개성, 공평성이야말로 국민이 재판에 품은 불신을 해소하는 데에 크게 기여할 것입니다. 최종변론 후 이전처럼 기록 검토에 상당한 시간을 투여하지 말고, 법정 현출자료와 생생한 기억을 바탕으로 곧바로 합의 및 판결 작성에 이르면 이는 판결 작성의 간이화, 평이화로도 곧바로 연결될 수 있을 것입니다.

아울러 지난번 서울고등법원 특별부 새만금사건 재판이나 시무식 때 대법원장 시무식사에서 보았듯, 프로젝터를 활용한 프레젠테이션 등으로 법정은 더 생생하고 현장감을 띨 수 있습니다. 국민들이나 소송 관계인, 재판부가 눈으로 더 쉽게 이해하고, 재미까지 느끼도록 하는 살아 있는 법정운영이 필요하다 할 것입니다.

올해 2월부터는 제가 1층 민원부서의 각 실 · 과 및 각 법정을 돌아다니면서 민원처리 과정, 심리 방식이나 법정 분위기를 살펴봄으로써, 여러 가지로 업무를 개선할 방안을 강구하고 우리 법원 구성원들의 어려움을 간접적으로나마 공유해 보고자 합니다.

제가 취임사에서도 언급하였듯이 사람들은 대부분 큰 병원을 찾는 환자와 같이 다급하고 불안한 심정으로 저희 법원을 찾습니다. 지난해 현장의 목소리를 직접 듣기 위하여 두 시간 동안 1일 민원담당관으로 민원창구에 앉아 보았습니다. 거기서 시민들을 직접 대하니 법원에 드나드는 사람들의 눈높이에 맞추기 위하여서는 우리가 훨씬 더 자상하고 친절해야겠다는 사실을 절감하였습니다. 시민들의 법적 지식이나 이해력을 깊이 고려하지 않으면, 우리가 하는 설명이나 안내는 알게 모르게 우리 자신의 법률지식이나 능력에 맞추어집니다. 훨씬 더 쉽게 설명하되, 인내심을 가지고 이야기를 여러 번 반복해 들을 각오를 해야 비로소 민원인과 어느 정도 의사소통을 할 수 있습니다. 판사들은 법정에서 그런 경험을 해 보았을 것입니다. 그래서 국민의 눈높이에서 민원과 재판업무를 하는 일이 얼마나 어려운지 다시 한 번 느꼈습니다.

그때 생각하여 본 것이 있습니다. 조정전담판사와 당직조정위원회를 항상 가동하면 그렇게 복잡하지 않은 법적 분쟁으로 법원을 찾아 온 사건을 그날 바로 조정신청사건으로 접수하여 분쟁을 해결하도록 할 수 있을 것입니다. 이렇게 기동타격대 형식으로 조정재판부를 운영하여 시민의 법적 불안을 시급히 종식하도록 돕기 위해, 올해는 구체적 방안을 마련하고 있습니다.

최근 독일 〈슈피겔〉이라는 잡지에서는 "운동화를 신은 판사"라는 제목의 기사를 냈습니다. 바이에른주에서 고등학생들이 초등학교 학생들의 사소한 비행을 심리하고 적절한 처분을 한다는 것입니다. 물론 이의가 있으면 직업법관이 사건을 맡습니다. 바이에른 법무성은 일반 법관이 어려운 처지에 놓인 비행소년과는 생활환경이나 연령 등에서 너무 달라 어린아이에게 잘 맞고 적절한 제재수단을 강구하기에는 어렵다는 반성적 고려에 따라 이러한 제도를 고안한 것입니다. 이 실험에서도 재판을 받는 자와 눈높이를 맞춘다는 것이 그만큼 중요하고도 어렵다는 사실이 잘 드러납니다.

민원 및 재판업무 개선에 있어 인적·물적 시설의 개선이나 확충보다 중요한 것은 업무를 맡은 법원 구성원들의 인식과 사고를 바꾸는 일입니다. 왜 국민에게 친절히 봉사해야 하는지, 법원을 방문한 사람이 어떤 상황에서 법원에 불만을 갖게 되는지, 민원인이나 소송 관계인에게 감동을 주려면 어떻게 해야 할지 등을 스스로 또 주위에서 함께 반복해 점검하고, 체질개선과 동기부여를 위해 계속 교육받아야 합니다.

친절은 어쩌면 인간의 기본 덕목일 뿐, 법원 직장생활에 필요한 업무상 요건이 될 수는 없습니다. 그러나 웃음은 상대방이 안심하고 신뢰하도록 만드는 가장 확실하고 강력한 무기입니다. 우리는 법원을 찾는 분에게 한없이 친절하게, 웃음으로 대함으로써 스스로의 인격을 함양하는 동시에 직업적 성취도 이룰 수 있을 것입니다.

올해도 어렵고 힘든 분들을 좀더 따뜻하게 맞이하여, 그들의 고충을 진정으로 이해하며 아픔을 위로하고 보듬는 자세로 안내 및 민원업무를 합시다.

대전법원은 새해 들어 사건관리부를 시범운영하게 되었습니다. 신속하게 처리할 수 있는 사건을 분류하여 사건관리부에서 우선 처리함으로써, 민사사건을 이전보다 효율적으로 신속·적확하게 처리하자는 목적입니다. 자연히 다른 본안 재판부의 사건은 다소 어려워지겠지만, 사건 수가 적으니만큼 구술변론주의와 집중심리를 통하여 적확한 결론을 바로 끄집어내야 할 것입니다. 이로서 대전지방법원이 지난해보다 민사사건을 훨씬 많이, 효율적이고 신속하게, 더 적확하게 처리할 수 있으리라 기대합니다.

형사재판과 관련하여서는, 최근 서울중앙지방법원의 구속업무 처리기준이 공개되어 언론의 주목을 받고 있습니다. 사법제도개혁추진위원회는 진작부터 양형기준 제정을 논의하며 재량의 정도를 다투고 있으며, 참심제 또한 우리가 바라든 아니든 시행이 어느 정도 결정되었다고 알고 있습니다.

여러분도 잘 알다시피 형사재판의 핵심은 구속재판과 엄정한 양형, 적확한 유·무죄의 판단에 있습니다. 영장전담판사를 비롯해 구속업무에 종사하는 자는 우선 구속이 갖는 의미와 심각성을 뼈저리게 느끼면서 불구속재판 원칙에 따라 구속업무를 시작하여야 할 것입니다.

알렉산드로 솔제니친의 〈수용소군도〉 첫머리는 체포의 의미를 처절하게 묘사합니다. 체포당하는 일을 전 생애의 파멸, 정통으로 떨어진 청천벽락, 너무나도 엄청난 정신적인 충격, 우주와 그 중심이 산산조각 나는 사건으로 표현합니다. 도망할 염려 또는 증거를 인멸할 염려를 원인으로 한 구속은 헌법상 비례성 원칙이 지켜지는 한도 내에서만 형사절차 수행 및 형 집행 확보를 위한 필수 조치로서 합헌성이 유지할 수 있습니다. 따라서 형사재판업무를 처리할 때에는 특히 헌법 및 형사소송법의 정신에 충실하도록 노력하여야 할 것입니다.

그런데 불구속재판 원칙은 판결을 내릴 때 범죄에 맞는 엄정한 형을 선고하지 않는 한 사상누각이 되기 쉽습니다. 불구속 피고인이라는 이유로 온정주의에 흐르거나, 이미 김이 빠지거나 열기가 식었다는 사유만으로 양형을 낮게 하는 것은 자칫 불구속재판의 원칙 자체를 흐트러뜨릴 위험이 있을 뿐만 아니라 국법질서나 사회기강마저 해치는 결과를 가져올 수 있습니다.

여러분이 잘 보고 느끼다시피 법원 내부에서 자율적으로 이러한 부정적 현상을 불식하지 않으면 외부에서의 타율적 침입을 맞게 될 위험이 있습니다. 외부에서 형사재판을 비난할 때, 그 1차 공격목표는 바로 양형입니다. 양형 문제는 형사사법에 있어서 사회정의와 구체적 정의 간 갈등이 생기는 중심이자, 법관의 양심이 가장 삼엄하게 눈 뜨고 있어야 할 영역입니다.

국민들은 법원이 깊은 자기반성과 의식의 혁신을 바탕으로 새롭게 변화하고 개혁하길 요구하고 있습니다. 서독 헌법의 전문에는 "신과 인간 앞에서의 책임"(Verantwortung vor Gott und den Menschen)이 헌법정신으로 표현되어 있습니다. "네 마음과 성품을 다하여 인간을 이웃으로 사랑하는" 자세로 헌법을 섬기겠다는 의지의 표현이라고 하는데, 이는 바로 우리 법원 구성원이 국민에 대하여 취하여야 하는 마음가짐이 이와 같다고 믿습니다.

앞에서 본 역점 업무계획의 구체적 실천방안을 정하는 데에는 여러 가지 장애물이 많을 것입니다. 여러 가지 중요한 일이나 어려운 일을 처리하기 위해 중지를 모으면서 각 법원 구성원 간 또 본원·지원 간 활발한 의사소통 및 의견개진이 이루어져야 할 것입니다. 이 점에서 대전법원 가족 여러분들의 적극적·능동적인 참여와 협력을 부탁드립니다.

한밭누리나 이메일이 업무상 의견을 수렴하는 데에나 또 본원·지원 간 공동체 의식을 느끼는 데에 유용한 통로가 될 것입니다. 한밭누리는 대전법원 가족 여러분의 것입니다. 그것이 얼마나 유용하고 소중하게 커나갈지는 전적으로 여러분에게 달렸습니다. 모두가 관심과 애정을 가져 훌륭한 사랑방이 되기를 기대해 봅니다.

다시 한 번, 여러분 새해 더욱 건승하시고 큰 발전과 정진 있으시길 빕니다.

❖ 대전지방법원, 법원과 사람들, 2006년

법이 통해야 경제가 산다

계약은 법이다

법의 지배를 통한 세계평화라는 인류의 소망을 이루기 위하여 우리는 세계 여러 나라와 발맞추어 법의 날을 제정・공포하였다. 이렇게 매년 법의 진정한 의미와 그 역할이 무엇인지 되새겨 온 지도 올해로 어언 43년이 되었다. 이런 뜻 깊은 날에 즈음하여 우리가 일상에서 수없이 부딪히는 계약의 중요성이나 의미를 한번 생각해 볼까 한다.

계약이 법이라고 하면 다소 의아하게 여길 분도 계실 것이다. 그러나 계약은 엄연히 법이다. 법의 중요한 특성인 구속성이나 강제성을 계약 역시 다 갖추고 있다. 계약자가 스스로 계약 내용을 법으로 포섭하여 법적 속박에 들어가기로 결정하였기 때문에, 계약은 자기구속력을 가진다. 법을 지켜야 하듯 "계약은 지켜져야 한다". 이 로마 법언은 법과대학에서 법률을 공부하기 시작하면 최초로 접하게 되는 정당한 법의 원리이다.

계약이 인격과 인격의 만남이라면, 법은 국민 다수의 만남이다. 사회계약론이라는 용어에서도 엿볼 수 있듯이 계약은 양자의 합의, 법률은 사회의 합의인 것이다. 그래서 법관은 수많은 사건에서 법해석뿐 아니라 당사자들이 엉성하게 만들어 놓은 계약문구를 합리적・객관적으로 풀기 위해 고심한다. 계약영역에서는 계약이 오히려 법률보다 우위에 선다. 계약이 규율하지 않는 공백을 법이 보충하며 후견하는 역할을 할 뿐이다. 단, 계약이 정의와 형평의 관념에 어그러지면 그때는 법적 지위를 보장받지 못한다. 마치 정당하지 못한 법률이 위헌판결을 받고 무효가 되듯이 휴지조각이 된다.

이렇게 계약이 '법' 대접을 받는 것은 자기구속과 자기결정에서 기인하였기 때문이다. 자기결정은 바로 인간의 존엄과 가치에 바탕을 둔 상호존중에 바탕을 둔다. 독일의 민법학자 카를 라렌츠는 저서 〈정당한 법: 법 윤리요강〉에서 상호존중의 기본원리를 설명하기 위해 극단적 상황을 예로 들었다. 일면식도 없는 사람들이 난파당해 고도에 고립되어 오랫동안 같이 살아가야 하는 경우 이들은 어떤 관계를 맺게 될까? 두 가지 형태 중 하나가 될 것이다. 하나는 강자가 약자의 의사를 무시하고 약자를 자신의 지배 수단으로 이용하는 형태고, 다른 하나는 각자 상대방을 인정하고 동등의 기초 위에 서로의 인격을 존중함으로써 함께 타협적으로 행동하는 상호관계를 형성하는 방식이다. 전자에서는 정의나 공정이 자리 잡기 어렵다. 혹시 계약이 존재하더라도 허울뿐인 노예계약만 있을 수 있다. 그러나 후자에서는 상호존중의 원리가 작용한다.

상호존중의 정신이야말로 건전한 법 생활문화를 조성하는 데 가장 핵심적인 사항이다. 상호존중의 원리는 헌법에서 인간의 존엄과 가치로 표현된다. 이는 전체 법질서를 관통하며 무엇보다도 계약의 기초를 이룬다. 다른 사람과 계약을 맺는 행위는 타인의 의사가 나의 의사와 마찬가지로 효력 있음을 인정하는 행동이다. 그가 나를 인정하듯 나도 그를 인격으로 승인하는 일이다. 그러므로 계약은 법의 기본범주인 동시에, 이러한 상호존중의 정신이 가장 잘 반영되어야 할 영역이다. 현대사회에서의 관계는 약속이라는 터전 위에서 맺어지고 발전한다. 인간은 인간다운 삶을 영위하기 위하여 자신의 자율적 판단에 따라 인생을 설계하는데 그 설계에 중요한 수단이 바로 계약인 것이다.

이렇게 계약은 법과 같이 정당성을 갖추었고 실제 생활에서도 매우 중요하다. 그런데도 사람들이 '계약'을 대하는 태도는 몹시 허술하기 그지없어 안타깝다.

우리의 법 생활 현실에서는 계약의 존재와 내용을 둘러싼 법적 분쟁의 유형이 다양하다. 과연 양자 사이에 의사의 합치가 존재하는지, 의사의 합치가 있다면 누구와 누구 사이에 이루어진 것인지, 또 어떤 내용의 계약인지 등이 쟁점이 된다. 이러한 분쟁이 발생하는 까닭은 계약의 중요성이나 메커니즘에 대한 이해가 부족하기 때문이라 생각한다.

선진국에서는 분쟁이 생긴 후에야 법률가를 동원하여 법정에서 자기에게 유리한 결론을 이끌어내기 위해 애쓰기보다는 앞서 계약 체결단계에서 미리 법률가의 도움을 받는다. 계약상 발생할 수 있는 여러 문제점을 법률가와 함께 예상·파악하고 이를 하나하나 정교하게 성문화하여 둔다. 이것이야말로 삶의 지혜가 아닐 수 없다.

증서가 없는 계약은 경솔하게 체결할 위험뿐만 아니라 이후 입증 곤란에 처할 위험도 초래한다. 그러므로 중요한 거래, 고액거래에서는 후일 분쟁을 방지하기 위해서라도 서면을 갖춰 계약을 체결해야 한다. 건전한 계약문화 확립은 바로 선진 법문화를 재단하는 중요한 징표라 하겠다. 개인과 공동체 모두의 평화와 번영을 가져올 수 있는 것이다.

이렇듯 계약을 체결할 때에는 사항을 신중하고 치밀하게 고려하여야 하고 계약서 작성을 생활화해야 한다. 중요한 계약은 체결단계에서 법률가의 도움을 받고, 일단 계약이 체결되면 법과 마찬가지로 신의성실로 지켜야 한다. 계약을 올바로 이해함으로써 앞으로의 계약체결에도 충분히 대비하여 분쟁을 미리 예방할 수 있다면, 당사자의 시간과 돈 등 사회적 비용을 크게 줄일 수 있다. 더 화기애애한 인간관계도 지속할 수 있다. 법원의 업무부담도 크게 줄어들 것이다. 아울러 계약을 성실히 이행함으로써 남을 소중히 여기는 정신을 체득하여 상호존중의 정신이 국민생활에 체질화하도록 하지 않으면 안 된다.

마지막으로 법의 날에 즈음하여 법치주의와 법의 생활화가 제대로 정착하도록 하기 위하여 두 가지 점을 생각해 본다.

첫째, 계약에 대한 이러한 기본적 이해는 중・고등학교 및 대학의 사회교육에서 충분히 배울 수 있어야 한다. 법원 또한 국민에게 더 친근하게 다가가기 위해 생생한 법교육의 일익을 담당하여야 하지 않을까?

둘째, 기본 계약서 양식을 유형별로 다양하게 비치해 두어야 한다. 법원이나 어느 국가기관이 맡아 계약서 양식을 제공하는 일이 국민을 진정으로 섬기는 친근한 자세가 아닐까 한다.

❖ 대전지방법원, 법원과 사람들, 2016년

계약서 제대로 쓰자

우리는 알게 모르게 연속되는 계약 속에서 지낸다. 전철 타는 일, 밥 사 먹는 일, 모바일 뉴스 보는 일, 인터넷 송금하는 일 등 모두가 새로 계약을 체결하거나, 기존 계약상 권리를 행사 혹은 의무를 이행하는 행동이다. 즉석 소액거래에서는 계약서를 쓰지 않는 경우가 많지만 집을 사고파는 등 중요 계약에서는 대체로 계약서를 작성한다.

서구에서는 계약 체결에 있어서 제대로 된 서면계약을 추구하는 합리적 행동양식을 보여준다. 계약을 이해하는 의식수준은 계약서 작성문화에도 영향을 미친다. 로마 사람들은 해가 바뀌면 유언장 고치기로 한 해를 열었다고 한다. 이처럼 서구에는 문서가 없으면 실체도 없는 것으로 여길 정도로 문서화를 중시해 온 오랜 전통이 있다. 웬만한 계약서는 책 한 권 분량이다. 변호사를 대동해 한 조항, 한 조항 따지면서 계약에 임하다 보니 협상능력도 발달했다.

반면 우리는 약속 이행에 대한 관념이나 계약 준수 의지가 서구 사람들에 비해 부족하다. 계약이 법처럼 지켜야 할 무서운 것인 줄 잘 모른다. 상대방을 믿지 못할 사람으로 의심한다고 여길까 봐 문서로 남기는 일도 주저한다. 인적 연계망에 의존한 문화 때문에 분명치 않게 구두로 대충 계약하려 하거나, 계약서를 써도 정확하게 세분화해 기술해 두려고 하지 않는다. 계약서가 있어도 용어가 부정확하고 중요 사항에 대한 공백이 많다 보니 조항의 의미를 제각각 달리 이해한다. 국제계약에서는 방대한 영문계약서가 대세라 내용을 파악하는 면에서 이미 우리가 불리한데, 변호사 조력까지 부족하니 부실한 계약서가 작성될 가능성이 크다. 철저하게 계약서를 쓰는 문화와 서로 믿는다는 이유로 계약서 쓰기를 꺼리는 문화. 과연 어느 쪽이 건강사회, 행복사회에 이르는 길일까.

민사재판은 증거 싸움이다. 서류는 가장 중요하고 확실한 증거방법이다. 문서는 사람의 사고와 거래를 서면으로 구체화한 것이어서 매우 신뢰할 수 있고, 법관에게 진실의 확신을 심어주는 데 크게 작용한다. 계약서가 없어 증거가 부족하면 진실은 자기와 하늘만 알 뿐 재판에서는 진다. 이런 원칙이 번번이 정의를 희생하게 하나, 정의롭지 못해도 법적 평화를 위해 분쟁의 종지부를 찍어야 한다. 이는 민사재판의 맹점이자 사법 불신의 중요한 원인이 되지만 사법의 운명적 속성이라 하지 않을 수 없다.

계약서는 언제 뭘 했는지 발자취를 더듬어 볼 수 있는 역사기록물이 되기도 한다. 통영의 박경리기념관에는 1993년에 작성한 '솔출판사'와의 〈토지〉 출판계약서와 KBS와의 〈김 약국의 딸들〉 방송원작 사용계약서가 있다.

또 계약서는 그 시대의 생활실태와 풍습, 문화를 반영한다. 규장각 등 박물관에 고문서로 남아 있는 분재기(分財記)를 보면 조선은 의외로 재산상속에서 여성을 차별하지 않았음을 발견할 수 있다. 또 조선시대 대부분 거래에서는 계약의 진정성을 확보하고 다툼을 사전에 예방하면서 소송에서의 입증 곤란을 겪지 않기 위해 엄격한 서면주의를 취했다. 정교한 기록문화의 나라였던 것이다.

근자에 주목을 받는 계약서로는 비싼 주거비용 때문에 결혼 대신 동거를 선택한 젊은이나 또는 황혼이혼이나 사별 후에 혼인신고를 하지 않고 동거를 하는 노인들 간 재산관리분배, 위자료, 생활비분담 등을 다룬 동거계약서가 있다. 또 '부모를 잘 모시겠다'는 약속을 저버리면 부모가 넘겨준 재산을 되돌려 주기로 약속하는 효도계약서도 있다. 제대로 정비돼야 할 거래상 계약서는 여전히 부실한데 윤리적 문제라 할 수 있는 효도가 계약으로 강제되는 세태에 어리둥절하고 씁쓸하다. 변호사 만원시대를 맞아 거래영역에서 제대로 된 계약서를 작성하는 일이 생활화, 일상화되기를 기대해 본다.

❖ 여의나루, 2016년 1월

김영란법과 부패

우리나라는 전통적으로 인간관계를 중시하면서 혈연·지연·학연 등 연고(緣故)를 각별히 따진다. 그런데 이런 문화와 전통은 부패와의 전쟁에서 걸림돌로 작용한다. 최근 연고주의의 폐해를 제거하려는 싸움이 벌어지면서 나라가 거센 논란에 휩싸여 있다. 부패가 널리 퍼져 있다 보니 부패를 강력히 단속하려다 보면 경제에 악영향을 미칠 수 있고, 국가권력이 부패를 빌미삼아 표적 수사를 남용할 수도 있다는 우려의 목소리가 크다.

사람 만나 따스한 밥 한 그릇 나눠먹으면서 이런저런 지내는 이야기를 하는 것은 우리네 일상적인 삶의 모습이다. 하지만 이제 공직자가 비싼 음식을 얻어먹으면 형사처벌을 받는, 이른바 '김영란법'이라 불리는 '부정청탁 및 금품수수 금지법'이 천신만고 끝에 탄생했다. 그런데 당초 원안과 달리 법 적용 대상에 민간인 신분인 언론인을 집어넣고, 반면 정작 법을 만드는 국회의원 등 선출직 공직자들을 법 적용대상에서 빼 버렸다.

국제투명성기구가 발표한 우리의 부패지수는 2012년도 45위, 2013년도 46위, 2014년도 43위를 기록했다. 선진국 중에는 꼴찌 수준이다.

부패의 뿌리가 얼마나 깊은지, 그동안 부패청산을 위해 꽤 노력을 기울였다고 생각하는데도 부패지수는 꼼짝을 않는다. 어째서 제자리걸음만 할까. 그 가장 큰 원인으로 정치인의 부패청산 노력이나 의지가 미미하다는 점을 꼽고 싶다. 영향력이 막강한 국회의원이 지역 유권자나 사업자의 민원·고충을 중앙부처나 지방자치단체에 전달하는 일은 합법을 가장한 로비이자 압력이 될 위험이 크다. 불법 금품수수가 따를 여지도 많다. 하지만 청탁의 적법과 불법 사이의 애매한 경계는 누구 앞에나 놓여 있는 것이다. 시행령 등을 통해 현실에 맞게 조정해야 할 일이지, 자신들만 불법청탁 사안에서 예외가 되는 특권을 누리려 하니 납득을 할 수 없다.

한편 공적영역에서의 부패청산도 요원한데 민간영역에 속한 언론을 '공직자 등'에 넣은 것은 성급하다는 느낌이다. 이에 언론이 반발하는 것도 충분히 이해할 만하다. 특히 언론은 이 법이 언론의 자유와 평등권을 침해하는 위헌적 법률이라고 격렬하게 반발한다. 압도적 찬성으로 이 법을 통과시킨 국회에서조차도 언론의 거센 공세 때문인지 가결 직후부터 개정 이야기가 여기저기서 나온다.

그런데 민간영역에서 오가는 금품에도 감사와 정을 담은 향기로운 선물뿐 아니라 선의를 가장한 부정이 적지 않다. 사회 구석구석이 썩어 있다면 어찌 공공영역에만 독야청청을 기대할 수 있겠는가. 민간영역의 반부패 작업이 병행되지 않으면 공공영역의 청정은 기대난망이고 백년하청이 아닐까. 언론은 4부의 권력 혹은 사회의 공기(公器)라 불릴 만큼 권력 및 공익성 측면에서 단연 두드러진다. 국회의원 등 공무원이나 기업인은 비리를 양지로 끌어내는 파수꾼이자 부패를 방지하는 소금 역할을 하는 언론을 가장 두려워한다. 그러므로 기왕 법이 제정된 마당에 언론은 법 적용 대상을 시비하기만 할 것이 아니라, 이번 입법의 취지가 제대로 살아나게끔 부패척결의 제일선에 나서는 것은 어떨까.

우리는 대체로 사람 사이의 인연을 중시하다 보니 부패로부터 자유스럽지 못하다. 어쩌면 대부분 부패나 비리에 관대할지도 모른다. 이런 점에서 부패청산은 전통과 문화를 재조정하는 의식의 개조 작업인지라 지난할 수밖에 없다. 이 기회에 김영란법을 기폭제 삼아 분위기를 쇄신해야 할 필요가 있다. 개혁이 성공하려면 엄청난 저항과 아픔을 극복해야 한다.

그런 점에서 부패와의 전쟁에서 교두보를 확보하도록 한 이 법은 국민 모두가 반겨야 할 원군이다. 대장정의 분수령이 될 이 법을 두고 어지러운 논란을 벌이다 그 근간을 훼손할까 우려스럽다. 이 법을 원칙이 서는 선진국가로 도약하는 발판으로 삼아야 할 것이다.

❖ 여의나루, 2015년 4월

후진적 기업 지배구조 확 바꿔라

미국 시사주간지 〈타임〉(*Time*)이 올해의 인물로 선정한 프란치스코(Franciscus) 교황은 2013년 11월 27일 발표한 〈교황권고문〉에서 규제가 사라진 자본주의를 "새로운 형태의 독재"라 부르며 자본주의의 탐욕을 강하게 비판했다. 자본주의의 꽃이라 할 수 있는 기업의 탐욕과 오만에 전 세계적으로 불만과 저항이 거세지고 있다.

우리나라에는 이러한 경향이 재벌그룹이나 대기업 오너의 기업범죄에 대한 엄벌을 요구하는 방향으로 표출된다. 올해는 유독 재벌총수들의 수난이 심했다. 텔레비전에는 거동이 불편한 그룹 회장이 검찰에서 밤샘조사를 마치고 지친 표정으로 나오는 모습이 가끔 비쳤다. 그룹 오너들의 수사와 공판이 진행되면서 일부 임원들은 본업을 제쳐 놓은 채 법원·검찰·로펌으로 출근을 하고, 그룹의 신규사업 투자나 해외사업 수주는 차질을 빚는다. 대기업 오너나 임원의 수사와 재판이 왜 이렇게 줄을 이을까. 그 원인을 한마디로 제시하기는 어렵지만 취약한 기업 지배구조가 한몫하고 있음은 분명하다.

이달 초 새로 취임한 검찰총장은 향후 기업수사의 방향은 핵심혐의 조사에 국한하겠다고 했다. 그동안의 별건수사·저인망수사·장기수사 관행에 제동을 걸겠다는 것이다. 대기업 오너에게 횡령·배임·회계부정·탈세 등 혐의를 걸고 회사 회계장부를 대거 압수한 후 몇 달 동안 장부를 뒤지면 어느 기업이든 법망에 걸려든다는 자신감이 검찰에 팽배한 듯하다. 바꾸어 말하면 우리 기업은 체질적으로 탈법 및 위법 징후가 깊이 배어 외부 리스크에 크게 노출돼 있다는 뜻이다. 이는 이러한 탈법·위법을 방지하고 리스크를 관리할 수 있는 지배구조 부서가 제 기능을 하지 못함을 의미한다.

각 나라별 법은 기업 지배구조가 정확하게 무엇을 의미하는지를 최소한으로만 규정한다. 그 외에는 개별 기업의 정관(定款) 자치를 통한 자율적 선택에 맡긴다. 그런 점에서 기업 지배구조를 국제적으로 통일하는 데에는 한계가 있다. 하지만 지켜야 할 최소한의 규칙과 가치가 있으므로 우리나라도 그 기준을 지켜야 한다. 그래야 국제투자자가 한국 기업의 투명성에 신뢰를 가질 수 있다. 〈히든 챔피언〉의 저자 헤르만 지몬(Hermann Simon) 회장은 한국 경제의 결함 중 하나로 사고방식이 세계화되지 않았다는 점을 꼬집었다. 우리의 기업 지배구조 현실을 보면 그의 지적에 금방 수긍이 간다. 외국인 투자가들이 이른바 '코리아 디스카운트'를 하는 냉정한 평가의 이면에는 이러한 낙후된 기업 지배구조가 자리 잡고 있다. 그러므로 지배구조 문제가 회사 내부적 문제라고 마냥 회사 스스로의 선택과 자율에 맡겨둘 일은 아니다.

지배구조는 1997년 외환위기 이래 회사법 개정의 중심 화두였다. 올해도 법무부가 제출한 지배구조 관련 회사법 개정안은 재계의 반발로 국회 발의조차 못했다. 기업 지배구조 개혁은 국가의 권력분립과 마찬가지로 권력의 남용, 즉 경영진의 전횡을 방지하기 위해 경제권력을 기능적으로 분점, 재배치하는 일이다. 그동안 한국 기업의 운영 형태에서 최대 문제점으로 지적되어 온 것은 오너의 제왕적 경영과 이에 따른 이사회 및 감사기능의 형해화였다. 감독과 감시를 위한 여러 제도가 제대로 기능을 발휘했더라면 반복되는 기업의 비행을 어느 정도 방지할 수 있었을 것이다. 재계의 주장대로 회사법 개정안처럼 지배구조를 강행적으로 해결하는 방법이 적절하지 않다면, 이러한 취약한 의사결정구조와 견제기능을 개선할 실효적 실천방안을 제시해야 한다.

새해에는 우리나라에 맞는, 좋은 기업 지배구조가 과연 무엇인지를 놓고 하루빨리 공통 이해를 마련하여 이에 따른 준법·윤리·정도경영이 정착하기를 바란다. 기업은 최근 불행을 환골탈태하는 계기로 삼아 경영과 감독에 관한 고질적·구조적 폐습을 버려야 할 것이다.

❖ 여의나루, 2013년 12월

방글라데시 대참사가 남긴 교훈

칸막이로 된 돼지우리에서 키워 가격이 싼 돼지고기와 넓은 우리에서 사육한, 좀더 비싼 돼지고기 중 어느 고기를 살 것인가. 소비자들은 품질이 비슷하다면 싼 물건을 선호하기 때문에 동물복지를 고려한 후자가 경쟁에서 실패하기 쉽다. 원래 시장은 탐욕으로 흐르기 쉬운 만큼, 여기에 '공정'을 갖다 붙이는 것 자체가 어색하다. 소비자 대부분은 자신이 선택한 커피 · 초콜릿 · 옷 · 신발을 누가 어디서 만들었는지, 그 상품을 만든 생산자나 노동자의 임금이나 노동환경이 어떠한지 별 관심이 없다.

하지만 저임금 구조 문제는 심각하다. 가난한 나라의 커피 · 카카오 농장에서 일하는 어린 근로자 한 달 임금은 영국 여학생이 하굣길에 군것질로 먹는 초콜릿 값에도 미치지 못할 정도다. 이런 불평등한 구조에 반대하며 제3세계 농가와 공정한 가격으로 거래함으로써 생산자와 노동자를 위해 적정한 수익을 보장해 주려는 상품이 요즘 우리나라에서도 눈에 띄는 '공정무역 커피', '착한 초콜릿'이다.

올해 방글라데시 의류공장 대참사를 계기로 공정무역 논의가 의류계 쪽으로도 확산되고 있다. 2013년 4월 24일, 방글라데시 수도 다카 인근에서 의류공장이 입주했던 8층 라나플라자 건물이 붕괴돼 1,100명 이상이 사망하고 2,500여 명이 부상당하였다. 방글라데시의 열악한 근로환경이 함께 도마에 올랐다. 사고가 나기 전, 건물 벽에 균열이 생기자 다른 입주 점포들은 서둘러 철수했다. 하지만 의류공장 사업주는 수출 선적 날짜를 맞추기 위해 작업을 거부하는 노동자들을 위험한 건물 안으로 억지로 밀어 넣었고 작업이 시작되자마자 건물이 무너졌다.

방글라데시 의류업계 노동자들의 월 최저임금은 약 38달러로 전 세계에서 가장 낮은 수준이다. 지난달 16일 〈월스트리트저널〉은 이런 대재앙을 치른 방글라데시가 여전히 의류 생산의 메카로 꼽히는 현상을 통해 글로벌 의류업계가 사고 이전처럼 생산국의 노동환경 및 안전 문제보다는 생산능력과 가격경쟁력을 가장 우선시하고 있음을 알 수 있다고 분석했다. 미국 대학생들은 다국적 의류업체들을 대상으로 '방글라데시 노동환경 개선'을 요구하며 가두시위를 벌였고 이에 동참하지 않는 업체의 상품을 대상으로 불매운동도 선언했다. 유럽의 시민단체가 참여하는 '깨끗한 옷 입기운동'(Clean Clothes Campaign)은 소비자들에게 방글라데시 의류공장의 인권침해를 꾸준히 알렸고 다국적기업에 강력한 압력을 가했다.

방글라데시 대참사의 책임이 글로벌 의류브랜드에만 있고 소비자들에게는 없는가. 저개발국 노동자들의 노동환경과 복지가 개선되도록 관심과 노력을 기울이는 것이 선진국 소비자들이 담당해야 할 몫 아닐까. 소비자가 윤리적으로 현명하게 구매했다면 이런 사태를 막을 수 있지 않았을까. 기업의 사회적 책임은 시장에서 기업수익에 영향을 주는 소비자가 상품을 정확히 평가·선별할 때만 촉진된다. 내가 마시는 커피에 '공정무역' 로고가 붙어 있더라도 생산현장에서 실제 공정한 거래가 이루어지는지, 기업이 자기 상품을 윤리적이라 홍보하더라도 과연 그 기업이 진정으로 사회적 책임을 다하고 있는지 철저한 검증이 필요하다.

최근 인터넷 등 정보기술이 발달하여 기업의 사회·인권·환경 관련 활동에 관한 정보를 수집하기 쉬워졌고 그 정보가 소셜네트워크서비스(SNS) 등을 통해 빠르게 널리 퍼져 나간다. 소비자단체가 환경을 오염하거나 인권을 억압하는 기업의 제품을 보이콧하도록 하거나, 기업이나 상품을 평가해 환경에 미치는 영향과 근로조건 등에 관한 정보를 소비자에게 제공해서 착한 제품 구입을 장려한다면 기업은 살아남기 위해서라도 인권과 환경기준을 따르지 않을 수 없을 것이다. 쇼핑이 투표보다 더 중요한 선택이라 보기는 어렵지만, 나의 윤리적 소비가 엄청난 변화를 가져올 수 있다. 자본주의와 시장질서는 인간의 존엄성과 가치를 존중하는 데에서 출발해야 유지될 수 있지 않은가.

❖ 여의나루, 2013년 10월

을 없으면 갑도 없다

판사로 있다가 법복을 벗고 변호사가 되니 갑(甲)에서 을(乙)로 신분이 바뀌었다고들 한다. 갑으로 있을 땐 갑인 줄 의식하지 못하다가 을이 되고 보니 있던 자리가 확실히 갑인 것을 깨달았다. 남의 신발을 신어 봐야 비로소 남의 처지를 이해하여 존중하고 배려하는 마음이 생기는 것인가.

올 상반기 우리 사회에서는 경제활동에서의 갑을관계가 커다란 이슈로 떠올랐다. 그 한복판에는 대리점과 가맹점 거래의 공정화가 자리 잡고 있다. 이달 들어 국회를 통과한 일명 '프랜차이즈법'은 가맹사업주의 예상매출액 자료 제공을 의무화하고 허위자료를 제공할 시 처벌하도록 했다. 대리점법 개정 논의의 도화선이 된 '물량 밀어내기' 논란을 일으킨 남양유업에게 공정거래위원회는 123억 원의 과징금을 부과하기로 했다. 재계는 '대기업 때리기'식 규제이자 반기업 정서를 부추기는 과잉입법 또는 포퓰리즘이라 비판하면서 불황과 투자실종이라는 어려운 경제여건 아래에서 경제성장률이 하락하리라고 우려한다.

가맹점이나 대리점 계약은 속성상 당사자 간 경제적 힘의 차이로 인해 명령·복종이라는 지배관계가 형성되기 쉽다. 독일의 대표적 민법학자 카를 라렌츠(Karl Larenz)는 일면식도 없는 사람들이 난파당해 고도에 고립돼 오랫동안 같이 살아가야 하는 경우를 가정하고, 이들이 맺게 될 관계를 두 가지 형태로 예상했다. 하나는 강자가 약자의 의사를 무시하고 약자를 자신의 지배 수단으로 이용하는 것이고, 다른 하나는 상대방을 인정하여 서로 동등한 기초 위에 상호관계하며 각자가 서로의 인격을 존중하고 서로 타협하며 행동하는 것이다. 전자에는 정의나 공정이 자리 잡기 어렵다. 계약이 있더라도 허울뿐인 노예계약만 존재할 것이다.

계약은 일종의 '제로섬게임'이라 한다. 여기에 과연 진정한 자유와 실질적 평등이 있는가. 질서의 토대가 '신분에서 계약으로' 변화한 근대 초기 자본주의시대에는 인간이 경제적 동물로서 각자 자신의 이익과 상황을 가장 잘 꿰뚫어볼 수 있기 때문에 계약 체결을 일반적으로 이성적인 결정이라 생각했다.

그러나 시간이 흐르면서 확인할 수 있었듯, 각자의 완전한 자유와 자율 속에서 교섭만을 통해 계약 내용이 결정되고 체결에 이른다는 것은 하나의 이상향일 뿐 현실은 아니었다. 계약자유는 법적 평등만 전제로 하였을 뿐, 그 배후에는 당사자 사이에 강력한 경제적 불평등이 잠복해 있었다. 계약자유는 처음부터 압도적 수의 경제적·사회적 약자로부터 자유를 빼앗기 위한 수단, 또는 약자를 지배하는 강자의 도구로 변질됐다. 소수의 강자가 지배적 위치를 차지하고, 이에 따라 약자의 이익이 광범위하게 무시당하자 사회적으로 통합은 저해되고 불안이 고조되어 자본주의 자체가 붕괴될 지경에 이르렀다.

사회공동체의 안전망이 붕괴하면 갑·을 없이 공멸이다. 을 없이 어떻게 갑이 존립할 수 있겠는가. 공정거래법을 위반한 기업이 치러야 할

대가도 점점 만만치 않다. 정보기술이 발달하며 갑의 횡포를 소셜네트워크서비스나 인터넷 언론 등으로 접한 소비자들이 광범위한 응징에 나서면 기업은 폐망 위기로까지 내몰릴 수 있다. 기업은 이러한 변화한 현실을 직시해야 한다. 이명박 정부 때부터 따뜻한 시장경제와 동반성장, 이를 통한 사회통합이 줄곧 강조돼 왔다. 논점은 공공선(公共善)을 위한 사회적 합의 내지 절충을 언제, 어느 정도로 끌어낼 것인가 하는 속도 조절에 있었다.

경제활동 과정의 공정성을 강화한다고 경제가 위축된다는 논리는 이 시대에 맞지 않다. 이제는 갑·을 모두가 어떻게 함께 살아남을 것인지 고민해야 할 시점이다. 빌 게이츠가 강조한 창조적 자본주의 역시 기업의 사적 이익을 창출하면서 동시에 가난하고 소외받는 계층의 삶의 질을 향상시킴으로써 사적 가치와 사회적 가치 사이의 간극을 없애려는 시스템이다.

상호존중의 정신이야말로 건전한 법 생활문화를 조성하는 데 가장 핵심적인 사항이자 계약의 기본적 전제조건이다. 이제는 갑과 을이 수직관계가 아닌 동등한 공생 구도에서 서로를 이해하도록 패러다임을 바꿔야 한다.

❖ 여의나루, 2013년 7월

부패는 망국병

중국이 시진핑(習近平) 공산당 총서기 체제로 들어서면서 부패척결의 만리장정(萬里長征)에 박차를 가하고 있다. 시진핑 총서기는 이와 관련해 2013년 1월 말 공산당 중앙기율검사위원회 전체회의에서 "앞으로 부패와 관련해 호랑이든 파리든 가리지 않고 잡아 누구든 절대 용서해서는 안 된다"고 강조했다. 2012년 후진타오(胡錦濤) 국가주석이 당 대회에서 경고한 것처럼 부패 문제를 해결하지 못하면 국가가 망한다는 강한 위기의식이 신지도층 사이에 널리 퍼져 있음을 시사한다. 최근 그리스 경제가 파탄한 근본원인이 만연한 부패라는 지적도 부패가 곧 망국병임을 실증적으로 보여 준다.

부패를 일컫는 영어 단어 'Corruption'은 원래 파괴한다는 의미의 라틴어 'Corruptus'에서 기원한다. 부패가 일으킬 수 있는 변화와 손상, 즉 파괴의 심각성을 피부로 느낄 수 있다.

대한민국은 어떤가. 우리 부패의 현실 역시 심각하다. 재작년인가 어느 지방자치단체장은 시장실에 CCTV를 설치해야 할 정도로 돈 봉투를 가져오는 사람이 많다고 실토했다. 지난해 말 국제투명성기구가 발표한 '2012년 국가별 부패인식지수' 조사 결과에서 한국은 경제협력개발기구(OECD) 국가 중 여전히 중하위권을 맴돌면서 4년 연속 하락세를 보여 주었다. 왜 우리의 투명성은 이런 수준일까.

그런 데다 올 설 명절 직전 단행된 대통령 측근 비리사범 특별사면은 다시 한 번 우리가 낙망의 절벽을 맞닥뜨리게 했다. 이명박 대통령은 재임 중 간단없이 우리 사회가 온갖 비리투성이인 상황에 개탄을 금치 못하면서 뼈를 깎는 심정으로 단호하게 부정과 비리를 척결해야 한다고 했다. 그런데 비리사범 사면이 국민대통합이라는 명분 아래 법과 원칙에 따라 이뤄진 것이라 하니 힘이 쭉 빠진다. 외국인 투자가가 비리사범 특별사면을 문제 삼아 투자한 돈을 빼간다는 말도 충분히 이해가 간다.

우리의 기업문화나 정서는 어떠한가? 민간영역에서부터 정화가 이뤄지지 않으면 공정사회나 법치주의는 공염불이다. 윤리규범은 벽에 붙어만 있을 뿐 현실적으로는 리베이트가 여전히 기승을 부린다. 회사는 목표 달성과 결과만 중시할 뿐 수단과 방법은 묻지 않는다. 아직까지도 비즈니스에서 부패를 윤활유, 필요악 혹은 사소한 잘못으로 여기는 모습이 우리 기업거래의 현주소다.

반부패는 기업 생존에 있어서 더 이상 선택사항이 아니다. 반부패가 국제적 어젠다로 자리 잡아 가는 가운데 해외거래를 하는 한국 기업들은 미국 외국기업 부패방지법을 위반할 위험에 노출돼 있다. 유럽연합(EU)도 부패를 한층 강력히 제재하고 있다. 글로벌 가치와 호흡을 같이하지 않으면 경제적 어려움을 겪는 외국 선진국의 과녁이 되기 십상이다. 그래서 우리나라 대기업도 서둘러 국제기준에 맞는 반부패 가이드라인을 만들고 있다. 이제 기업이 준법·윤리·정도경영에 나서지 않으면 시장에서 설 영역조차 없어진다.

부패척결에 있어서는 무엇보다도 기업문화와 의식을 개혁하려는 대기업 오너의 확고한 철학과 의지가 관건이다. 최근 대기업 최고경영자(CEO)들이 자정선언을 한 사실은 이런 점에서 매우 고무적이다. 임직원에게는 더욱 분명하고도 단호하게 부패척결 메시지를 전달해야 한다. 아울러 기업의 투명성을 확보하고 반부패 투쟁을 활성화하기 위해 효과적인 준법감시체제 내지는 내부통제시스템을 구축해야 한다. 국가 지도자도 부패척결에 대한 강력한 의지를 지녀야 한다. 비리사범은 사면은 물론 가석방도 해서는 안 된다. 박근혜 정부 출범을 앞두고 지도자에게 거는 이런 소망이 비단 나만의 것은 아닐 것이다.

❖ 여의나루, 2013년 2월

대기업 탐욕 견제하는 집단소송제

공정한 시장경제질서를 확립하기 위한 정부의 역할과 기업의 사회적 책임을 강조하는 '경제민주화'가 새로운 시대적 요구로 부상하고 있다. 이러한 요구에 발맞춘 듯이 2013년 대기업 총수들의 신년사는 단연 사회에 대한 기업의 모범적인 역할과 책임에 초점을 맞추었다. 그동안 경제권력에 대항하는 소비자의 주권은 별로 힘을 발휘하지 못했다. 국민의 생활과 직결된 밀가루·라면·우유·비료·액화석유가스(LPG)·휴대폰 등 상당히 광범위한 영역에 걸쳐 가격담합 문제가 제기됐다. 담합으로 인한 최종적 피해는 고스란히 소비자가 떠안는다. 하지만 소비자가 이를 제대로 구제받는 일은 결코 쉽지 않다.

박근혜 대통령 당선인은 선거 과정에서 다수의 소액 피해자를 쉽게 구제할 수 있도록 집단소송제를 전 분야로 확대하고, 아울러 실제 손해액을 훨씬 상회해 배상토록 하는 징벌적 손해배상제를 도입하겠다는 공약을 내걸었다. 대통령직 인수위원회에 대한 공정거래위원회의 보고에서는 관련 부처가 적극적인 자세로 이러한 경제민주화 공약을 구체화·가시화하는 작업에 들어갔음을 감지할 수 있었다. 소비자 입장에서는 피해 구제를 위한 획기적 전기가 될 것이고, 생산자 측에는 엄청난 부담을 가해 기업활동에도 큰 영향을 미칠 것으로 보인다.

우리나라에서 도입을 검토 중인 소비자 집단소송이나 징벌적 손해배상제도의 위력이 얼마나 강력한지는 지금 시행 중인 미국의 사례를 보면 쉽게 짐작할 수 있다. 미국에선 1960년대 관련법이 정비되면서 기업을 상대로 한 집단소송이 봇물 터지듯 쏟아졌다. 외국 대기업이 이러한 집단소송의 표적이 됐고, 징벌적 손해배상까지 떠안은 기업의 고통은 이만저만이 아니었다.

일본 도요타는 지난해 말 차량 급발진사고와 관련된 집단소송을 당해 약 1조 1,781억 원의 보상금을 지급하겠다는 안을 법원에 제출했다. 현대와 기아를 상대로 한 연비하향 관련 손해배상 청구소송이 미국과 캐나다를 거쳐 급기야 우리나라에까지 확산되었다. 최근 일본·한국·대만의 액정표시장치(LCD) 업체는 미국의 담합 관련 집단소송에서 피해자들에게 4,000억 원대의 배상금을 지급하기로 합의했다.

다양한 영역에서 소비자 집단소송이 벌어진다. 건강과 관련해서는 뉴욕의 10대 청소년들이 맥도널드를 상대로 햄버거 비만소송을 제기한 사례가 대표적이다. 공해·환경오염 영역에서는 알래스카 에스키모인들이 엑손모빌, 셸오일 등 정유 업체나 에너지 업체를 대상으로 온실가스 배출과 지구온난화 등 기후변화에 대한 손해배상 청구소송을 제기했다. 최근 에콰도르 주민들 및 시민단체가 석유재벌 셰브런을 상대로 제기한 아마존 우림 환경오염소송에서는 셰브런이 20조 원대의 천문학적 손해배상액을 지불해야 한다는 판결이 나왔다.

기본적 인권보호 역시 주로 성차별·개인정보보호 등과 함께 자주 지적된다. 최근 미국 월마트의 성차별사건은 전·현직 여직원 150만여 명이 원고가 되는 사상 최대의 집단소송으로 비화할 뻔했다. 미국 대기업이 성차별·성희롱 사건에서 치러야 하는 엄청난 규모의 징벌적 손해배상을 보면 기업 위험관리전략에서 인권을 얼마나 깊이 고려해야 하는지 알 수 있다. 부패와 관련해서는 최근 우리나라 의료 소비자들이 제약업체가 리베이트로 약값 상승을 초래했다며 그 경제적 손해를 배상하라는 소송을 제기했다.

소비자 집단소송이나 징벌적 손해배상제도가 채택되면 처벌이 훨씬 혹독해져, 심하면 기업이 도산에 이를 수도 있다. 소 잃고 외양간을 고치지 않으려면 소비자 집단소송이 도입되기 전에라도 공정거래, 인권, 공해, 환경, 부패 등 각 영역에서 준법 및 리스크관리를 위한 철저한 대비와 예방조치를 서둘러야 한다.

❖ 여의나루, 2013년 2월

CSR이 대세다

자유경제체제는 기업의 효율성·생산성·이윤추구를 우선시한다. 그러다 보니 그에 따른 부작용이나 반발이 자못 심각하다. 최근 기업의 성장 일변도 자세와 탐욕성이 빈부 양극화와 세계적 금융위기, 환경오염 등에 대한 책임과 결부되면서 자유시장경제와 자본주의가 근본적인 도전과 시련에 직면하게 됐다.

이러한 시대적 기류를 반영하듯, 이번 대통령선거 와중에 대선 주자들도 모두 경제구조와 자본주의 운영원리를 화두로 삼았다. 성장이냐 경제민주화냐 하는 논의 과정에서 자연히 '따뜻한 자본주의'나 '기업의 사회적 책임'(*corporate social responsibility*: CSR)이 강조된다.

기업활동이라는 사적영역에 사회적 책임을 끌어들이니 거기서부터 어색하다. 기업에서는 CSR에 오해와 편견, 불신을 여전히 품고 있고, 사회는 기업이 비윤리적이라는 강한 의혹을 떨치지 못한다. 민사·형사적 책임과 달리 사회적 책임을 다 하지 않았다고 하여 바로 오너나 임원이 쇠고랑을 차거나 손해배상을 물게 되는 것은 아니다. 그러나 CSR은 더 이상 단순한 신사협정에 머무르지 않는다. 특히 우리나라 밖에서 CSR의 국제표준을 외면하다가는 큰코다친다. 우리나라 대기업들이 세계 각국에서 여러 건의 소송 및 고발에 연루되었는데 상당수의 분쟁이 이 CSR과 관련 있다.

국제사회가 CSR에 처음 눈을 뜬 것은 1996년쯤이다. 나이키에 납품하는 베트남 하청공장에서 벌어진 아동착취 실태가 폭로되자 대규모 불매운동이 일어났다. 당시 나이키 매출액은 30퍼센트 이상 급감했다.

최근 벌어진 세계적 기업분쟁들의 원인을 짚어 보면 오늘날 CSR이 얼마나 큰 위력을 발휘하고 있는지 쉽게 알 수 있다. 미국의 거대 정유업체 및 에너지 업체들은 온실가스 배출이나 지구온난화 등 기후변화와 관련한 소송 때문에 몸살을 앓았다. 2010년 브리티시페트롤리엄(BP)사의 심해(深海) 기름 유출재앙도 CSR을 더 이상 피할 수 없는 논제로 끌어 올렸다. 이 사건은 강력한 세계적 대기업이라도 단 한 번의 실수로 인해 어디까지 무너질 수 있는지 잘 보여 주었다. 한편 유럽의 200여 개 시민단체가 참여하는 '깨끗한 옷 입기운동'은 제 3세계 하청공장에서 의류를 생산하는 다국적 기업에 엄청난 압력을 가했다. 다이아몬드 역시 독재자가 이 보석을 팔아 무기를 구입하고 양민을 학살했다는 이유로 불매운동이 벌어졌다.

독일 연방내각은 2010년 10월 6일에 CSR에 관한 국가 차원의 전략을 'CSR 행동계획'(Actionplans CSR)이라는 이름으로 결의했다. 이 행동계획의 주요 초점은 CSR이 기업과 사회 모두에 득이 된다는 인식을 확대하는 것이었다. 왜냐하면 CSR은 독일 기업의 국제 경쟁력을 지속적으로 강화하는 한편, 사회적 요구에 대한 해답을 찾는 기회를 독일에 제공하기 때문이라는 것이다. 독일 연방정부는 독일 제품의 품질인증 문구로 사용되는 "Made in Germany"를 "CSR-Made in Germany"로 교체했다.

이러한 정부 차원의 적극적인 참여 전략은 CSR 확산을 위해 유용할 것이다. 호미로 막을 것을 가래로 막는 어리석음을 범하지 않으려면 기업의 선제적 위기관리가 아주 중요하다.

❖ 여의나루, 2012년 12월

선량한 기업시민

마이클 샌델(Michael Sandel) 하버드대 교수의 〈정의란 무엇인가〉라는 책과 강연이 국내에서도 폭발적인 인기를 끌었다. 우리 사회에 만연한 시장만능주의에 반감이 고조되면서 국민 모두가 정의와 공정성, 형평성에 심한 갈증을 느끼고 있음을 잘 보여 주는 현상이다. 지난해 일어난 월가 시위에 맞춰 한국에서도 금융자본의 탐욕에 항의하는 여의도 점거(*occupy*) 시위가 벌어졌다. 지나치게 이윤을 추구하는 무절제한 기업의 비윤리적 경영, 환경파괴, 정경유착, 인권침해 의혹은 국민들로 하여금 강한 반기업 정서를 갖게 한다.

자본주의 체제를 유지하는 근간인 기업이 반사회성을 띠고 있기에 일어나는 지속적이고 강력한 불만은 기업 존속에 대한 위기감을 고조시킨다. 이러한 상황에서 기업이 살아남기 위한 전략으로써 세계적으로 부각된 것이 바로 기업의 사회적 책임(CSR)이다. 기업들은 자신이 떠안을 위험을 사전에 예측하고 제어할 필요성을 절감하고는 경영모델을 근본적으로 다시 생각하게 됐다. 이런 과정에서 등장한 CSR이라는 새로운 기업경영 모델은 패러다임을 근본적으로 바꾸는 계기가 되고 있다.

특히 기업의 글로벌화에 따라 우리 기업도 국제적 규범을 준수해야 한다는 압박이 거세다. 이제는 국제적으로 받아들여지는 CSR을 따르지 않으면 무역이나 해외사업을 펼치기 어렵다. 그래서 CSR을 올바로 이해하고 실천하는 일은 대기업의 긴급한 필수적 과제이자 미래전략이 아닐 수 없다. CSR 이행수준이나 CSR 지수는 기관 투자자를 비롯한 투자자에게 중요한 지표로 활용되는데, 노르웨이는 연기금을 모두 'SRI(사회책임투자지수) 펀드'에 넣는다.

아오키 마사히코(Aoki Masahiko) 스탠퍼드대 교수는 "기업은 사회와 다양하게 교류하면서 함께 진화하는 존재"라 했다. 기업이란 원래 사적으로 자금을 출자해 수익을 추구하는 이윤 지향적 조직이다. 하지만 기업이 이윤을 추구하며 발생한 폐해로 자본주의와 자유시장경제가 붕괴 위험에 직면했고 사회적으로는 큰 갈등과 불안이 일어나고 있다. 기업은 이러한 경제적 상황이나 환경, 그에 따른 이념 변화나 사회의 긴요한 필요로부터 자유로울 수 없다. 그래서 '착한 자본주의, 따뜻한 자본가, 선량한 기업시민(*good corporate citizen*)'은 약자 배려나 모든 사람의 삶의 질 향상이라는 경제·사회적 문제에까지 관심을 갖고 대책을 마련하도록 요청받기에 이른 것이다.

지난해 G20 정상회의 전후로 우리나라에서는 인류의 '지속가능성'(*sustainability*)에 대한 논의가 활발히 일어났다. 여기에는 사회 전반의 행복과 기업의 행복이 일치한다는 의미가 내포되어 있다. 기업은 가능한 한 영속함으로써 직원, 주주, 채권자의 행복에 직접 기여할 수 있는 사회적 자산이다. 대기업 도산이 국민경제 전체에 미치는 엄청난 손실, 이로 인한 직원의 피눈물 나는 고통은 IMF 사태를 겪으며 수없이 목격하였다. CSR은 바로 이러한 기업의 운명과 직결된다. 여기에 관심을 두지 않는 기업은 수백 톤의 폭탄을 안고 가는 것과 다를 바 없다.

기업의 사회적 책임이 요구되는 영역은 인권 · 환경 · 노동 · 사회 · 투명성 · 지배구조 등이다. 이러한 요구가 초기에는 환경영역에서 시작해 투명성이나 지배구조로 이어졌다. 오늘날에는 인권과 노동영역에서 기업의 사회적 책임의 중요성이 더욱 강조된다. 우리 기업도 이제 CSR 관련 문제를 덮어 두어서는 안 된다. 유엔, 선진국, 개발도상국, 산업계, NGO가 함께 참여해 만든 국제적인 기준을 "우리는 모른다"고 말할 수는 없다. CSR을 단순한 브랜드 이미지 강화 혹은 단발적인 기부행위나 자원봉사활동으로 여겨서도 안 된다. 회사가 휘청거릴 만큼 큰 비용을 지출해야 하는 사태를 막기 위해서라도 사전 위기관리시스템을 확보해야 한다. 핵심은 시스템을 얼마나 적절하게 갖출 것인지, CSR을 어떻게 실천할 것인지의 문제다.

이해관계인 사이의 정당한 이익 조정은 오늘날 사회가 요구하는 전체 삶의 질의 향상과 공정사회 실현을 위한 길이다. 이는 사회갈등을 극복 · 조정 · 봉합하는 방법이기도 하다. '착하게 돈 벌기'가 더 이상 기업의 구두선이 될 수 없다. 성공하기 위해선 기업들도 '선량한 시민'이 돼야 한다는 이치가 여기에 있다.

❖ 교수신문, 2012년 9월

준법지원과 윤리경영

최근 상법이 개정되면서 일정 규모 이상 상장기업을 대상으로 '준법지원인'제도가 도입된다. 그런데 막상 법안이 국회를 통과하자 기업 측 반발이 크다. 제도에 대한 우호적 보도도 찾아보기 어렵다. 다소 의아하다. 준법경영이 필요하다는 점은 다들 공감할 것이다. 그래서 이를 지원하는 시스템을 둔다는데 반발이 왜 이다지 심할까? '준법지원인'이라 하니 일견 '지원'으로 포장되었지만, 기존 금융업계의 준법감시인과 같은 것으로 여겨지니 정서상 기업 측이 두 팔 벌려 반길 리 없다.

물론 대기업들의 홈페이지를 보면 하나같이 기업의 사회적 책임을 강조한다. 준법 · 정도 · 윤리경영이라는 기치를 스스로 내걸었다. 과연 실제로도 그럴까? 지금 상당수 기업의 행태는 장식용 구두선의 무늬 준법에 그치고 있지 않은가? 요즘 신문지상을 도배하고 있는 저축은행사건은 기업비리와 부정의 총체적 완결판을 보는 듯하다. 우리 기업의 리스크 관리문화나 체질이 얼마나 취약한지 놀라면서도, 이 역시 우리 법치의 현주소를 보는 것 같아 마음이 편치 않다. 대기업 오너의 비리가 끊이지 않는 원인 중 하나는 리스크 관리에 대한 경영자의 관심이 저조한 데다 경영자의 전횡을 견제할 준법통제장치도 제대로 작동하고 있지 않기 때문이다.

준법에 대한 내부통제가 제대로 작동하지 않으면 외부통제가 이루어진다. 이는 기업 입장에서 훨씬 더 심각한 결과를 초래한다. 소비자나 NGO는 이제 인터넷이나 소셜네트워크시스템을 통해 착한 기업의 상품을 권장하고 나쁜 기업을 대상으로 불매운동을 벌인다.

우리 사회 전반에 걸쳐 법치 실현을 요구하는 목소리가 높아졌고, 이미 금융계에서는 준법감시인제도도 실시되고 있다. 준법 실현이 비단 금융 등 특정 직역에만 머물러야 할 이유가 없음은 두말할 나위가 없다. 기업을 경영하며 반부패 관련법은 물론 환경법 · 경쟁법 · 노동법 · 소비자보호법 등 기업 관련 법규를 모두 준수하여야 함은 너무 당연하다.

기업의 준법은 국내뿐 아니라 국외에서도 중요하다. 한 · 미 FTA, 한 · 유럽연합 FTA 등으로 선진국과의 교역량이 증가하면 국제적 규범과 기준을 준수하라는 요구가 얼마나 거센지 피부로 느끼게 될 것이다. 상품이 국제적 기준에 미달하면 통관에서부터 문제가 되는 등 새로운 무역 장벽에 봉착하게 된다. 거래처로부터 거래 중단을 통보받기도 한다. 우리 대기업이 미국에서 불공정행위로 거액의 벌금을 물고 엄청난 곤욕을 치른 것을 보면 알 수 있듯이 준법경영 체질화는 이미 선택이 아닌 생존을 위한 필수적 요소가 되었다. 미국의 외국기업 부패방지법 사상 최고 벌금액이 부과된 독일 지멘스의 한국 최고준법책임자 요제프 빈터(Josef Winter)는 준법경영을 통해 최악의 부패 스캔들을 떨쳐내자 최고 매출실적을 거두게 되었다고 평가했다.

미국의 대기업들은 대규모 집단소송을 많이 당하면서 준법의 중요성을 스스로 체득하였다. 우리나라는 내년에 신규 변호사가 2,500명 정도 쏟아져 나온다. 앞으로 미국과 같은 소송 천국이 되지 않으리라는 보장이 없다. 최근에는 우리나라 대기업 오너들이 소액주주의 대표소송으로 진땀을 흘리고 있다. 구글이나 애플을 상대로 한 개인정보 유출소송이 기업들을 괴롭히듯, 우리나라에서도 이와 유사한 인격권 침해소송이 줄을 잇는다. 피해자 수가 많은 경우에는 위자료를 줘야 한다고 인정되기만 하면 파산을 초래할 정도의 재정적 손실도 따를 수 있다. 미국 대기업이 임직원의 성차별·성희롱으로 상상을 초월하는 징벌적 손해배상을 떠안는 모습을 보면 위험관리전략에서 인권을 얼마나 심각하게 고려하여야 하는지 알 수 있다. 심해(深海)기름 유출재앙으로 미국 연방정부는 BP사에 엄청난 벌금 및 손해배상 의무를 부과했다. BP사는 사상 최대 위기를 맞게 되었다. 이 사건은 세계적으로 강력한 유수 대기업이 단 한 번의 오판과 대응 미숙으로 얼마나 철저히 무너질 수 있는지 잘 보여 준다. 호미로 막을 수 있는 것을 가래로도 막지 못한 형국이다.

그런데 당위와 현실의 갭(*gap*)을 메우고자 준법경영을 제도적으로 지원하자는 법안에 기업은 물론 언론까지 거의 한목소리로 반대한다. 심지어 어떤 이는 준법지원인제도가 변호사협회의 도둑정치이고, 불공정의 극치이며, 법치주의를 훼손한다고 말한다.

반대하는 이들은 제도 그 자체의 본질보다는 이 제도의 시행 배경과 의도의 불순수성에 더 초점을 맞춘다. 변호사협회에서 변호사의 일자리 창출을 강조·홍보해서인지, 마치 이 제도가 국회 법제사법위원회와 변호사단체 간의 법조인 제 식구 챙기기용 법안인 양 부각되었다. 변호사에 대한 부정적 인식, 나아가 법과 법치에 대한 불신·냉소가 짙게 깔려 있다. 최근 전관예우에 퍼부은 언론의 집중포화가 준법지원인제에도 영향을 주었다는 느낌도 든다.

이런 거부반응 속에서 준법지원인제가 실시된다 한들 얼마나 성과를 거둘 수 있을까. 저축은행사건에서 보듯이 무기력한 준법감시인제도의 전철을 밟는다면 이를 상장기업으로까지 확대할 필요가 있을까. 준법지원인이 인사권을 가진 경영자의 뜻을 거스르면서까지 진언을 할 수 있겠는가. 여러 회의적 생각이 꼬리를 물고 맴돈다.

좋은 약은 입에 쓴 법이다. 제도가 잘 정착하려면 분명 '매'도 필요하다. 이제 준법지원인제도가 출범하였으니 모두가 그 성공적인 안착을 위하여 실효성 있는 제도로 자리 잡도록 중지를 모아야 한다. 통제장치의 중복, 중소기업 부담 가중 등 기업이 제기한 여러 지적을 겸허하게 받아들이고, 독립성 확보 · 신분 보장 · 업무 명확화 등 기존 준법감시인제의 문제점을 보완하는 데에도 신경을 써서 실효성을 확보하는 데에 힘을 모아야 한다.

경영진도 발상을 전환해야 한다. 준법 리스크의 상시적 사전 점검이 장기적으로는 엄청난 비용을 절감하여 파국을 미리 막을 수 있음을 인식하여야 한다. 이 제도는 경영진의 자율적 경영에 딴지를 거는 게 아니다. 경영진이 준법지원시스템을 제대로 구축하고 이를 챙기기만 하면, 자신의 책임감경 · 면제도 유도할 수 있다. 준법지원인은 준법통제기준 점검과 감독 못지않게 임직원을 대상으로 지속적인 준법정보 제공, 교육 · 계몽을 통한 자발적인 준법 유도 및 실현에 중점을 두어야 한다.

준법을 기업문화로까지 발전시키는 일은 기업만의 숙제가 아니다. 준법지원인제를 통해 기업 전체에 법규를 준수하는 문화가 확산 · 고양되고 이로써 기업의 체질이 바뀐다면, 우리 사회 전체의 법치주의문화를 한 단계 업그레이드하는 좋은 계기가 될 것이다.

❖ 굿소사이어티, 2011년 7월

부패와의 전쟁, 포기할 수 없다

최근 아시아는 부패 문제로 나라마다 시끄럽다. 태국 시위대는 독재보다 부패가 더 큰 문제라면서 총리의 퇴진을 요구했고 헌법재판소는 공직자 겸직을 금지한 헌법을 위반했다며 총리직 사퇴를 명했다. 대만에서는 한때 '미스터 클린'이라 불렸던 전 총통이 부패의 화신으로 전락했다. 한국에서는 시의 투명성을 감시하는 시의회의 의장 후보에게서 돈을 받은 혐의로 전체 시의원의 4분의 1이 넘는 28명이 무더기로 기소됐다. 한편에서는 경찰이 성매매 업소를 집중단속하자 업주들은 성상납 경찰관의 명단을 폭로하겠다며 맞선다.

동서고금을 막론하고 뇌물이 활개를 치는 이유는 뇌물수수가 워낙 은밀하게 이뤄지고 흔적을 남기지 않아서 혐의자를 발견하고 유죄 증거를 확보하기 어렵기 때문이다. 그러나 한번 법망에 걸려들면 자신의 운명은 완전히 뒤바뀌게 된다.

추석이 다가오는 이맘때, 재판받는 피고인이나 피고인의 가족은 재판부에 선처를 호소하는 탄원서를 많이 제출한다. 엄마가 어린 자녀에게 아빠가 뇌물을 받고 수감돼 있다는 치욕적인 말을 차마 하지 못해 병원에 입원 중이라거나 해외출장 중이니 추석에는 돌아온다고 거짓말을 하는 경우가 허다하다. 그러고는 재판부에 아이들과의 약속을 지킬 수 있게 제발 아빠를 집으로 보내 달라고 애원한다. 처절하도록 뼈저리게 후회하는 피고인과 하루아침에 나락으로 떨어진 막막한 처지의 가족을 통해 급격히 무너져 내리는 가정의 몰락과 해체를 목도한다.

그동안 우리 사회도 재산공개·금융실명제·부동산실명제·정보공개 등 부패근절을 위해 많은 노력을 기울였다. 법원도 공무원이 적극적으로 뇌물을 요구하거나, 뇌물수수 수법이 구조적·지속적일 때에는 뇌물 액수가 낮더라도 과감하게 실형을 선고하는 경향을 보이는 등 뇌물 관련 양형이 엄청나게 달라졌다. 하지만 부패는 삶의 한 부분인 양 체질화된 모습으로 여전히 남아 있다. 사회 전체에 광범위하게 퍼진 부패의 수렁에 빠져 무기력감과 함께 아예 체념하고 싶은 심정까지 든다. 그러나 이런 패배의식이야말로 큰 문제가 아닐 수 없다. 부패와의 전쟁은 멀고 지루하지만 포기할 수 없다.

유럽에서 부패인식지수가 가장 높아 깨끗하다는 나라는 핀란드이다. 핀란드는 일반인에게 공적 정보에 대한 접근을 대부분 허용하였는데, 이것이 가장 효과적인 부패방지수단이 됐다고 한다. 부패는 정보의 독점과 왜곡, 은폐와 맞닿아 있다. 그래서 양지에서는 싹트기 어렵다. 공직자가 자신의 의사결정 및 집행과 관련한 정보가 공개될 것을 염두에 둔다면 어찌 손놀림을 가볍게 할 수 있을 것인가. 이런 점에서 정보공개를 통한 투명성 확보야말로 부정부패를 방지하는 최상의 방부제라 할 수 있다. 행정이나 정치영역에서뿐 아니라 기업경영, 특히 회계분야에서도 투명성 확보와 제고가 이뤄져야 한다.

아시아에서 청정국가로 손꼽히는 싱가포르도 눈여겨볼 필요가 있다. 공직 수행에 엄격한 도덕적 기준을 요구한 지도자 리콴유의 강력한 의지, 이를 지탱하게 해 주는 공무원을 위한 파격적 우대, 뇌물에 대한 가차 없는 엄벌을 병행한 정책이 효과를 거두고 있다. 우리도 우수한 공적 봉사자가 업무 수행에 있어 국가와 사회를 최우선하도록 이끌기 위해서는 자긍심을 갖고 일할 수 있도록 급여수준을 대폭 개선해야 한다. 반면 부패는 재물에 대한 탐욕에서 출발하므로, 능동적·적극적으로 뇌물을 요구하거나 매수를 시도한 사건에 대해서는 엄청난 재산적 손실을 가져오도록 필요적 벌금병과를 제도화해야 한다.

우리의 가장 불행한 추억은 독재와 부패이다. 이제 독재는 물러났지만 부패와 비리는 여전하다. 부패방지는 진부한 주제지만 21세기 선진국 진입을 목표로 하는 우리나라의 시급한 현안이다. 사회환경부터 반부패적 분위기가 되도록 계속 주의를 환기하면서 경고 메시지를 던져야 한다. 후손들에게 부패공화국이라는 부정적 이미지를 물려주지 않기 위해서는 부패가 부지불식간에 일상적 동반자가 되지 않도록 우리 모두 힘써 배척함으로써 부패가 일어날 기회조차 없는 문화와 관습을 만들어야 한다.

❖ 동아광장, 2008년 9월

제6부

법고창신法古創新

역사에서 배우다

고문(古文)문장론

글은 쓰는 사람의 성격, 실력 등을 비춰 준다. 더욱이 일단 자기 손을 떠나 세상에 공표되면 다시 주워 담을 수 없다. 그러니 자연히 글쓰기가 겁난다. 그렇지만 싫어도 직업적으로 글을 쓰지 않을 수 없는 분야가 있다. 소설가, 시인 등 문필가는 당연하지만 기자나 변호사 등도 그 언저리에 서 있다고 볼 수 있다.

변호사는 재판에서 상대방과 혈투를 벌이면서 의뢰인을 위해 대리 총잡이 역할을 한다. 의뢰인의 손을 들게끔 판사를 설득하기 위해 최선을 다해야 한다. 그러려면 상대방과 일합(一合)을 겨루기 위한 무예가 뛰어나야 한다. 단, 법정에서는 총칼 대신 펜을 무기로 든다. 조선시대 대문장가 박지원은 글 잘 쓰는 문장가를 뛰어난 장수에 비유하였다. 문무(文武)를 일체로 본 그의 아이디어는 참신하고 특이하다.

박지원은 〈소단적치인〉(騷壇赤幟引, 과거시험에서 승리를 거둔 명문장을 모은 책의 서문)이라는 글에서 글 잘 짓는 기술을 병법에 빗대어 풀이하였다. 그는 용맹스럽지 못한 장수가 마음에 미리 정한 계책 없이 갑자기 적과 부딪히면 마치 견고한 성을 마주한 것 같이 기가 질려 버려 가슴속에 기억하고 외우던 것을 다 잊어버린다고 했다. 꼭 원고지를 앞에 두고 한 글자도 써 내려가지 못하는 겁 많은 글쟁이의 모습과 같다. 그러나 박지원이 말한 "용맹"과 "계책"은 피나는 노력과 치밀한 준비 없이는 얻기 어렵다.

사법연수원 교수 시절, 그 어렵다는 사법고시에 합격하고 연수원에 갓 입소한 연수생의 글을 읽다 보면 슬금슬금 화가 나게 하는 글이 가끔 눈에 띄었다. 로펌에서 일할 때에도 로스쿨을 막 졸업하여 취업한 새내기 변호사의 글을 보면서 마찬가지 경험을 했다. 글을 잘 썼느냐 못 썼느냐의 문제가 아니었다. 이게 글인가 싶을 정도로 문장의 자족성, 완결성이 결여된 것이 문제였다. 기초 문법이나 사실을 기술하는 육하원칙도 지키지 않아, 글을 읽어도 도대체 무슨 의미인지 기본적 사실조차 파악하기 어려웠다. 글쓰기의 훈련이 전혀 되어 있지 않은 것이었다.

그러나 이런 글쓰기 초보도 혹독한 훈련을 몇 년간 제대로 거치면 글이 확 달라진다. 박지원이 제대로 파악했듯이 "승리할 계책을 가지고 수백 번 싸움을 겪어서 이제는 예리한 창끝과 칼날로 아무리 견고한 성이라도 무너뜨릴 수 있는" 것이다. 글쓰기에 훈련이 얼마나 중요한지 느끼게 한다. 그렇지만 훈련에 워낙 많은 시간이 소요되다 보니, 이 과정을 잘 안 거치려 한다. 여기에는 꾸준한 인내심이 필요하다.

언젠가 로스쿨에서 법률문서 작성법 강의를 맡아 강의를 준비하려고 책방에 들렀다. 글 쓰는 법에 관한 책을 두 권을 발견하였는데, 묘하게도 두 책의 저자 모두 교도소를 다녀온 인물들이었다. 저자들은 교도소에서 글 쓰는 습관을 들였고 글쓰기 실력도 엄청 향상시켰다. 글쓰기 훈련에 있어서 교도소처럼 좋은 학교가 없다고 했다. 이것은 무엇을 의미하는가? 교도소는 혼자 많은 시간을 보내야 하는 곳이어서 책을 읽고 스스로 생각을 깊게 하여 이를 토대로 글쓰기 훈련을 하는 데에 안성맞춤이었다는 것이다. 그렇게 훈련하다 보니 저절로 좋은 글을 쓰게 되었다는 이야기이다.

박지원은 "용병 잘 하는 자에게는 버릴 병졸이 없듯이 글을 잘 짓는 자에게는 따로 가려 쓸 글자가 없다"면서 "좋은 장수를 만나면 호미 자루를 들든 창 자루를 들든 굳세고 사나운 병졸이 된다"고 한다. 일상적이고 평이한 용어를 적재적소에 잘 배치하면 그것으로 충분하다. "진실로 충분히 고려하여 그 글에 꼭 들어맞는" 한 글자 한 글자를 발굴하는 일은 매우 중요하다. 또한 그는 글자를 묶어서 구(句)를 만들고 구를 모아서 장(章)을 이루는 일이 마치 대오를 이루어 행군하는 것과 같다고 했다.

이렇듯 박지원은 병졸의 적절한 배치와 진용(陣容)의 정비를 글 작성에서의 단어 선택, 배열, 구·절·장 사이의 정밀한 연결에 비교하였다. 용어를 적확하게 구사하고, 단락을 적절히 구성하여 안배·연결하며, 글 전체에 유기적·통일적 연관성 및 내재적 질서를 부여하는 일은 문장 작성의 핵심이다. 이렇게 쓰면 유려하고 자연스러운 글이 된다.

문(文)과 무(武)를 대비한 박지원의 글이 아이디어 측면에서 기발하고 참신하여 재미있다면, 문장 작성법에 관한 허균의 〈문설〉(文說)은 어떤 글이 좋은 글인지 핵심과 정곡을 찌르며 설명했다. 허균은 글의 목적을 "뜻을 평이하고 명확하게 전달하는" 것이라고 했다. 글이란 자신을 드러내어 남에게 알리는 것이다. 그러므로 읽는 사람이 내가 가리키고자 한, 뜻한 바를 정확하게 알도록 하면 된다는 것이다.

허균은 상용어, 즉 당대에 일상적으로 쓰는 말을 강조하는 한편, 어렵고 교묘한 글의 화액(禍厄)을 지적했다. 일상에서 쓰는 말에 고상한 의미를 담으면 쇳덩이를 달구어 황금을 만드는 셈이라고 했다. 그는 상용어로 글을 써야 마치 입을 벌리고 목구멍을 보는 것과 같이 아무런 걸림이 없다고 이야기하며, 글을 어렵고 교묘하게 꾸미는 행위를 장구(章句)에 "갈고리를 달고 가시를 붙인" 격이라고 설명했다.

좋은 글은 무엇보다도 쉬워야 한다. 미국 대법원 판결은 딱딱하지 않고 구어체처럼 평이하다. 친숙한 용어를 쓰는 데다 적절한 고전, 재미있는 속담, 격언 등을 인용한 비유 등으로 독자의 흥미를 유발한다. 그러다 보니 어린 학생들도 대법원 판결은 물론 판결문을 쓴 대법관의 이름까지 외우곤 한다. 생각(Denken)은 철학자같이, 말(Sprechen)은 농부같이 하라는 독일 속담도 이와 같은 맥락이다. 평이함, 자연스러움이 말과 글의 생명인 것이다.

허균이 강조한 '평이하고도 명확한 글'을 직접 쓰기는 무척 쉽지 않다. 이를 위해서는 깊고 넓은 사유의 과정을 거쳐야 하고 무엇보다도 자신의 고민을 글에 담아야 한다. 주제나 소재에 대한 글쓴이 자신의 인식과 감정 그리고 깨우침이 중요하다. 생각과 고민이 빈약하면 글이 공허하다. 책을 많이 읽는 이유 중의 하나도 바로 사고의 빈약을 막고 참신한 아이디어를 개발하는 데 있다. 훌륭한 착상은 하늘에서 뚝 떨어지거나 땅에서 치솟지 않는다. 와인의 맛과 향을 내기 위하여 인내심을 갖고 깊은 숙성을 기다리듯이, 주제를 향하여 진심을 다해 몰입하고 집중해야 좋은 글이 떠오른다. 이런 과정을 통하여 표절이나 답습이 아닌 창의적인 작품이 탄생한다. 박지원이 말하는 바 '각자 일가(一家)를 이루게' 되는 것이다.

또, 글쓰기 소재가 될 만한 이런저런 생각의 편린은 제때 메모해 두지 않으면 잊어버리기 십상이다. 잠들기 전이나 산책 중에 단상이 떠오르더라도 적을 수 있도록 언제 어디서든지 필기구를 준비하여야 한다. 둔필승총(鈍筆勝聰). 둔필의 기록이 총명한 기억보다 낫다는 말도 메모의 중요성을 강조한 말이다.

최근 일본의 중세 고문을 몇 편 읽게 되었다. 이 고문들이 오늘날 일반 독자들에게 그대로 여전한 사랑을 받는 모습도 보았다. 우리에게는 오랫동안 살아서 애독되는 훌륭한 고전이 왜 이리 부족한지, 솔직히 자괴감마저 들었다.

그러나 다시 생각해 보니 그렇지 않았다. 한문이라는 거대한 장벽이 우리와 선현의 문화적 소통을 막고 있었는데, 요즘 활발하게 진행되는 번역작업 덕분에 우리 곁에 바짝 다가온 훌륭한 고문이 참 많다는 사실을 깨달았다. 그만큼 반가웠다. 이제야 조상들의 훌륭한 유산을 발견한 듯 더없이 뿌듯한 자부심을 느꼈다. 특히 글쓰기로 고민하는 사람들은 주제 선정이나 문체, 시각 등에서 탁월한 여러 고문을 접하면서 귀중한 시사점을 많이 얻을 수 있기에 고맙기 그지없을 것이다. 옛글은 더 이상 옛글이 아니다. 법고창신(法古創新)이라는 고사성어의 의미가 새삼 떠오른다.

자기 글 하나 제대로 쓸 줄 모르는 사람이 글 잘 쓰는 법을 다룬 선현들의 글을 소개하는 일 자체가 주제넘은 짓인 것 같다. 하지만 훌륭한 옛 문장가들의 글을 접하면서 그 글들이 너무 반가웠고, 혼자 즐기며 재미를 누리기에 아깝다는 생각이 들었다. 그래서 글쓰기에 관한 나름의 경험과 해석을 추가해 '고문문장론'을 탐색해 보았다.

❖ 2018년

독일 전범재판은 현재 진행형

독일 사람들 앞에서 가장 금기시되는 단어는 무엇일까. 아마 유대인 대학살을 의미하는 '홀로코스트'나 '아우슈비츠'가 아닐까 싶다. 최근 베텔스만재단의 여론조사 결과, 독일인 중 81%가 홀로코스트를 잊고 싶다고 응답했다. 독일 국민의 목소리는 나치를 역사의 뒤안길로 보내 종지부를 찍자는 뜻일까? 악몽을 잊고 싶어 하는 국민에게 경각심을 일깨워 주는 듯, 앙겔라 메르켈(Angela Merkel) 총리는 독일 국민 모두가 영원히 홀로코스트를 잊어서는 안 되고 기회가 닿는 대로 그 책임을 져야 한다며 과거사에 대한 직시와 반성을 촉구했다.

2015년 1월 27일, 아우슈비츠수용소가 소련군에 의해 해방된 지 70주년이 됐다. 출입문 위에 "노동이 자유롭게 한다"(*Arbeit macht frei*)는 구호가 걸린 이 수용소에서 100만여 명의 유대인이 학살됐다는 사실은 도저히 믿을 수 없을 만큼 끔찍하다. 70주년을 맞아 마치 흑백필름 영사기를 돌리듯 시간을 거슬러 올라간 생존자의 증언은 충격 그 자체다. "씻으러 간다"면서 가스실로 끌려간 엄마의 죽음 앞에서, 엄마를 가스실로 보낸 감시원들을 즐겁게 해 주기 위해 〈푸른 다뉴브강의 왈츠〉에 맞춰 춤을 춰야 했던 어린 발레리나의 참혹한 심정을 어떻게 글로 다 표현할 수 있을까. 수용소에 같이 들어온 여동생의 꽃신을 신은 감시원을 본 오빠의 머릿속에 가득 차오르는 궁금증과 불안감의 무게를 어떻게 다 잴 수 있을까.

인류 문명이 도저히 묵과할 수 없는 만행을 저지른 핵심 전범자들에게 뉘른베르크재판은 "다양한 종교와 문화, 인종이 공존하는 지구촌 세계를 부정하였다"며 사형을 선고했다. 1961년에는 학살자 아돌프 아이히만(Adolf Eichmann)의 재판이 예루살렘에서 열렸다. 아이히만은 자신이 국가와 상사에게 충성을 다하는 책임감 강한 공무원으로서 공무원 선서에 복종하였을 뿐이라 주장했다. 하지만 판사는 수용소로 수많은 기차를 보낸 행동은 사람들을 가스실로 던진 것과 진배없으므로 피고인이 의도적 학살에 참여하였음이 명확하다고 판결했다. 한나 아렌트는 미국 잡지 〈뉴요커〉의 특파원으로서 이 재판을 방청했다. 재판을 지켜본 후 아렌트는 누구든 아이히만이 처했던 상황에서는 그와 마찬가지로 행동할 개연성이 있음을 지적하며 사유능력 없는 꼭두각시 관료가 악을 저지른다는 의미의 '악의 평범성'을 제기해 엄청난 반향을 불러일으키기도 했다.

뉘른베르크재판 이후 독일은 1950년대 말까지 나치 범죄자 색출 및 조사에 별 관심을 두지 않았다. 그러나 아이히만재판을 계기로 독일 내에서 자발적인 나치즘 청산작업이 점차 본격화됐고, 마침내 독일 스스로 홀로코스트를 반성하며 책임자를 처벌하는 사법절차를 시작했다. 프리츠 바우어(Fritz Bauer) 검사의 기여가 결정적이었다. 그는 거의 혼자서 나치 전범재판을 프랑크푸르트법정까지 끌고 갔다. 프랑크푸르트 전범재판은 1,300명 이상이 증언대에 선 거대 재판으로, 1963년부터 2년여 동안 진행되었다. 이 재판에서 검찰은 수용소 가스 살포와 화장이 일상화되어 피고인들이 의식적·의도적으로 학살에 참여했으면서도 사무적·관료적 무자비함으로 부끄러움조차 느끼지 못한다고 비난했다. 판사는 나치친위대원이라면 지위가 낮은 사람이라도 계획을 수립한 지휘자와 마찬가지로 유대인 말살을 실현하는 데에 꼭 필요한 역할을 맡았다며 이들의 유죄를 인정했다.

그 후 독일은 전범자 처벌 범위를 넓히고 더 강력한 잣대를 들이대며 최근까지도 과거사 청산작업을 계속하고 있다. 올해도 수용소 경비원, 감시원으로 근무했던 93세의 노인들을 단죄하려 한다. 수용소에서 벌어진 대량학살을 지켜만 본 일이 살인방조에 해당한다는 이유다. 전범은 공소시효 없이 끝까지 추적한다는 것이 독일 사법부의 입장이다.

독일의 깊은 참회와 실천은 통일과 최강 경제를 이룩한 밑거름이 됐다. 2015년 3월에 일본을 방문하는 메르켈 총리는 아베 총리에게 이러한 역사 인식을 심어 줘야 한다.

❖ 여의나루, 2015년 2월

대마도 고려불상 약탈? 수출?

법정에서는 법해석보다 사실 규명을 둘러싼 다툼이 압도적으로 많다. 변호사는 의뢰인에게 사건을 위임받아 진실찾기 게임에 나선다. 일반적으로 의뢰인은 변호사한테 자신의 입장에서 유리한 정보만 제공한다. 그러다 보면 변호사는 그쪽 논리에 쉽게 매몰된다. 그런 점에서 심판관은 중립적이고 공정해야 한다. 판사는 양쪽 주장을 잘 들어야 하고 원고 쪽과 피고 쪽에 번갈아 서 보는 전전반측(輾轉反側)을 할 필요도 있다. 오래 묵은 사건일수록 단편적 정황 증거의 조각만으로 진실의 전모를 밝히는 일은 거의 불가능에 가깝다.

나라 사이에 벌어진 역사적 사건의 실체를 밝히는 작업도 이와 비슷하다. 그리스인 헤로도토스는 그리스와 페르시아 사이에 벌어진 전쟁을 다룬 〈역사〉(*Historiai*)를 기술하면서 공정하고 객관적인 입장을 견지하려 애썼다. 자국민들은 그를 이상하게 생각했을 것이다. 그럼에도 그는 전문(傳聞) 진술을 인용할 때는 분명히 밝히고, 사실과 의견을 명확히 구분했으며, 단정을 가급적 피하면서 알지 못하는 내용은 알지 못한다고 이야기했다.

최근 역사적 인식 차이 등으로 우리나라와 일본 사이에 매우 싸늘한 기운이 감돌고 있다. 그러던 차에 양국 관계를 더 악화시킨 사건이 발생했다. 2012년 10월과 2014년 11월, 한국인 일당이 대마도의 절과 신사에서 신라 및 고려불상과 경전을 훔쳤다. 2012년에 훔친 불상 2점은 국내에 반입됐다가 법원의 결정으로 대마도 복귀가 잠정 중단됐다. 이 사건으로 대마도에서는 해마다 개최해 온 조선통신사 재현행사가 중단됐다. 대마도 절은 한국 관광객의 출입을 막았다. 많은 고려불상이 지하에 숨겨졌다.

물론 법원이 내린 결정의 바탕에는 정당한 의구심, 즉 일본이 불상을 정당하게 취득하지 않았으리란 의혹이 있다. 약 700년 전쯤 제작된 고려불상과 경전이 어떻게 대마도 절이나 신사에 모셔졌는가? 고려 말 왜구가 창궐했을 때, 혹은 임진왜란 당시에 일본이 약탈해 가 대마도에 둔 불상과 경전이 약 130여 점이다. 이번에 문제된 고려불상도 그중 하나일 수 있다.

그러나 이 고려불상의 개별적 행방을 어떻게 추적할 것인가. 약탈당한 문화재일지 모르니 불상의 출처를 해명하라고 일본에 요구하는 일이 정당한가? 조선시대에는 숭유억불(崇儒抑佛)로 우리 절이 피폐해진 반면, 당시 일본에서는 불교가 숭상 받았다. 조선이 대마도정벌이라는 무력응징과 함께 회유책 내지 교화책으로서 불상이나 경전을 안겨 주어 살생을 금하는 불교의 힘을 통해 왜구를 순화하고자 했는지도 모른다.

삼국시대부터 불교는 양국 교류의 매개체였고 그중에서도 절은 문화적 교류의 상징이었다. 일본이 불교를 수용하는 과정에서 불상을 함께 전해 받았다 해도 자연스럽다. 6세기경에 백제는 실제 엄청난 정신적 선물을 일본에 안겨 주지 않았던가. 조선시대의 왜구도 고급문화를 바라며 쌀 대신 청자나 경전, 불상을 원했을지 모른다. 조선으로서는 문화 선진국의 자부심을 담아 무역선이나 사송선에 불상을 실어 보내줄 수도 있지 않았을까.

개개 고려불상이 약탈의 상징인지 고급문화 수출의 표상인지 가려내기는 지난하다. 설령 두 불상이 왜구가 약탈해 간 것이라 한들 일본으로부터 반환받아야 할 문화재가 산적해 있는데 불상 2점을 안 돌려주면서 일본과 협상을 하려는 자세가 과연 외교정책 측면에서 적절할까.

나라와 나라 사이에 진정한 소통을 이루기 위해서는 적의 관점에 서 보는 '역지사지'(易地思之)가 중요하다. '남의 신발을 신어 봐야 남의 처지를 이해할 수 있다'는 인디언 속담처럼 역지사지를 실천하는 일은 기실 매우 힘들다. 대마도 조선통신사 역관을 맡은 아메노모리 호슈의 현창비(顯彰碑)에 새겨진 '성신(誠信) 외교'를 양국 국민이 함께 진지하게 되새겨 봐야 할 때다.

❖ 여의나루, 2015년 1월

오키나와 미로터널 누가 팠을까

2014년 11월 하순에 일본 오키나와를 다녀왔다. 인천공항에서 비행시간이 2시간 남짓이라 그리 멀게 느껴지지 않았다. 천혜의 자연과 온화한 기후를 자랑하는 명승지답게 파란 하늘 아래에 바다는 코발트색으로 아른거렸고 해변은 하얀 모래로 반짝였다. 아열대숲의 꽃나무와 어우러진 기암괴석의 해안절벽에는 파도가 부딪히면서 절경을 연출했다.

이곳에는 15세기 전반부터 19세기 일본에 합병되기까지 류큐(琉球)왕국이 찬란한 문화의 꽃을 피웠다. 류큐왕국은 지리적으로 일본보다는 중국에 가까울 뿐 아니라 중국·한국·일본 사이에서 조공과 중개무역을 펼치면서 중국·한국의 영향을 많이 받았다. 18~19세기 조선의 지식인들 사이에서도 류큐에 대한 관심과 인식이 높았다. 당시 해외지도에 류큐가 상당히 크게 그려져 있을 정도였다.

그래서인지 오키나와는 일본 본토와는 문화적 느낌이 사뭇 다르다. 젊은이들의 가라테풍 전통 북춤(에이사)은 힘차고 매력적이다. 남부 섬의 독뱀(*habu*) 껍질로 만든 전통 현악기(*sanshin guitar*)와 뱀술에서는 토착민의 체취가 느껴진다. 15세기 류큐마을을 재현한 공방(工房) 돌담길은 제주도에 온 듯 푸근함을 안겨 준다.

고려 삼별초가 계절풍을 타고 여기까지 내려왔을까. 궁성이나 저택 입구, 지붕 위에는 액운을 막기 위하여 사자(시사)가 버티고 있고, 무너진 성터는 도처가 세계문화유산이다. 역대 왕의 집무실인 수리(首里)성으로 들어가려면 '예를 지키는 나라'라는 뜻의 "수례지방"(守禮之邦)이라 쓴 편액을 건 중국식 대문으로 들어가야 한다. 집무실 의자 위에는 '중산왕의 땅'이라는 의미의 "중산세토"(中山世土)를 쓴 액자를 걸어 놓았고, 정전(正殿) 앞에는 '만국을 잇는 다리', 즉 "만국진량"(萬國津梁)이라 새긴 동종(銅鐘)을 놓았는데 거기에는 "류큐국은 삼한(한국)의 빼어남을 모아 놓았다"고 적혀 있다. 성터에서는 고려기와와 고려도기도 출토되었다 하니 한반도로부터 상당한 문화적 영향을 받았다는 사실을 보여 준다.

이러한 오키나와의 아름다운 자연, 찬란한 문화와 달리, 역사는 잔인하고 가혹하다. 류큐왕국은 중국과 일본이라는 두 강대국 사이에서 줄타기를 하다가 1879년, 일본 정부로부터 이른바 '류큐처분'을 당하여 예의지국 역사의 막을 내렸다.

제2차 세계대전 중 오키나와는 미군의 일본 본토 공격을 저지하는 사수대 역할을 하면서 미·일 간 최대 격전지가 되었다. 1945년 3월 말 시작된 90일간의 '철의 폭풍'으로 23만 명이 사망했는데 그중 12만 명이 오키나와 주민이었다. 4분의 1을 넘는 섬 인구가 사라진 것이다. 전쟁 후에 주민들의 수많은 유골을 수습하지 않고는 밭일을 할 수 없는 정도였다고 한다. 더 비극적인 사실은 패배한 일본군이 집단자결하면서 국사정보 누출을 우려하여 공생공사(共生共死), 군민일체화를 내세워 주민들에게도 옥쇄를 강요했다는 것이다. 전쟁 후에는 미군의 점령으로 주일 미군기지의 70%가 오키나와에 들어섰다. 1950년 발발한 한국전쟁으로 일어난 일본 번영의 특수가 여기에서 시작되었다는 점은 아이러니가 아닐 수 없다. 이렇듯 제 2차 세계대전은 오키나와 사람들에게 씻기 어려운 상흔을 남겼고 요즘은 후텐마 미군비행장 이전이 최대 현안으로 떠오른다.

이러한 오키나와의 슬픈 역사 한구석에 조선인의 비애가 깊게 배어 있다. 여기저기 눈에 띄는 지하 동굴과 그것을 연결하는 미로 같은 터널은 누가 팠을까. 수리성에 주둔한 일본군 총사령부 지하 골방에서 신음하던 '조센삐'(朝鮮婦)는 누구인가. 전사·학살·자결로 조국으로 돌아가지 못한 1만여 조선인의 원혼이 여기 남겨졌다니 가슴이 아린다. 이들은 고국의 하늘과 가족을 얼마나 그리워했을까.

역사의 과오를 모르면 역사는 재현된다. 묘하게 동병상련이 느껴지는 오키나와에서 나라와 평화의 의미를 가슴 깊이 되새겨 본다.

❖ 여의나루, 2014년 12월

아베 총리의 폭주와 도발

아베 일본 총리는 다보스포럼 개막일인 2014년 1월 22일에 동북아 군비경쟁을 우려하면서 "우리는 전 세계에 평화가 계속 깃들기를 바란다"고 말했다. 이는 경제적·군사적으로 급부상하는 중국이 군비축소로 나아가지 않으면 일본으로서는 아시아의 맹주 자리를 두고 중국과 패권다툼을 벌일 수밖에 없다는 의미로 받아들여진다.

이미 군사 대국화의 길로 나아가고 있는 아베 정권의 최근 행보는 자신이 염원한다는 평화와는 거리가 있다. 아베 총리는 올해 첫날 연두소감을 발표하면서 강한 일본을 재구축한다는 기치 아래 연내 '전쟁포기'에 관한 헌법을 개정하겠다는 의지를 피력했다. 헌법 개정은 일본인 스스로 결정할 국내 문제이니 이웃나라로서 일본의 주체성을 건드릴 바는 아니다. 최근 북한 핵미사일의 사정거리에 놓이게 된 일본이 군사력을 강화하려는 움직임은 일견 자연스러워 보인다.

그런데 헌법 개정의 목적인 이른바 집단적 자위권을 일본은 이미 행사하고 있다. 패전 후 일본은 천황제를 유지하는 대신 전쟁포기를 수용했다. 만주사변, 대동아전쟁 등 과거 전쟁이 대부분 '자위'라는 이름으로 자행되었으므로 어떠한 이유에서든 전쟁을 벌일 교전권을 스스로 포기한다는 것이었다. 침략 피해자인 한국과 중국은 일본이 이 조항을 개정하려는 진짜 의도가 자위권을 명분으로 스스로 재무장하려는 것이라 받아들이고 있다.

아베 총리의 평화염원에 거는 기대는 그가 취임 1주년을 맞아 연말에 야스쿠니신사를 참배할 때에 이미 무너졌다. 국민으로서 전쟁 희생자를 애도하는 일이 나쁜 것은 아니다. 최근 중국이 급부상하며 일본의 국제적 지위가 불안정해지고, 원전사고나 장기 경기침체 등으로 위기감이 고조되는 상황이니만큼 지도자로서 국민을 결속하고 국가 자존심과 정체성을 지켜야겠다고 생각하는 것 또한 당연하다. 그러나 공인인 일본 총리가 야스쿠니신사를 찾아가 전쟁범죄에 면죄부를 주려는 듯 A급 전범인 외할아버지를 참배한 행위는 국제적·보편적 가치인 인권존중과는 배치되는 행태다. 침략전쟁을 주도적으로 기획·수행한 전범을 참배하는 일이 침략전쟁을 미화하고 평화를 모독하는 것이 아니면 무엇인가. 전쟁을 독려한 전범들을 추모하면서 그 앞에서 전쟁을 다시는 하지 않겠다고 맹세를 하다니 이런 이율배반이 있을 수 없다.

위안부 강제동원 문제에 대해서도 국제적 비난이 쏟아지고 있지만 아베 정권은 별 관심이 없다. 지난달 25일에 NHK의 모미이 회장이 "전쟁을 했던 어떤 나라에도 위안부는 있었다"고 발언한 것과 상통한다. 위안부 문제 연구자인 요시미 교수의 명예훼손소송에 관여한 오모리 변호사는 일본인들의 상식과 인권의식이 세계인들의 인식이나 국제상식과 너무 동떨어져 있다고 했다. 1월 15, 16일, 위안부 강제동원에 대해 책임을 인정하고 사과하도록 일본 정부에게 요구하라고 국무장관에게 촉구하는 내용의 법률을 미국 상·하원이 통과시킨 것은 바로 인권을 외면하는 일본에 대한 미국의 경고라 할 수 있다.

주변국의 심기를 고려치 않는 일본의 역주행에 제동을 걸 수 있는 나라는 미국밖에 없다. 일본 총리의 이런 행보는 북한 핵 문제 해결을 위한 미・중 협력체제는 물론 한・미・일 삼각동맹에도 커다란 위협요인이다. 비록 미국에게 있어서 일본이 동아시아 전력의 중심축이라 하더라도, 아베 총리의 폭주와 도발을 성토하는 전 세계적인 비난과 주변국의 반발・저항을 감안해야 한다. 미국은 적어도 신사참배와 위안부 문제에 있어서는 침략 역사를 시인하고 국제적・보편적 기준에 맞는 성숙된 태도를 갖추도록 일본 정부에 강하게 촉구해야 한다.

문제의 심각성은 일본 사회의 이른바 공격적 민족주의 경향이 아베 정권에 한정된 일시적 현상에 그칠 것 같지 않다는 점에 있다. 지난해 '한국이 악'이라는 〈악한론〉(惡韓論)이란 책이 일본에서 베스트셀러로 부상한 것도 이와 무관치 않다. 양국의 지식인과 언론은 차분하고 냉정히 자숙하는 자세로 이 변화와 경향을 생각해 봐야 한다.

❖ 여의나루, 2014년 2월

위안부 · 강제징용 상처, 이대로 둘 건가

일본 도쿄가 2020년 하계올림픽 개최지로 선정됐다. 최근 경제나 안보, 환경 등 여러 면에서 불안과 위축감을 느끼고 있는 일본의 승리에 축하의 박수를 보내면서 아울러 화합과 평화의 올림픽 정신을 살려 이웃나라의 역사적 상처를 치유하려는 노력을 해 주길 기원한다. 일본군 위안부와 강제징용자의 상처는 깊게 파인 채 대를 이어갈 것인가? 지난해 우리 대법원은 일본 전범기업을 상대로 한 강제징용 피해자들의 손해배상 청구소송에서 피해자들의 청구를 기각한 일본 최고재판소 판결을 승인하기 거부했다.

일본 최고재판소는 조선인 강제동원이 일본 정부의 국가총동원법에 따른 국민징용령에 의해 이뤄진 것이므로 적법한 일이라 봤다. 한국 측이 조선인이 1945년까지는 일본인이었다는 사실을 인식하지 못해 상황을 오해했다는 것이다. 이에 우리 대법원은 일본의 한반도 지배는 불법적 강점에 지나지 않으며, 일본 최고재판소의 판단이 일제의 강제동원 자체를 불법으로 보는 한국 헌법의 핵심가치와 충돌한다고 선언했다.

1965년 한일청구권협정으로 개인의 청구권이 소멸했는지에 대해서도 양국 최고법원 사이에 견해가 엇갈린다. 국가 간 약속이라 할 수 있는 조약이 국회의 비준을 받으면 국내 법률과 같은 효력이 있으니 각 개인도 협정에 기속돼야 한다는 것이 일본 쪽 논리다. 그렇지만 국가가 국가와는 전혀 별개의 인격을 가진 개개인의 다른 나라 기업에 대한 사적 청구권을 조약을 통해 소멸시킬 수 있는가. 사법 원리의 본질에 비춰 근본적 의문이 떠오른다. 국가권력이 관여한 반인도적 불법행위도 협정으로 청구권을 포기한 대상에 포함될까. 더욱이 불법행위의 성격이나 강도, 피해자의 규모나 피해액 등을 파악하지 못한 채 이와 관련된 청구권까지 완전히 소멸됐다고 보기는 어렵다.

반인도적 · 반인륜적인 위안부 · 징용자 강제동원에 대해서도 양국 간 견해차가 크다. 일본 측은 종전 70주년을 앞둔 시점에 우리더러 그 증거를 대라고 한다. 어쩌면 일본 정부 측에는 국가적인 개입이나 지시 등에 관한 물적 · 객관적 증거가 현재 없을지 모른다. 그러나 1990년대 들어 일본 측에서 이를 공식적으로 조사했으며, 그 결과물로 발표된 내용이 바로 1993년 고노 담화와 1995년 무라야마 담화다. 일본의 이러한 총체적이고 공식적인 평가는 구체적 조사 및 관련 자료에 기반을 두었을 것이다. 고노 담화를 수정하겠다는 말은 20년 지난 오늘날 그러한 시인과 사과를 철회하겠다는 이야기인지 묻고 싶다. 최근 징용 피해자들의 통장 수만 개를 일본은행이 보관 중이라는 사실이 확인됐다. 일본이 통장 주인과 예금액수를 공개하지도 않고 피해자들 스스로 증거를 찾아내밀고 예금을 되찾아 가라고 한다면 누가 이를 공정하다고 하겠는가.

일본 정부는 대법원이 최종적으로 배상을 명하면 국제사법재판소에 제소하는 것을 검토하고 있다고 한다. 그러나 협정에 따르면 한 · 일 양국 간 분쟁이 생길 경우 중재위원회를 발족하도록 돼 있다. 그렇다면 일본은 국제사법재판소 제소에 앞서 분쟁중재위원회 구성 등을 먼저 제안하는 게 순서다.

일본 기업이 판결에 따른 배상 의지를 밝히자 일본 외상은 "일본 기업의 개별 배상은 불가하다는 게 일본 정부의 일관된 입장"이라고 했다. 그러나 일본 최고재판소는 중국 근로자의 강제징용 손해배상사건에서 기업 측의 자발적 대응과 피해자를 위한 관계자의 노력을 촉구했다. 그렇다면 일본 외상의 발언은 자국 최고재판소의 문제 해결을 위한 진지한 노력을 무시하겠다는 것이 아닌가.

수십만에 이르는 피해자의 소송사건에 앞서 양국 정부가 외교적 노력을 통해 해결 방안을 찾아야 한다.

❖ 여의나루, 2013년 9월

조선시대 형사재판과 그 기록물

충남 서산의 해미읍성에 가면 수령 300년이 넘는 회화나무가 섰고, 그 곁에 조그마한 옥사가 있다. 조선 왕조가 천주교를 박해하던 시절, 옥사에 가둔 천주교 신자들을 끌어내어 철사로 머리채를 감아 이 상서로운 나무에 매달고 고문했다고 한다. 옥사 앞마당에는 따로 고문 형틀이 제법 묵직한 곤장과 함께 놓여 있다. 그 시절에는 범죄 혐의자를 일단 옥사 안에 가두고 자백을 강요하는 몽둥이세례를 안겼다. 진실이 드러나기도 전에 잔혹한 고문으로 죽는 무고한 사람도 많았다.

감옥시설 역시 열악하기 그지없었다. 여름이면 많은 죄수의 팔뚝이 엇갈려 병이 퍼지기 쉬웠고, 겨울철이면 누울 자리로 쓰는 짚이 얼음장 같았다. 죄도 없는데 재판이 지체돼 오랫동안 이런 옥살이를 해야 한다면 얼마나 억울하고 분할까.

재판을 맡아야 할 수령은 양반이랍시고 시서를 좋아하고 율령 읽기를 부끄럽게 여겨 간사한 아전들에게 재판을 일임했다. 아전들은 제 마음대로 재판에서 농간을 부렸다. 수사 과정에서의 민폐도 대단했다. 〈목민심서〉 형전은 살인 옥사가 한번 일어나면 아전과 군교들이 작당하고 행패를 부려 "고기떼가 놀라고 짐승들이 도망가듯" 촌락이 순식간에 풍비박산 나고 만다고 했다.

조선시대 사법의 이런 부정적 모습은 〈춘향전〉이나 사극 등을 통해 우리에게 잘 부각돼 왔다. 반면 제법 잘 정비된 당시의 법률, 그 법에 담긴 애민(愛民) 사상, 사물의 이치를 잘 설명한 판례, 제도를 개선하기 위한 노력과 고민은 많이 알려지지 않았다. 고통 속에서 울부짖는 백성들의 목소리를 관리들이 외면하는 현실에 맞서, 국왕은 위민(爲民)과 민본(民本) 그리고 공평을 강조하며 관리들에게 수시로 경고 메시지를 보냈다. 세종은 옥사란 생사가 매인 것이니, 부득이해 법을 적용하더라도 형벌은 신중하고 긍휼히 해야만 하고 지체함이 없게 해 공정한 마음으로 밝게 결단함으로써 흠휼(欽恤)의 뜻에 부응하라고 강조했다.

우리 옛 법이나 재판절차가 무법·불법이거나 전단적인 것은 아니었다. 율령에 따라 재판을 하도록 하고, 백성이 죄를 범하는 까닭이 법을 알지 못하기 때문이라며 대죄조항을 백성이 알 수 있게 이두(吏讀)로 번역해 알렸다. 세종과 정조, 다산 정약용 같은 선각자는 과학적 수사의 중요성과 관형(寬刑)·체옥(滯獄)의 폐단, 수인(囚人) 보호의 필요성을 역설했고 사법업무 종사자들의 교육과 계몽에도 힘썼다. 우리는 선현들의 이러한 노력이나 시도를 눈여겨볼 필요가 있다.

우리는 역사의 어두운 면뿐만 아니라 밝은 면도 함께 보면서 그 정신적 유산의 의미를 되새겨야 한다. 옛 법과 당시 판례에 깃든 지혜와 합리성, 형사재판제도 개선을 위한 깊이 있는 구상과 치열한 고민 등을 엿볼 수 있게 해 주는 역사기록물은 후손들에게 자부심을 안겨주는 반가운 선물이다. 살인사건의 재판 과정이 형식적이고 무성의하게 진행되는 일을 바로 잡으려고 집필된 〈흠흠신서〉(欽欽新書)나 형사판례 모음집이라 할 수 있는 〈심리록〉(審理錄)과 〈추관지〉(秋官志) 그리고 검시(檢屍) 지침서인 〈무원록〉(無寃錄) 등이 바로 그것이다.

법에 관련된 역사적 자료나 고문서를 수집·정리하는 데에 한평생을 바친 영산(瀛山) 박병호 선생은 책을 출간하며 "한국 법제사는 법조인을 양성하기에 실천적 효용성이 없는 학문으로 치부돼 이제 법학 교육의 장에서 고사 상태에 놓여 있으므로 학문에 한 바가지의 물을 주는 심정으로 이를 내 놓는다"고 소회를 피력했다. 혹시 우리가 법문화 전통의 어두운 면만 보고, 밝고 긍정적인 면을 모른 탓에 우리 법 역사를 무턱대고 폄훼, 비하하고 열등감과 비굴함을 느끼고 있는 것은 아닌지 반성해 본다. 옛 법의 소중함을 제대로 인식해 그 역사적 가치를 찾다 보면 선현의 지혜와 경고가 오늘날에도 유효함을 깨달을 수 있다.

❖ 여의나루, 2013년 6월

제 7 부

판사, 길을 나서다

"나마스테" 겸손을 배운 히말라야 트레킹

니스에서 여유·느림을 보다

신화의 나라, 그리스

'프렌치 르네상스' 문화유적 답사

천국의 정원이 여기인가

살아있는 여행-지리산 종주

연암 박지원 발길을 따라서

벨스 씨와 함께한 아일랜드 여정

도이치 교수와의 인연

일본 교토 방랑기

"나마스테" 겸손을 배운 히말라야 트레킹

3월 초에 네팔 히말라야를 다녀왔다. 안나푸르나 산길 도처에 늘어진 쑥이나 야생화를 보니 히말라야에도 봄기운이 완연했다. 봉우리 이름도 아름다운 안나푸르나, 마차푸차레. 그 봉우리의 만년설을 보면서 며칠씩 걷는 트레킹은 이색적이고 환상적인 경험이었다. 수직절벽의 하얀 눈이 햇볕을 받아 반짝거렸고 거대한 설산은 각도와 거리, 빛의 조도에 따라 모습을 달리했다. 어떻게 저렇게 아름다울 수 있는지 찬탄이 여기저기서 터져 나왔다.

공항에서 내려 들어간 수도 카트만두의 거리는 어수선했다. 온통 매연과 흙, 먼지투성이지만 집이 어둡고 추워서 낮에는 다들 바깥으로 나와 있었기에 사람들도 넘쳐 났다. 안나푸르나 트레킹 도중에 맨발로 걷고, 맨손으로 밥을 먹으면서 트레커들이 뭔가 주었으면 하는 시선으로 다가오는 아이들을 종종 보았다. 마치 타임머신을 타고 1960년대 초 우리나라로 거슬러 올라간 느낌이 들었다. 그동안 잊고 있던 우리 어린 시절의 가난과 궁핍이 이러지 않았던가?

나의 연민과 대조적으로 그곳 사람들은 따뜻하고 밝은 기운이 넘쳤다. 가슴 앞에 두 손을 모으면서 "나마스테"라 하는 그들의 인사는 참 아름다웠다. '내 안의 신이 당신 안의 신께 당신의 영혼이 평화롭기를 기원합니다'는 뜻이라고 한다. 다른 사람을 향한 존경의 염(念)을 이토록 잘 나타내는 인사말이 또 있을까? 만나는 사람마다 그렇게 인사를 나누니 지루한 산길을 걷는 고단함 속에서도 입가에 미소가 저절로 떠오르고 힘이 쏟았다. 마을 어귀, 장대에 걸려 바람에 나풀거리는 오색 깃발에는 "옴마니반메홈", 즉 '중생들의 평안과 행복을 기원한다'는 뜻의 티베트 불교경전 구절이 적혀 있었다. 몸은 힘들지만 마음은 점점 평화로워지고 가벼워지는 듯했다.

짧은 트레킹 여정에서도 나흘은 지겹게 걸었다. 짐을 잔뜩 진 노새처럼 걷기 위해 쉬고, 걷기 위해 자고, 걷기 위해 먹었다. 끝이 없을 것 같이 이어지는 길이지만 언제나 끝은 있기 마련이다. 어차피 끝에 도달할 길인데, 좀 천천히 가면 어떠냐?

"비스따리 비스따리", '천천히 천천히'. 경사가 심한 산 중턱을 가로지른 길이 많아서 내리막에서 자칫 발을 헛디디면 천 길 낭떠러지 까마득한 계곡 아래까지 굴러 떨어지기 십상이었다. 또 오르막길에는 무서운 고소공포증이 기다리고 있었다. 고소공포증과의 전쟁에서는 천천히 걸어 서서히 고도를 높이면서 적응할 수밖에 없었다. 히말라야 앞에서는 겸손하지 않으면 엄청난 고초를 겪게 된다.

트레킹 마지막 날, 숙소 인근의 동네 사람들과 한바탕 축제를 벌였다. 어린아이, 할머니, 할아버지, 아주머니, 처녀, 총각들이 같이 어울려 민속노래를 부르고 춤도 추었다. 동네 사람들은 물론 우리 트레킹 가이드, 포터, 쿠커도 함께 어울렸다. "레삼 피리리, 레삼 피리리", '뽕잎은 바람에 휘날리고' 모두가 흥에 겨워 춤을 추었다.

최근 네팔에서 우리나라로 결혼이민한 여성, 일하러 온 근로자들이 많다. 하지만 우리는 이들의 문화와 관습을 얼마나 잘 이해하고, 존중해 왔던가? 다함께 어울리는 건강한 사회를 만드는 데에는 그 나라 사람에 대한 이해와 존중이 가장 중요하다. 건강사회운동본부가 찾고 있는 콘셉트(*concept*)를 이번 트레킹에 만난 네팔 사람들의 생활과 마음에서 발견할 수 있었다.

❖ 건강사회운동본부, 2018년

니스에서 여유 · 느림을 보다

천재지변이 아닌 테러로 인해 여행자제국가가 된 관광대국 프랑스. 그 프랑스를 니스테러가 일어난 지 한 달도 안 돼 방문한다는 것은 선뜻 내키는 일이 아니다. 그러나 모처럼 마음먹은 여정을 테러 때문에 포기할 수는 없지 않은가. 긴장감이 여행에 묘미를 더해 주리라 기대하면서 궁금증과 불안감을 안고 길을 나섰다.

지중해의 여름은 테러와는 아무 상관없이 빛났다. 하늘은 티끌 하나 없는 그야말로 창공(蒼空)이었고, 바다는 수채화 물감을 풀어 놓은 듯 파랬다. 테러가 일어난 니스의 해변산책로를 걷다 보니 작열하는 태양에 피부는 금세 빨갛게 익어 버렸다. 여기저기 모여서 먹고 마시고 웃으며 담소를 나누는 프랑스인들의 표정은 참 밝고 활기찼다. 역시 일하면서 사는 것이 아니라 즐기면서 산다는 느낌을 물씬 풍겼다. 그들의 식도락에서는 '지금 여기'의 행복을 중시하는 '여유와 느림'의 철학을 엿볼 수 있었다.

프랑스에 도착한 지 얼마 되지 않아서였다. 여기저기서 여행가방 끄는 소리가 들리는 역사(驛舍)에서 약간 생뚱맞은 피아노 소리가 들렸다. 역시 문화대국답구나 하면서 피아노 치는 사람의 모습을 물끄러미

쳐다보고 있는데, 갑자기 총을 든 군인들이 나타나더니 나를 흘깃 훑어보았다. 순간 움찔했다. 그 뒤에도 무장한 군인들은 음악에 맞추어 춤을 추는 스포츠댄스장에서도 불쑥 나타났고, 기타 소리가 울려 퍼지는 성당 앞 광장 모퉁이에도 서 있었다. 묘하게도 시간이 지나면서 군인들의 모습이 친숙해졌다. 가만히 보니 유럽인은 물론 아프리카인, 중동인, 아시아인 등 인종이 다양하다. 베레모 색깔도 빨강 · 파랑 · 검정 3색이다. 여기서도 프랑스의 다양성이 보이는구나.

최근 프랑스는 식민지였던 북아프리카 마그레브 출신 무슬림 이민자들의 2세들이 겪는 사회통합 문제로 골머리를 썩이고 있다. 이들 중 특히 소외계층에 속한 사람들이 차별당하고 좌절감을 느끼면서, 프랑스 사회를 분열과 불안으로 몰고 간다는 지적이 나온다. 니스테러도 이슬람국가(IS) 조직의 직접적인 공격이라기보다는 이런 소외계층의 공격적 반발로 이해할 여지가 있는 듯하다.

테러가 일어났던 니스의 해변에 보름달이 떴다. 은은한 달빛이 물결을 적시는 해변 자갈밭에 드러누워 밤하늘의 별을 본다. 파도가 자갈을 때리는 소리가 자장가처럼 평온하다. 개가 갈매기를 쫓는 이 평화로운 해변에서 어떻게 84명의 목숨을 앗아간 테러가 발생할 수 있었을까. 해변산책로에 놓인 인형과 타다 남은 초, 시든 꽃만이 이곳이 테러현장임을 말해 준다.

프랑스의 비상사태는 자국민보다 외국 관광객이 더 잘 느낄 것 같다. TGV열차가 고속으로 달리던 중 갑자기 정차하더니 경찰견을 앞세운 경찰이 차내를 수색한다고 무려 한 시간 넘게 머물렀다. 미술관에서는 소액입장료로 현금 대신 카드결제를 요구했다. 오디오를 대여하는 데에도 여권 보관까지 요구했다. 심지어 한 시골 역무원은 좌석을 예약 받으며 생년월일까지 물어보았다.

이런 사태를 처음 접할 때에는 동양인이라는 이유로 일단 의심・관찰 대상에 올려 정보제공을 요구하고 신분을 확인하는구나 하는 마음이 들었다. 그러자 프랑스의 공기가 묵직하고 답답하게 느껴져 기분이 편치 않았다. 하지만 시간이 지나자 이런 조치에 대해서 서서히 좋은 방향으로 이해할 수 있었다. 프랑스 직원들은 세퀴리테(*securite*, 안전)에 관한 직무규율을 지켰던 것이다. 프랑스의 상황에서는 자국민뿐 아니라 관광객을 위해서라도 이런 안전조치가 필요하겠다는 공감대가 생긴 것이다. 발걸음이 가벼워지면서 프랑스가 익숙해지려는데 금방 '오흐브와', 작별인사를 할 때가 되었다.

❖ 여의나루, 2016년 8월

신화의 나라, 그리스

여행은 삶을 풍요롭게 해 주는 미지의 세계를 탐사하는 일이다. 일상에 별 자극을 못 느끼던 뇌가 색다른 이국적 풍광과 문물을 접하면 갑자기 격렬하게 반응한다. 현장의 참신성에 따라 뇌 반응의 진폭이 달라지기도 한다.

2015년 7월 하순 국립중앙박물관 교육 과정의 일환으로 다녀온 8일간 그리스 답사는 오디세우스의 항해처럼 긴 여정은 아니었지만, 그의 항해처럼 강한 충격과 환상을 자아내기에 충분했다. 3천여 년 전 크레타섬 크노소스 궁전의 유물인 뱀 여신상, 고래와 물고기를 새겨 놓은 도자기 그리고 아가멤논의 도시 미케네의 무덤에서 발굴한 황금가면 등 화려한 에게문명의 유산은 여행 후 2주가 흘러간 지금도 나를 꿈속에서 헤매게 한다.

그리스 위기를 떠드는 이야기가 서방 언론의 허풍으로 여겨질 만큼, 그곳 현지에서는 위기감을 전혀 감지할 수 없었다. 크레타섬 이라클리온 중심가는 밤늦게까지 포도주잔을 기울이는 젊은이들로 활기가 넘쳐났다. 아테네에서 수니온의 포세이돈 신전으로 가는 해안선 도로 아래에는 해수욕을 하는 사람들과 요트도 곳곳에서 눈에 띄었다.

이런 낙천성을 〈그리스인 조르바〉의 작가 카잔차키스는 자기 나라의 국민성으로 보았던가. 최근 위기가 심화한 원인을 그리스인의 나태와 무책임에 돌리며 이를 '조르바적(的) 삶'이라고 비꼬는 의견도 있다. 그러나 조르바는 카잔차키스가 찾은 그리스인이더라도, 그 삶은 인간 존재 밑바탕에 깊게 깔린 우리 본연의 모습이 아닐까 싶다. 애써 산 정상에 밀어 올린 바위가 다시 바닥으로 굴러내려 가는 시시포스의 형벌처럼 허망한 것이 인생이라면 차라리 삶의 부질없음을 관조하면서 느긋하게 이를 즐기는 조르바적 삶이 외려 자연스러운 모습이 아닌지. 산다는 건 지금 여기를 누리는 것일 뿐이라는 조르바의 메시지가 강렬하게 가슴을 파고든다. 이라클리온에 있는 카잔차키스박물관 기념품점에서 산 티셔츠에도 새겨진 그의 묘비명 마지막 구절 "나는 자유인"이 바로 이런 의미가 아닐까.

그리스 중부내륙은 강우량이 적고 바람이 드세게 불어 키 작은 나무와 바위뿐인 돌산 천지다. 간혹 목동들이 다니는 구불구불한 산길이 보인다. 테바이의 왕자 오이디푸스가 코린토스를 떠나 테바이로 오던 중 우연히 만난 아버지 라이오스를 죽인 곳이 저 산길 어디쯤일까.

미케네에서 한참 돌산을 끼고 오르내리다 보니 드디어 해발 2,457미터인 파르나소스산의 남쪽 경사면 중턱 고원에 자리한, 뱀의 신 피톤의 땅 델포이다. 우주에서 땅의 정기가 가장 충만하다는 지구의 배꼽 델포이는 무척 인상적이다. 아칸서스 잎사귀를 부조해 달팽이처럼 꼬아 넣은 화려한 코린트양식 신전 기둥 사이로 사이프러스 나무가 쭉 뻗어 있고, 그 아래 산에는 희미하게 난 양떼몰이 길 외에는 온통 올리브나무 바다다. 저 멀리에는 코린토스만 항구의 불빛이 반짝인다. 카페에 앉아 애잔한 그리스 음악을 들으면서 그리스 전통 술 치푸로를 한잔 하는 기분은 가히 환상적이다. 밤의 향연(*Symposion*)에는 양고기 꼬치구이와 치푸로가 빠지지 않았다.

화산군도 산토리니의 칼데라는 바다 쪽으로 크게 형성되어 섬 쪽으로는 붉고 검은 화산재가 절벽을 이루고 있다. 에게해에 몸을 담그니 상쾌하다. 석양 질 무렵 바다는 붉은 물결로 반짝이고, 파란색 돔과 하얀색 벽의 정교회 건물이 푸른 하늘 아래 더욱 선명한 색깔을 드러낸다. 서서히 어둠이 깔리면 칼데라를 항해하는 크루즈선의 불빛이 쪽빛에서 검게 변한 바다에 어른거리고 초승달 빛에 젖은 에게해는 은색으로 빛난다. 동트기 전 한 시간 남짓 어둠 속을 트레킹하다가 언덕 위 교회 옆 소나무숲 사이로 맞이한 산토리니의 일출은 장엄했다.

마지막 날 밤 멀리서 쳐다본 아테네의 파르테논 신전. 그 은은하고 신비로운 아름다움은 그리스를 떠나는 여행객의 발길을 오랫동안 떼지 못하게 했다. 이 신화의 나라를 보러 언제 또 배낭을 꾸릴 것인지.

❖ 여의나루, 2015년 8월

‘프렌치 르네상스’ 문화유적 답사

2014년 7월 중순, 국립중앙박물관 교육 과정의 일환으로 ‘프렌치 르네상스’라는 주제의 프랑스 문화유적 답사에 참여했다.

수백 년 전 모습을 고스란히 간직한 프랑스의 중세도시가 시간을 거슬러 우리를 맞았다. 여느 시골식당 벽에도 그림이 걸려 있었고, 어느 도시든 옛 건축물 사이로 난 골목길이 여러 갈래 가지를 치고 있었다. 전통이 숨 쉬는 프랑스가 진정 부러운 이유는 삶 속에 문화·예술을 향한 사랑이 배어 삶과 하나로 융합해 있다는 점이다. 그들에게 문화와 예술은 삶에 깊이 뿌리내린 일상이자 후대로 이어지는 전통이다.

이번 여정에서 만난 도시들은 저마다 고유의 인상을 심어 줬다. 투르 옛 시가지 대광장에는 옥외 탁자에 생맥주 한 잔을 놓고 월드컵 결승전을 보는 젊은이들로 북적댔고 밤하늘에선 오랜만에 북두칠성 별자리를 찾아낼 수 있었다. 아프리카 유배지로 떠나는 배가 출항했던 라로셸은 중세에 번성했던 옛 항구도시의 면모를 그대로 간직했다. 1894년에 군사기밀을 빼돌렸다는 혐의로 유대인 장교 드레퓌스가 여기서 귀양을 떠났고, 뒤마의 소설 〈삼총사〉의 무대도 이곳이었다. 2014년 1월에 위안부 피해자의 아픔을 생생하게 표현한 만화를 출품해 화제가 되었던 국제만화페스티벌의 도시 앙굴렘. 앙굴렘의 박물관은 1층이 고고학박물관, 2층은 아프리카관, 3층은 미술관이었는데 도시 규모에 비해 수장품의 수준이 엄청 높았다. 클레르몽페랑의 노천카페에서는 평일 점심인데도 아버지와 어린 아들이 한가롭게 식사를 즐기는 행복한 모습이 눈에 띄었다.

프랑스 북동부 소도시 랑스의 탐방은 여러 가지 시사하는 바가 컸다. 석탄광산이 폐광되자 가난과 실업이 랑스를 뒤덮었다. 하지만 2012년에 루브르박물관의 위성박물관인 루브르-랑스박물관이 개관하자 도시는 우울한 회색 이미지를 벗고 새로운 문화예술 도시로 거듭났다. 스페인 빌바오의 구겐하임미술관과 비슷한 사례다. 카지노가 들어선 우리나라 폐광도시 태백, 정선과는 묘하게 대비된다고나 할까.

루아르강변에 즐비한 프랑스 고성들에서 이번 답사의 주제인 '프렌치 르네상스'를 특별히 많이 느꼈다. 이탈리아 르네상스는 알프스산맥을 넘어와 프랑스의 미술을 훨씬 화려하고 부드럽게 만들었다. 프랑스 문화예술의 발전과 성숙에도 적지 않은 영향을 미쳤다. 국가가 강대해지기 위한 근본이 문화라 여긴 프랑수아 1세는 퐁텐블로성의 건축을 이탈리아 장인들에게 맡겼다. 그중에는 프랑스에 〈모나리자〉를 선물한 레오나르도 다빈치도 있었다.

르네상스는 프랑스에서 문화·예술적 성과만 거두지 않았다. 앙드레 말로는 〈프랑스사〉에서 "르네상스는 새로운 광명의 불길로서 중세와 결별하는 정신혁명이었고, '프랑스혁명은 르네상스가 낳은 딸'"이라고 평가했다.

1983년 처음 파리를 접하면서 느꼈던 프랑스에 대한 열등감과 시기심이 이번에 새록새록 되살아났다. 이 미성숙한 감정이 왜 생기나. 그

근저에는 우리의 정체성과 전통을 소중히 여기고 깊이 인식하여 관심과 사랑을 기울이지 못한 부족함이 깔려 있었다. 차는 고급차를 타면서 거실에는 그럴 듯한 그림 한 점 없는 물질 추구의 만연이 우리의 현실이다. "절들이 하늘의 별처럼 총총하고 탑들은 기러기처럼 줄지어 늘어섰던" 천년고도 서라벌의 아름다움을 분황사석탑 아래서 상상해 본 적이 있는가. 백범 김구 선생의 말씀이 문득 떠오른다. "오직 한없이 가지고 싶은 것은 높은 문화의 힘이다."

❖ 여의나루, 2014년 8월

천국의 정원이 여기인가

여행은 일상으로부터의 탈출이자 단절이다. 떠난 지 이틀쯤 된 서울은 벌써 가물가물하다. 캐나다의 여름 하늘은 푸르고 높은 우리 가을하늘 같다. 대지는 광활하고 자원은 풍부하다. 도처에서 넉넉함이 감지된다. 운전수는 보행자더러 먼저 건너가라고 차를 세운다. 거지가 개를 끌고 다닐 정도로 복지도 잘 돼 있다니 살려고 아등바등 애를 쓰지 않아도 되겠다. 공기의 색깔, 냄새도 확연히 다르다. 먼지나 스모그가 없다 보니 햇살이 따갑다. 인천공항에 내려서 알레르기성 비염에 걸렸다가 밴쿠버공항에 도착하니 비염이 바로 낫더라는 캐나다 동포의 이야기가 떠오른다. 숲속 피톤치드를 비닐에 싸 우리나라로 가져가고 싶다.

로키에서는 가시거리가 워낙 좋아 저 멀리 눈 덮인 산이 바로 코앞처럼 다가온다. 컬럼비아 대빙원에서 흘러내리는 빙하 물을 마셔 본다. 어떤 생수가 이렇게 차갑고 시원할 수 있을까. 만년설을 머리에 인 산 아래에는 에메랄드빛 호수가 여기저기서 반짝인다. 절벽에서 떨어지는 폭포가 눈을 시원하게 하고, 영화 〈흐르는 강물처럼〉이나 〈가을의 전설〉의 한 장면처럼 흐르는 강물이 산, 바위와 오묘한 조화를 이룬다. 천국의 정원이 여기인가. 여름 로키에는 에델바이스, 아네모네가 도로를 따라 수줍게 피어난다. 정상 아래 해발 2천 미터쯤에 그어진 수목 한계선이 뚜렷하다. 뭉게뭉게 피어오르는 구름도 예쁘다.

일상의 번잡스러움을 털고 찾아온 자유. 거기에 맑은 물, 공기, 하늘이 어우러지니 언짢았던 서울의 기억은 희미한 꿈처럼 사라진다. 인생은 즐기는 자의 것이라 했던가. 캐나다는 전 국민이 스포츠 마니아인 듯 맑은 공기를 만끽하며 조깅, 자전거, 요트, 사냥, 낚시를 즐기는 사람이 눈에 많이 띈다. 여기서는 나이가 멈출 것 같다. 로키의 어느 지역에서는 휴대폰이 잘 터지지 않는다. 전자파가 벌들을 죽인다는 이유로 기지국을 폐쇄했기 때문이다. 이산화탄소 배출규제도 엄격해 정차 시 차량의 공회전을 금지한다. 자연보호에 관심이 깊다.

우리는 행복수위권의 캐나다와 무엇이 다른가. 우선 좁은 국토에 인구는 많고 자원은 빈약하다. 외국에서 보면 화약고를 안고 있는 듯 안보상황도 불안하다. 백두대간 청정공기가 상품으로 나온다고 할 정도로 대기오염 걱정도 크다. 1등만 기억하고 성과를 중시하는 사회다 보니 입시 · 취업 · 승진의 무한경쟁에 내몰린다. 잦은 야근과 주말근무로 가족과의 시간은 턱없이 부족하다. 지하철을 타면 모두 스마트폰만 보는 나라. 급격한 사회변화에 발맞춘다고 한눈팔지 못하고 부지런히 빠르게 내달린다. 도대체 하늘 볼 여유가 없다. 명문 대학, 넓은 아파트, 대형차, 명품 백을 추구한다. 이런 획일적 · 물질적 잣대로 개인을 평가하는 사회에서 구성원의 행복도가 어떻게 높아지겠는가. 항상 남을 의식하고 비교하다 보니 인생의 중심에 내가 없다. 자살률은 경제협력개발기구(OECD) 회원국 중 최고인 반면 국민행복지수는 바닥이다. 젊은이는 결혼 · 출산 · 취업을 포기하면서 분노하고, 늙은이는 안개 속처럼 흐릿한 노후 때문에 불안하다. 경제 양극화가 심화되면서 상대적 박탈

감도 따라 커졌다. 나는 불행한데 너희는 왜 행복하냐며 행인을 차로 들이받는 사회. 이런 사회가 과연 건강한 사회안전망을 가지고 있는지 회의가 든다.

박근혜 정부가 열어보겠다는 국민행복시대는 개인과 사회의 행복감을 과연 어떻게 높일 것인가. 천의 얼굴을 가졌다는 행복에 통일된 기준을 설정하기는 어렵지만, 행복이 경제·사회제도와 무관하게 오로지 개인의 마음에만 달렸다고 보기는 어렵다.

사회의 전반적 분위기와 가치관, 규범은 구성원의 행복감에 큰 영향을 미친다. 국가가 환경보호 등 삶의 질을 높이는 사회적 여건을 개선하는 데에 역량을 더 집중해 쏟아야 하는 이유가 여기에 있다. 여행하면서 만났던 캐나다 동포의 말처럼 우리도 종종 하늘을 쳐다보는 여유를 가졌으면 좋겠다.

❖ 여의나루, 2013년 8월

살아 있는 여행 - 지리산 종주

우리나라 좁은 땅의 65퍼센트가 산이니 어딜 가서 둘러보아도 산이 눈에 띈다. 주말 전철이나 고속도로 휴게소에는 등산복 차림의 사람들이 넘쳐난다. 세계적으로 보기 드문 진풍경이다.

나는 산과 좀 늦게 인연을 맺었다. 경남 마산에서 태어나 자랐으니 경상도 쪽 지리산은 우리 고장의 산이라 할 수 있는데, 30대 후반이 되어서야 처음 지리산을 밟았다. 늦바람이 무섭다는 말처럼 연애하는 기분으로 산에 빠져들면서 산에 얽힌 온갖 추억이 쌓여 갔다. 지리산을 처음 오르고 3, 4년 뒤 부산법원에 2년 반 근무했는데, 그 사이에 25차례나 지리산을 올랐다. 5년 전쯤 변호사생활을 시작하면서는 새 출발의 이정표를 삼을 요량으로 1년에 한 번씩 지리산 종주를 하기로 작정하였다. 그 뒤로 매년 6월 초순이 되면 남부터미널에서 지리산행 버스를 탄다. 올해로 5번째 종주를 마쳤다.

지리산은 금강산처럼 빼어난 아름다움을 지니지는 않았지만 흙이 많고 산세가 부드러워 푸근하고 아늑한 어머니 품을 느끼게 한다. 한반도 남쪽에서는 하늘과 가장 가깝게 맞닿아 있다. 조선시대 선비 김종직은 두류산(지리산)에 오르면 웅장하던 묘향산, 구월산은 눈 아래에 깔려 흙무더기처럼 보인다고 했다. 죽장과 짚신으로 길을 나섰던 선인들에게 지리산 유람은 장대한 여행이자 일상과의 단절이라 큰 결단이 필요했을 것이다.

25.5킬로미터의 주능선엔 천왕봉·반야봉·노고단 등 1,500미터 이상 봉우리도 16개나 된다. 걷기 지루해 지리산이란 우스갯말처럼 이틀간 이 봉우리들을 오르내리는 종주는 정말 힘들다. 나태했던 생활습관에 대한 응보는 철저하다. 오름길에서는 한 걸음 한 걸음이 천근만근이고 튀어나온 배가 얄밉다. 비 오듯이 흐르는 땀방울. 그렇지만 골바람이 시원하게 땀을 식혀 줄 때의 상쾌함이나 잠시 배낭을 내려놓을 때 찾아오는 평화와 안온함은 그 사이 고통을 충분히 상쇄한다. 땀으로 얼마나 많은 심신의 찌꺼기를 뱉어 내는가. 맑은 공기를 폐 속 깊숙이 들이켠다. 어디서 이렇게 청량한 공기를 맛볼 수 있겠는가.

천왕봉은 발아래 먼 산 바깥에 다시 산과 산을 겹겹이 거느린 천왕(天王)이다. 천왕봉 서쪽 바위에는 하늘을 받드는 기둥이라는 뜻의 "천주"(天柱)라는 글자가 새겨져 있다. 정상 바로 아래에서는 새파란 하늘 아래 웅장한 석벽이 드러나고, 정상에 서면 안개구름이 자욱이 깔린다. 잠시 드러나는 사위(四圍) 풍광은 한마디로 장엄하다.

주능선에 들어서면 다소 여유가 생기고 주위가 잘 보인다. 푸른 신록이 도처에 빽빽하고 짙은 초록 잎 사이로 스며드는 아침 햇살은 살아 있는 기쁨을 느끼게 한다. 때늦은 철쭉이 봉우리 언저리에 아직도 피어 있고 가문비나무와 구상나무는 귀족의 고상한 기품을 느끼게 한다. 산목련(함박꽃), 미나리아재비, 참꽃마리, 병꽃, 야광나무 꽃, 붉은 구상나무 꽃이 다람쥐, 나비, 벌 그리고 숲 향기 속 작은 풀과 어우러져 길손을 반긴다.

바람은 잎사귀를 살랑거리고 하늘과 맞닿은 산등성이 사이로 듬성듬성 피어나는 운무가 보였다 사라진다. 그러다 보면 아득한 산길도 마침내 끝을 보이는 법. 중산리에서 시작된 산행이 노고단 하늘 밑에 다다르면 몸과 마음은 평온해진다. 스쳐가는 산행객에게 인사를 건네면 환한 웃음이 바로 화답한다. 이번 종주에서는 귀한 진객(珍客)도 만났다. 선비샘 근처에서 반달곰이 어기적거리며 뒷모습을 보여 주었다.

멀리 가는 길도 가까이에서, 높이 오르는 것도 낮은 데에서 시작한다. 모든 것은 시작이 중요하다. 그 다음은 자기 페이스대로 가는 것이다. 어차피 길 끝에 도달할 터인데 좀 천천히 가면 어떠랴. 다시 내려가야 할 산이지만 그래도 산을 오르는 것이 우리네 인생살이와 흡사하다. 지리산은 계속 내 가슴 속에 살아 있으면서 서울생활을 지탱하게 한다. 그 생활에 지치면 이내 그 품이 그리워 다시 달려갈 것이다.

❖ 여의나루, 2013년 7월

연암 박지원의 발길을 따라서

의미 있었던 지난 여정을 뒤돌아보는 일은 하나의 큰 즐거움이다. 연암 박지원이 아니었으면 중국 청나라 황제의 피서산장 '열하'〔지금의 승덕(承德)〕가 우리에게 그렇게 친숙할 수 있었을까. 나는 〈열하일기〉로 200여 년을 거슬러 올라가 옛 중국 사람들과 풍물을 만나게 해 준 연암이 진정으로 고맙다.

연암은 1780년 5월 말에 한양을 출발, 압록강을 건너고 북경을 거치며 열하까지 몇 달에 걸친 기나긴 연행(燕行)을 한다. 나는 2012년 6월 말에 비행기와 버스를 타고 2박 3일 만에 열하 왕복여정을 싱겁게 마쳤다. 연암이 북경에서 이틀 넘게 걸려 도착한 고북구 만리장성에, 나는 북경 출발 2시간 만에 이르렀다. 금산령 장성에서는 혹시나 연암이 장성 벽에 남겼다는 글씨를 찾을 수 있으려나 부질없이 성벽 위아래를 거닐었다. 연암의 흔적은 찾지 못했고 아쉬움을 달래 주려는 듯 비가 제법 세차게 내렸다. 장성 사방을 둘러보아도 벼룻물을 구하지 못해 말안장 옆구리에 넣어 둔 아침 해장술 한 모금을 벼루에 붓는 연암의 모습이 그 빗속에 떠올랐다.

열하일기에서 북경~열하 구간은 장마철 "하룻밤에 아홉 번 강을 건너는"(一夜九渡河) 고난의 연속이었고, 닷새 동안 밤낮을 가리지 않고 걸어서 "파도 밀려오듯 하품이 쉴 새 없이 쏟아지는" 강행군이었다. "상에 가득 찬 진수성찬이 모두 잠"이라고 하니 졸림을 비유하는 데 아무런 거침이 없고 과장이 중국 사람 못지않다. 이렇게 녹초가 된 연암의 기운을 차리게 한 것은 의외로 술이었다. 연암은 여행의 고달픔과 피로를 청심환 한 알과 바꾼 소주로 풀었다. 자유분방하고 소탈한 연암은 이전부터 꽉 막힌 당시 조선 사회 분위기의 답답함을 견디지 못해, 시대를 앞서가는 풍류남아들과 함께 탑골공원(파고다공원) 근처에 자주 모여 한잔 "술을 찾아 밤으로 낮을 잇곤" 했으리라 짐작된다. 그런 연암이었으니 벼루에 따른 한 방울 술이 피같이 아까웠으리라.

연암은 연행 전에는 청나라가 그렇게 번영한 줄을 몰랐을까. 1970년 시골 출신인 내가 대학시험을 보러 서울에 처음 올라왔을 때 역 앞을 지나는 수많은 차와 넓은 도로를 보고 느꼈던 충격. 1983년 독일에 연수 갔을 때 잘사는 유럽선진국의 생활수준과 문화를 보고는 기죽고 배 아파하며 느꼈던 질투. 연암도 청나라 선진문물과 제도를 보고 "온몸이 후끈하면서 부글부글 끓어올랐던" 것이다. 중요한 사실은 연암이 충격과 질투로만 끝맺지 않았다는 점이다. 그는 다른 일행이 열 가지를 배울 때 백 가지를 배우려고 애썼고, 청나라의 문물을 눈이 뚫어져라 관찰했다. 그러고는 귀국 후 배우고 익힌 선진문물과 기술로 조선의 낙후된 현실을 개선해 보려고 했다. 목민관이 되어서는 자신의 체험을 고을 백성들에게 직접 전달하려고 했다.

나는 연암의 이러한 노력을 지난달 말 경남 함양군 안의면 용추계곡 기백산 초입에서 뜻밖에 접했다. 연암이 나이 쉰 넘어 안의현감을 하면서 실용화한 물레방아가 그의 동상과 함께 소박하게 서 있었던 것이다.

고을 백성들이 겨울보리 찧을 방아를 구하지 못해 애를 태우자 연암은 그들의 시름을 덜어 주고자 청나라의 수차(水車)를 본떠 물레방아를 개량했던 것이다. 기구를 이롭게 써서 한 사람이 열 사람 몫을 하여 백성의 생활이 윤택하게 된다면, 그것이야말로 바로 국민행복이 아닌가. 이 시대도 연암과 같이 국민이 필요로 하는 물레방아를 만들고 이를 부릴 줄 아는 지도자를 원한다. 〈열하일기〉 밖에서 연암을 다시 만나니 기백산 산행 내내 몸과 마음이 가볍다.

❖ 여의나루, 2013년 3월

벨스 씨와 함께한 아일랜드 여정

2010년 여름, 우리나라와 북반구 정반대쪽에 있는 아일랜드에 갔다. 독일 사람 벨스 씨를 회상하면서 떠난 여행이었다. 아일랜드는 그가 독일어를 가르치며 여생을 보내길 원했던 곳이다.

벨스 씨는 십여 년 전 우리나라 독일문화원에 근무할 때 처음 만났다. 그 후 알고 지내면서 나의 지인들과 여행이며 등산을 같이할 만큼 친숙한 사이가 됐다. 언젠가 그와 설악산 봉정암을 등정한 뒤 가야동 계곡 방향으로 하산하다가 길을 잃어버린 적이 있었다. 그는 그때가 '일생 최대의 모험'이었다고 회고했다. 벨스 씨는 4년 전 정년퇴임 후 고향 브레머하펜(Bremerhaven)으로 돌아갔는데 2009년에 그의 부음을 들었다. 2008년에 그의 고향을 방문한 것이 마지막 만남이 될 줄이야.

그는 아일랜드를 좋아했다. 나에게 아일랜드는 대학시절에 본 〈라이언의 처녀〉에서부터 최근 〈원스〉에 이르기까지 여러 편의 영화로, 그리고 예이츠의 시 〈이니스프리의 호도(湖島)〉와 베케트의 희곡 〈고도(Godot)를 기다리며〉로 조금 친숙한 나라다.

그런데 아일랜드 여정은 런던을 출발할 때부터 꼬이기 시작했다. 사고로 고속도로에서 버스가 지연되는 바람에 이륙 10분 전쯤에야 공항에

도착했는데 게이트는 이미 닫혀 있었다. 그때의 그 황당함이란…. 인생에서처럼 여정에서도 이런 돌발사태가 생길 수 있다는 교훈을 지금도 되새겨 보곤 한다. 다음날 꼭두새벽에 다시 공항을 갔으나, 장사진을 친 휴가객 때문에 또 낭패를 당할 뻔했다. 돈을 추가로 더 내는 우대카드(*priority card*) 덕분에 겨우 비행기를 탈 수 있었다. 급행료가 여기서 이렇게 위력을 발휘할 줄이야.

우여곡절 끝에 도착한 아일랜드는 그 고초를 충분히 보상할 만큼 매력적이었다. 영화 〈보리밭을 흔드는 바람〉에서 본 풍광이 그대로 눈앞에 펼쳐졌다. 빙하가 녹은 호수, 맑고 깨끗한 개울, 깎아지른 해안선 절벽 위 도로, 자전거 길 등 아름다운 경치가 끝없이 이어졌다. 황무지에는 작은 야생화가 흐드러지게 피었고, 너른 풀밭 여기저기 양들이 하얀 돌처럼 점점이 박혀 있었다. 모헤르단애(斷崖)로 하얀 파도가 거세게 부딪혔고 파도를 실어 온 험한 대서양은 끝없이 펼쳐져 있었다. 길가에 간혹 눈에 띄는 "시골집 매각"이라는 팻말이 묘하게도 벨스 씨를 떠올리게 했다. 그가 왜 말년을 여기서 보내려고 했는지 알 것 같았다.

이 아름다운 자연과 대비해 아일랜드의 역사는 슬프다. 영국에 맞선 끝없는 저항, 1800년대 대기근으로 인한 엄청난 아사, 그리고 나라를 등진 대규모 이민. 그 당시 미국 이민선이 얼마나 많이 난파당했으면 그 배를 목관선(*wood coffin ship*)이라고 불렀을까.

벨스 씨는 퇴임 후 다리를 다친 노모를 돌보느라 고향을 떠날 수 없었다. "내가 죽어야 아들을 자유스럽게 해 줄 텐데"라며 눈시울을 훔치던 모친의 모습이 지금도 선하다. 벨스 씨 집 정원에는 한국에서 가져간 방아풀과 접시꽃이 올해도 잘 자라고 있을까.

❖ 한경에세이, 2010년 4월

도이치 교수와의 인연

새로운 길을 찾아 나설 때 좋은 안내자를 만나는 건 큰 행운이다. 그중 한 사람, 도이치 교수는 1983년 나의 독일 연수시절 지도교수로 만났으니, 알게 된 지 20년도 훨씬 넘었다. 최루탄 때문에 종종 눈물 콧물로 뒤범벅되는 까칠한 기억만 가득한 나의 1970년대 대학시절에 비해 괴팅겐대에서 보낸 학창생활은 눈부신 천국이라 할 만했다.

도이치 교수는 냉철한 인상이었지만 참 자상했다. 대학 내 의료법연구소에 자리를 마련해 주었고, 나를 자기 승용차에 태우고 오페라를 크게 틀어 따라 부르면서 하노버까지 가 종일 사법연수생 면접시험을 참관하게 해 준 기억도 새롭다. 교수면서 첼레고등법원 판사도 겸하고 있던 그는 자신이 참여하는 재판을 바로 옆자리에서 방청할 수 있게 주선해 주곤 했다.

귀국 후에도 인연은 이어졌다. 가끔 한국을 방문하는 도이치 교수를 만날수록 독일에서 느꼈던 엄격함이나 강인함보다는 따스한 면을 많이 보게 되었다. 내가 법원장으로 근무하던 서울중앙지방법원에서 두 차례 강연도 했는데, 누가 질문이라도 하면 생기 넘치게 설명을 해 주던 기억이 떠오른다.

지난해 그의 팔순기념 학술대회에 참석하기 위해 괴팅겐에 갔다. 젊은 시절 대학 강의실에 되돌아와 앉아 있는 기분이 들었다. 학술대회 기간 저녁마다 축하 회식이 있었다. 통상 우리네 기념논문 증정식이나 그에 따른 축하 회식 분위기는 다소 공식적이고 딱딱한 느낌을 주는 데 반해 그곳의 분위기는 자연스러웠다. 축제인 양 서로가 즐기고 웃음도 넘쳤다.

도이치 교수는 80세를 넘긴 거구(巨軀)다. 요즘은 허리가 좋지 않아 지팡이에 몸을 의지한다. 그럼에도 학술대회 참석자들에게 90살, 100살 때 다시 만나자고 할 정도로 정정하다. 또 열정적이고 한 분야에 대한 몰입도 뛰어나다. 그가 집으로 초대한 저녁식사 자리는 조촐하면서도 화기애애했다. 집에 그림이 많았는데 저녁 먹기 전에 자기가 모은 그림들을 소개했다. 하도 설명을 잘 하는 바람에 뉴욕미술관에서 샀다는 명작 복사본이 원본처럼 보일 정도였다. 나이 80줄에 접어들었으면서도 1950년대에 브레멘항구에서 보름 넘게 배를 타고 뉴욕에 건너가서 유학한 때를 회상하며 다시 한 번 그때처럼 브레멘에서 뉴욕 가는 배를 타 보겠다는 낭만적인 생각도 이야기했다.

나이가 들수록 '착한 어린이'(*wohl Kind*)가 되어 간다는 도이치 교수의 말은 오래오래 음미해 볼 만하다. 늙을수록 지혜로워지나 늙어지니 힘이 없어지고, 강인함을 잃어 점점 약해지나 차츰 부드러워진다는 것이다. 우리나라에 공부하러 혹은 일하러 온 사람들에게 우리는 어떤 모습으로 비칠까. 과연 그 사람들에게도 내가 도이치 교수 같은 사람으로 여겨질까.

❖ 한경에세이, 2010년 3월

일본 교토 방랑기

2008년, 30년을 몸담아 온 정든 법원을 떠났다. 비로소 조직에서 벗어나 나름 더 자유롭고 외로운 이른바 재야 법조생활을 시작했다. 재조생활과 재야생활의 큰 차이점은 바로 자유와 일탈이다. 특히 자유롭게 해외여행을 하며 그동안 억눌러 왔던 호기심과 모험심을 마음대로 채울 수 있었다. 가까운 일본은 혼자서도 쉽게 드나들 수 있어서 여행가기 별 어려움이 없었다. 그동안 일본을 여행하며 가장 많이 방문한 곳이 교토이지 싶다. 이 글은 실제 교토에서 보낸 2박 3일 여행을 쭉 기록한 이야기가 아니다. 여러 차례에 걸쳐 방문한 곳을 마치 2박 3일 여행 한 번에 모두 겪었던 것처럼 엮어 보았다. 내용에 약간의 허구도 가미했음을 밝혀 둔다.

나에게 처음으로 교토가 다가온 것은 언제일까. 우리 세대는 학교에서는 물론 청·장년기를 거치면서도 일본의 역사와 문화를 접할 기회가 거의 없었다. 중·고등학교 세계사 시간에도 일본 역사나 문화를 전혀 배우지 못했으니 일본의 역사·문화·예술의 세계를 제대로 이해할 리가 없었다. 일제 36년의 악몽 때문인지 일본이라는 나라가 우리와 제일 가까이 있다는 사실조차 떠올리기 싫었다. 일본은 한일합병이나 임진왜란, 왜구의 약탈 등으로 우리나라를 못 살게 군, 깡패 같은 사무라이의 나라라는 부정적 생각으로만 가득했다. 초등학교 다닐 때에는 영화 속에서 독립군이 일본군과 싸워 이길 때에 그만큼 통쾌한 것이 없더니, 1960년대 후반 들어 그런 독립군 영화는 자취를 감추어 버렸다. 1970년대 중반까지 일본의 시골사람들까지 우리나라 요정에 와 기생파티를 즐기는 모습을 보면서, 여전히 조선이 자신의 식민지라는 오만한 생각을 하지 않을까 하는 불쾌한 생각을 떨치기 어려웠다.

그런 일본에서 처음 방문한 장소가 바로 교토다. 20여 년 전에 초등학교 다니는 아이들을 데리고 여행사에서 주관한 교토·오사카·고베 패키지투어를 다녀온 기억이 있다. 하지만 패키지투어가 그렇듯 수박 겉핥기였으니, 일본이나 교토를 제대로 이해했을 리가 없었다.

이렇게 시작된 교토 방문이 2000년대 후반 김대중 정부가 들어서면서 잦아졌다. 대학 때 만났다가 근 30년 정도 소식을 몰랐던 재일동포 친구를 서울에서 해후한 덕분이었다. 대학 1학년 때 동아리에서 그를 처음 만났다. 그는 정치학과에 다니고 있었다. 마침 그가 거처하던 집이 우리 집 가까이 있어서 집 근처에서 오다가다 마주치기도 했고, 가끔 등산도 같이했다. 대학 3학년 2학기에 위수령으로 대학 문이 닫혔을 때에는 둘이서 텐트를 짊어지고 전국을 일주일간 돌아다녔다. 속리산을 시작으로 무주구천동 백련암에서 거창산골마을까지 산길을 넘어가기도 했다. 다섯 시간 남짓 좁은 산길을 따라 사람 하나 구경 못 하다가 어둑하게 해질 무렵에야 산골마을 야산에 도착했는데, 수상한 사람이 우리를 보고 후닥닥 달아나는 모습을 보고 나도 깜짝 놀랐다.

그 친구는 대학을 졸업한 후 일본으로 돌아갔고, 그 뒤로 한참동안 한국을 방문할 수 없었다. 그러다 2005년, 내 고등학교 선배이자 정치학과에 다니던 같은 동아리 멤버와 함께 나를 교토로 초청했다. 그와 동행한 2박 3일간 교토 여행에서 나는 교토와 일본 그리고 일본과 한국의 역사에 대해 많은 설명을 들었다.

첫날은 대중교통으로 교토시내에 있는 절과 우지(宇治)의 뵤도인(平等院)을 방문했다. 지난 번 가족들과 같이 왔던 패키지투어 때처럼 료안지(龍安寺)로 시작해 무로마치(室町) 막부 8대 장군 오시카가 요시마사가 지은 산장인 긴카쿠지(金閣寺) 등 교토시내의 절을 구경했다.

그중에서도 인상 깊었던 것은 료안지의 정원이었다. 그동안 여기저기 돌아다니면서 봐 왔던 정원은 진짜 나무와 풀, 꽃, 연못을 적절하게 배치한 모습이었는데 여기에는 그런 것이 없었다. 가만히 보니 연못이라고 해도 물이 없고 모래만 물결처럼 꾸며져 있었다. 그 가운데 있는 조그만 돌을 산으로 치는 모양이다. 이른바 가레산스이(假山水) 정원이다. 료안지를 지나 긴카쿠지까지 방문하는 동안 잠시 세속을 벗어난 기분에 잠겼다.

그런데 대부분 교외의 산 밑이나 중턱을 끼고 앉은 우리의 절들과는 달리, 교토의 절들은 평지의 도심 한복판에 있어 의아했다. 또 불탑이 석탑이 아니라 대부분 목탑이라는 점 역시 우리와 다른 점이었다. 우리나라도 전란으로 인한 화재와 파괴, 소실 등을 겪지 않았다면 경주나 부여, 공주 등 지역에서 평지에 세워진 사찰과 목탑을 많이 볼 수 있지 않았을까?

일본의 절들은 종교적 색채보다는 장례식이나 결혼식 등에서 복을 비는 역할을 맡으며 우리네 절보다 훨씬 세속적인 인상을 풍긴다. 그러나 다른 한편 선(禪)을 적절히 포장하고 다(茶)문화를 병행하여 훨씬 수행처다운 느낌을 풍기기도 한다. 책방에서 구입한 책의 제목도 〈교토의 선사(禪寺)〉다. 책은 "절을 방문해서 정원건축 등에서 선종양식의 아름다움을 찾고, 마음을 가라앉혀 자기를 투시하는 시간을 가지라"고 한다. 제2차 세계대전 당시 교토를 폭격하려던 미국이 가로세로 좌우로 밤하늘의 은하수처럼 흩어진 보물 같은 절들이 아까워 다른 곳을 폭격했다는 이야기도 수긍이 갔다.

이번에는 산주산겐도(三十三間堂) 본당에 늘어선 1,001개의 천수관음상을 보고 적잖게 놀랐다. 보살들의 표정이 대단히 풍부했다. 백제 등 삼국시대는 물론 고려 후기, 조선 전기까지 우리가 왜(倭)에 우수한 불교문화를 전파한 줄로만 알고 있었다. 그런데 이곳 천수관음상을 보니 10세기 지나서부터 이미 일본 스스로 우리 못지않은 문화적・예술적 품격과 수준을 누렸던 듯하다.

도요토미 히데요시를 애도하기 위하여 부인 네네가 건립했다는 고다이지(高台寺)를 마지막으로 교토의 절 구경을 마쳤다. 오후에는 교토역에서 기차를 타고 교토 인근 우지시로 이동했다. 우지시에 있는 뵤도인은 헤이안시대 정토식 정원의 대표적인 사례로 꼽히는데, 1만 엔 지폐 후면에는 뵤도인 봉황당 지붕을 장식한 봉황상이 나온다. 뵤도인을 둘러보니 산주산겐도에서 깨달았듯 내가 일본의 문화・예술을 잘 알지도 못하면서 근거도 없이 폄하했다는 생각이 들었다. 그들도 우리에 뒤지지 않은 불교예술을 오래전부터 꽃피워 왔던 것이다.

우지에서 유명한 다도 체험은 하지 못하고 다시 교토로 돌아왔다. 아미타불은 서방정토의 부처이고, 아미타불에 귀의한다는 뜻인 나무아미타불만 열심히 외워도 사후에 극락정토에 갈 수 있다 한다. 그래서일까? 하루 종일 절을 돌아다닌 덕분인지 마음이 한결 정화되어 평온해진 느낌이 들었다.

교토의 밤은 낮의 정화된 분위기와는 정반대다. 우지에서 돌아와 밤 문화로 이름 높은 교토의 기온(祇園) 거리를 배회했다. 거리를 가로지르는 가모가와(押川) 강 근처 선술집에 앉아 셋이서 사케를 기울이며 오랜만에 밤늦게까지 회포를 풀었다. 교토의 찬란한 문화도 문화지만, 무엇보다 재일동포 친구가 어떻게 살아왔는지, 지금 어떻게 살아가는지가 내게 큰 충격과 경각심을 안겨 주었다. 재일교포로서 일본에서 살기가 얼마나 어렵고 처절한지, 또 고국이라는 한국이 그동안 그들을 얼마나 철저하게 외면해 왔는지 들을 수 있었다. 그 친구가 나에게 준 인상이 뇌리에서 떠나지 않는다.

친구는 교토의 재일한국인학교 교장으로 오래 근무했다. 그의 일과를 정리해 보면 다음과 같다. "10년 동안 집이 있는 오사카에서 교토까지 매일 1시간 40분 거리를 전철로 출퇴근하는데, 자리가 비어도 일부러 서서 간다. 다리를 튼튼히 하기 위해서다. 점심을 일찍 먹고는 곧장 학교도서관에 간다. 점심 짧은 시간에도 도서관에서 월간지나 신간서적을 훑어보고, 매일 책 2, 3권을 빌린다. 아침 다섯 시 반에 일어나 전철로 출퇴근하다 보니 많이 걷게 되는데, 도서관에서 빌린 책을 전철에서 읽고 나머지는 11시에 자든 12시에 자든 자기 전에 대충 훑어본다." 친구의 근면함과 성실함 그리고 진득한 독서 등은 대학시절부터 잘 알고 있었지만, 그 좋은 습관이 하나도 흐트러지지 않은 채 평생을 이어온 것이다.

내가 만나 본 사람 중에 한일 관계나 그 역사를 그만큼 해박하게 아는 사람도 드물지 않을까 여길 정도로, 그에게는 한일 고대사에 관한 지식이 풍부했다. 그가 고구려·신라·백제·가야가 일본에 미친 영향이 얼마나 지대한지 일본 고대어를 해석하며 풀어내는 설명을 듣다보면, 그냥 설명으로 흘려듣기에는 너무 아깝다는 생각이 든다. 글로 남겨서 많은 한국 사람, 일본 사람이 봤으면 좋겠다는 생각을 했다. 일본 사람들은 자신들이 과거에 중국 대륙으로부터 문화를 수용했던 사실은 시인하면서도 한반도의 문화에 영향을 받았다는 역사는 덮어 두려 하거나 시인하는 데에 몹시 인색하다. 왜 그럴까? 늦은 밤까지 이어진 그의 이야기를 통해 한일 고대사를 연결하는 일이나 일본 역사 뿌리 찾기에 큰 관심을 갖게 되었다.

반면 재일동포로서 일본에서 차별당하는 이야기를 들으면서 가슴이 너무 아팠다. 직장에서의 언어폭력은 물론, 일본의 척박한 현장은 어린 교포 청년들을 자살로까지 내몬다고 했다. 그래서 그는 일본사회를 향해 항의를 하고 투쟁활동을 벌인다고 한다. 그 정신이 존경스럽다. 다음 날 저녁 술자리까지 이어진 재일동포 이야기에 정말 많이 배우고 큰 감명을 받았다.

둘째 날 아침에는 친구가 묵는 숙소 근처에 있는 아담한 가정집 형태의 양식집에서 토스트와 잼, 달걀프라이, 햄에 커피를 곁들여 식사를 했다. 음식점이라기보다는 찻집에 가까웠고 깔끔했다. 평범한 일본 가정집의 분위기를 어느 정도 느낄 수 있었다.

식사 후 친구가 운전하는 차를 타고 교토 교외에 자리한 유명한 호수 비와고(琵琶湖)를 경유해서 엔랴쿠지(延暦寺)가 있는 히에이산을 올랐다. 중세 때 사원의 힘이 거대해져 그 폐해가 심해지자, 오다 노부나가가 엔랴쿠지의 승병을 몰살하고는 절마저 불태워 버렸다고 한다. 이 절은 한국과 각별한 인연이 있다. 9세기 엔랴쿠지에서 수행하던 고승 엔닌(圓仁)은 중국 순례여행 당시 신라방과 장보고의 도움을 받았다고 한다. 그래서인지 엔랴쿠지 경내에는 2001년 완도군에서 세운 장보고기념비가 다소 초라하게 서 있다.

저녁에는 다시 교토로 돌아와 지하철역 근처 유명한 자루소바 가게에서 메밀국수를 먹었다. 이날 저녁은 마지막 밤이라 그냥 간단하게 잠자리에 들 수 없었다. 역 근처 친구의 단골 바에서 음악을 들으면서 술을 마셨다. 밖에 나오니 마침 보름달이다. 교토의 마지막 밤을 달래려는 듯 전철을 타고 다시 기온으로 향했다. 게이샤(藝者) 지구 여기저기 골목길을 1시간가량 배회했다. 은은한 달빛이 흐르는 목조 집에서 대나무로 가린 창문에 기대 선 게이샤가 우리 뒷모습을 보는가 싶어 고개를 돌리기도 했다.

셋째 날은 긴카구지(銀閣寺) 근처에서 시작되는 '철학의 길'을 걸었다. 아름다운 산책길이다. 꽃, 나무, 개울 모두가 깨끗하다. 벚꽃 피는 4월 밤에는 엄청 사람들이 붐빌 것 같다. 연이틀 늦게까지 술이 과했는지 30분 정도 걷다가 지쳐서 카페에 들어갔다. 고전음악이 흘러나오고 의외로 한산하다. 주인이 다가와 가벼운 인사를 건네기에 몇 마디 더듬더듬 일본말로 왜 이 길이 철학의 길인지 물어보았다.

교토는 소설의 배경으로도 유명하다. 극우성향이 강한 소설가 미시마 유키오의 〈금각사〉도 유명하지만, 법률가인 나에게는 〈라쇼몽〉(羅生門)이 훨씬 인상적이다. 소설도 읽고 영화도 보고 연극도 보았다. 산적과 결투를 벌인 끝에 죽음에 이른 사무라이의 이야기를 음산한 분위기로 다룬 내용이다. 그 과정을 이야기하는 산적, 사무라이, 사무라이의 아내 그리고 목격자의 말이 서로 다 다르다. 인간이 입 밖으로 내뱉는 말은 나오는 순간 거짓으로 둔갑한다고 했던가. 이 작품은 법률가로서 증언의 가치, 의미를 다시 한 번 성찰하는 계기가 되기도 했다. 라쇼몽은 다음에 찾아보기로 하여 아쉬움을 남겨두고 교토를 떠났다.

이번 여정은 정신적 방랑 속에서 얼마나 자신을 성숙시키는 시간이 되었는가. 자아실현의 길을 찾으려고 고민과 방황을 거듭하는 자유로운 영혼의 소유자인 인간은 누구나 자기 인생길에선 영원한 방랑자가 아닐까.

❖ 2008년

제8부

문화와 예술에서 법을 읽다

영화 〈싱 스트리트〉

1960년대 마산에서 초등학교를 다녔다. 호기심 많던 시기였다. 그 무렵 처음 접했던 영화, 특히 서양영화는 충격 그 자체였다. 영화에서 본 서양문물은 너무 신기하고 재미있었으며, 내 어릴 적 무지개빛깔 환상의 꿈이자 동경의 소재가 되었다.

먼 친척이 당시 마산에선 유명한 시민극장 사장네 집에서 가정교사를 했다. 가끔 우리 집에 들르면 극장에서 영화를 공짜로 볼 수 있을까 하는 기대로 마음이 설레었다. 그래서 이래저래 그 친척의 눈치를 살피고 비위를 맞추기에 바빴다. 친척이 시키는 대로 손발을 깨끗이 씻는 것은 물론 저 멀리 개울가 옆 샘물까지 가 마실 물을 길러 오는 일도 마다하지 않았다. 그렇게 해서 본 영화 가운데 아직도 이름이 기억나는 〈대혈산〉이나 〈애꾸눈 잭〉 등에는 앨런 래드(우리는 당시 아란 랏드로 불렀다)나 오디 머피 등이 등장했다. 배우와 영화 제목이 제대로 연결되지는 않지만 그때 본 장면 중 아직도 뇌리에 선명하게 남은 영상들이 있다.

영화 이야기를 시작하면서 〈싱 스트리트〉(*Sing Street*) 라는 음악영화를 택한 것은 내가 봐도 약간 생뚱맞다. 어쩌다 독립, 인디영화에 관심을 갖다 보니 이 분야에 음악영화가 제법 중요한 몫을 차지하고 있다는 사실을 알게 되었다. 여기에 이 영화의 감독인 존 카니가 눈에 들어오면서 〈싱 스트리트〉 이야기를 꺼내게 된 것이다. 인기몰이 중인 〈비긴 어게인〉이라는 버스킹 음악 프로그램은 바로 이 카니 감독이 만든 영화에서 비롯된 것이 아닌지 추측해 본다.

영화의 배경은 1985년 불경기로 몸살을 앓고 있는 아일랜드의 수도 더블린이다. 당시 더블린에는 가정폭력, 알코올중독, 약물중독, 이혼, 실직 등 어두운 상황이 도시 전체에 깔려 있다. 이 영화는 집안형편 때문에 학교를 옮기면서 여러 어려움을 겪다가 밴드를 결성하여 뮤직비디오까지 만들고, 결국에는 아일랜드를 탈출하는 코너 로울로의 고교생활을 다루었다.

아버지 로버트가 실직하자 집안은 재정적 곤경에 빠지고 로버트와 부인 페니 사이에 부부싸움도 잦아진다. 로버트는 대출 문제로 고민하다 술, 담배만 늘리고, 코너의 형 브랜든은 다니던 대학마저 그만둔다. 가족회의 끝에 학비를 아끼기 위해 코너를 비싼 사립학교에서 천주교 재단학교(크리스천브라더스)로 옮기면서 이야기는 시작된다.

코너는 검은 신발이 없어서 갈색 신발을 신고 전학한 학교에 처음 들어서고, 신발 문제로 한바탕 소동을 치른다. 교장 박스터 수사는 검정 신발을 신어야 한다는 교칙을 위반하였다며 코너로 하여금 신발을 신지 않은 채 학교를 다니게 한다. 골칫덩어리 배리는 코너를 화장실로 불러 춤을 추라고 하다가 코너를 폭행한다. 얻어맞은 코너를 보고 교내 컨설턴트라 불리는 친구 다렌이 조언을 한다.

담배를 꼬나문 젊은 여성 라피나가 등장하면서 영화 분위기가 반전된다. 라피나는 모델이 되기를 원하는, 재능 뛰어난 사람이다. 라피나에게 첫눈에 반한 코너는 밴드 뮤직비디오의 모델이 되어 달라고 그녀에게 부탁한다. 라피나의 관심을 사기 위한 술책이었다. 어쨌든 말하자면 라피나가 밴드를 만들 계기가 된 셈이다. 코너에게 밴드는 자신의 어려운 상황을 모면하는 도피처이기도 하다. 다렌은 작곡가 에이먼을 소개해 준다. 코너는 작사를 하고 에이먼이 곡을 붙인다. 작사, 작곡을 밴드 스스로 하는 것이다. 밴드 이름은 '싱 스트리트'라 붙인다.

밴드는 계속 새 뮤직비디오를 만든다. 코너는 라피나의 관심을 사려 애쓰나 그녀에게는 마약상을 하면서 고급승용차를 모는 남자친구가 있다. 라피나를 여학교 기숙사까지 자전거로 바래다주는 코너와는 재력에서 비교가 안 된다. 하지만 코너와 라피나는 음악을 통해 관계를 쌓아가고, 마침내 입을 맞춘다.

학교에서 코너는 자기를 때리는 배리에게 "너는 부술 줄만 알지만, 나는 만드는 사람"이라며 배리를 말로 묵사발 낸다. 한편 코너의 부모는 마침내 별거를 선언하고, 이를 계기로 코너는 라피나를 할아버지의 모터크루즈로 더블린 인근 섬에 데리고 간다. 거기서 아일랜드를 떠나 영국으로 향하는 꿈을 꾼다.

코너는 머리 염색 문제로 박스터 수사와 또 한바탕 소동을 벌인다. 교칙에 염색에 관한 규정이 없는데도 박스터 수사는 염색을 지우라고 명령한다. 코너가 말을 듣지 않자 강제로 세면장에 끌고 가 머리를 씻긴다. "하느님이 주신 얼굴을 자랑스러워해야지"라면서. 그러나 코너는 이를 무시하고 다음날 다시 염색을 한 채 등교를 한다.

그 사이 라피나가 남자친구와 런던으로 떠나자 코너는 크게 낙담한다. 형 브랜든은 밴드를 계속하도록 동생을 격려한다. 형은 더 나은 미래를 향해 박차고 나아가라고 동생을 응원한다. 학교 송년파티에서 기회가 찾아온다. 코너는 배리와 친분을 맺고 배리에게 경호원 일을 맡긴다. 학교 송년파티에서는 신곡 〈백 투 더 퓨처〉, 〈훔친 것처럼 운전해〉등을 신나게 부른다. 가사에는 희망이 흐른다. "꿈, 키스, 환상, 하늘, 좌절과 비극이 없는 저 세상을 넘어가라"는 등 긍정적 메시지가 가득하다. 코너는 그 자리서 준비한 〈갈색 신발〉이라는 노래를 통해 박스터 수사에게 KO펀치를 날린다. 박스터의 얼굴을 본 딴 마스크를 관객에게 나누어 주고, 고식적이고 융통성 없는 박스터 수사를 비꼰다.

이 연회장에 라피나가 나타나 코너와 화해한다. 그는 송년파티가 끝나고 밤늦게 형에게 비밀스럽게 굿바이를 선언하고 할아버지의 모터크루즈가 있는 선착장까지 차로 태워 달라고 부탁한다. 코너와 라피나는 모터크루즈를 타고 바다로 나아간다. 런던에서의 새 출발을 위해 험한 바다를 헤쳐 나간다. 형은 음악가가 되는 꿈을 접었지만 동생은 '듀란듀란'을 모델 삼아 밴드로 성공하는 꿈을 펼치기 위해 런던을 향해 험한 파도를 헤쳐 나간다. 이 영화는 "어디에 있든 모든 형제들을 위하여"(For Brothers everywhere) 라는 헌사로 막을 내린다.

앞서 말한 바와 같이 존 카니가 이 영화의 감독을 맡았다. 2014년 2월에 존 카니는 "남학생이 여학생의 관심을 끌기 위하여 밴드를 만든다"는 콘셉트로 영화를 찍는다고 발표했다. 7월 인터뷰에서는 무명배우를 캐스팅하겠다고 이야기했다. 그 자신의 말처럼 월시-필로, 벤 캐롤란, 마크 매케나, 퍼시 체임버루카, 코너 해밀턴, 칼 라이스, 이언 케니 등 무명배우를 캐스팅해 영화를 찍었다. 더블린에서 2014년 9월에 촬영을 시작해 10월 25일에 마쳤다. 〈싱 스트리트〉의 음악 대부분은 1980년대의 베테랑 작곡가 캐리 클라크가 작곡하였고, 그 외에도 더큐어(The

Cure), 아하(A-ha), 듀란듀란(Duran Duran) 등 1980년대 밴드의 음악을 담았다.

이 영화는 뮤지컬 코미디 드라마로 분류할 수 있을 것이다. 카니 자신의 어린 시절을 그린 반(半) 자서전적 영화로도 알려졌다. 긍정적 영화, 따뜻한 영화다. 예술성을 추구하면서도 팝송을 별로 듣지 않는 나이 든 계층의 공감과 지지까지 얻는 힘이 있다. 아울러 내용으로나 형식으로도 어느 정도 독창성을 지녔다.

〈싱 스트리트〉는 2016년 1월 24일 선댄스영화제에서 처음 공개되었고, 2016년 3월 17일에 아일랜드에서 개봉되었다. 2016년 9월 6일 도빌영화제에서는 특별대상후보로 경쟁부문에 올랐고, 2016년 아일랜드 영화상에 최우수영화상 등 여러 부문에 후보로 선정되었다.

아일랜드는 영화와 시, 소설, 연극 등 예술로 우리와 친숙하다. 〈보리밭을 흔드는 바람〉, 〈라이언의 처녀〉, 〈원스〉, 〈아버지의 이름으로〉 등 영화에 아일랜드가 등장한다. 나는 아일랜드를 방문한 적이 있는데, 그곳의 풍광과 역사는 우리와 비슷했다. 〈보리밭을 흔드는 바람〉에서처럼 아일랜드는 바람이 많은 나라였다. 온통 바람에 흔들리는 보리밭 천지다. 이 아름다운 자연과 대비되듯 아일랜드 역사는 슬프다. 영국에 대한 끝없는 저항의 역사다. 한편 〈원스〉에서처럼 더블린 거리에는 음악이 넘쳤다. 아울러 더블린은 작가인 제임스 조이스로도 유명하다. 아일랜드에 머물면서 관광버스로 몇 군데 돌아다녔는데 팝송을 따라 부르는 노년의 관광버스 기사가 인상적이었다. 운전기사가 노래를 부르고 휘파람을 부는 광경을 여러 번 목격했다. 중학교에서 배운 영어노래 상당수가 아일랜드의 민요란 사실을 뒤늦게 알았다.

이 영화는 아일랜드 여행 당시 만난 아일랜드 사람들과 풍경을 떠올리게 했다. 존 카니 감독은 이러한 아일랜드의 풍경과 아일랜드의 정서를 노래로 표현해 세계에 알리고자 뮤지컬 영화를 만들었다고 했다. 존 카니는 히트를 쳤던 아일랜드 음악영화 〈원스〉의 제작자이기도 하다.

이 영화와 같은 독립영화가 주류(*main stream*)에 대한 반기(反旗)이듯, 영화의 주제 또한 과거의 관념·인식에 대한 도전이고 반란이다. "당신이 과거에 얽매일 때 나는 미래를 쓸 거야"라는 가사가 핵심을 잘 짚는다. 부모를 향한 반기, 봉건적 인습에 대한 반기, 아일랜드의 궁핍·스트레스·알코올과 마약에 대항한 반기, 주저앉음과 체념에 도전하는 반기다. 영화는 교칙이라는 낡고 케케묵은 법, 관습, 기존인식에 도전하는 모습을 잘 다루었다. 처벌이라는 실패에도 다시 도전하면서 변혁을 시도한다. 고식적 해피엔딩이지만 보는 사람으로 하여금 편안한 즐거움을 느끼도록 해 준다.

영화 속 노래들은 모두 미래를 향한 손짓이다. 가사나 곡, 노래 모두 훌륭하다. 듣고 보는 노래 하나하나, 영상 하나하나가 잘 결합되었다. 현실은 비극과 좌절이지만 미래는 행복과 희망이라는 대칭적 메시지를 잘 표현해 냈다. "사랑이란 행복한 슬픔의 구름이 걷힌 보름달 천사의 목소리" 등 가사는 퍽 시적이다. "핸들을 잡아. 너 인생이 어디든 갈 수 있어, 넌 뭐든 될 수 있어. 페달을 밟고 훔친 듯이 달려라"라고 젊은이에게 무한한 꿈과 도전정신을 불어넣는데, 작사자의 상상력과 창의력이 돋보인다.

"나도 삶에 열정이 있었다"는 뮤지션 형이 동생을 런던으로 가라고 응원하며 돕는 모습에서는 형제간의 진한 우애가 물씬 풍겨난다. 그래서 마지막에 "이 세상 모든 곳의 형제들에게"라는 헌사는 더욱 인상적이다. 형이 준 노래 〈남녀의 미래〉(*Go Now*)의 가사 역시 멋있다.

"가다 죽을 수도 있겠지만, 인생을 걸고 떠난다. 기회란 금방 왔다 사라진다. 계속 가. 네가 옳아. 가만히 앉아서 생각하지 말고 당당히 맞서 뒤돌아보지 마, 한번 결정하면 뒤돌아보지 마, 그게 인생인 걸."

❖ 2018년

〈일본인의 정신〉을 읽고

2008년, 오랜 법관생활을 접고 변호사 일을 시작했다. 시간적으로나 정신적으로나 다소 여유가 생겼다. 자연히 생활에도 여러 변화가 따랐다. 해외 나들이가 종전보다 늘어난 것도 그 한 예다. 특히 일본을 많이 다녔다. 우리에게 정치, 경제 등 모든 방면에 걸쳐 큰 영향력을 행사하는 이웃인 만큼 관심도 커서 일본 여기저기를 분주하게 돌아다녔다. 맡고 있는 대학원 강의 때문에 주로 여름방학·겨울방학을 틈타 집중적으로 어느 한 지역을 거점으로 잡고 돌아다녔다. 2018년 2월에는 일본 큐슈를, 2017년 8월에는 나고야에서 시작하여 북쪽 가나가와까지 열흘 정도 여행했다. 일본어 실력은 짧지만 항상 의욕이 앞서 일본 여행 틈틈이 책방에 들러서는 일본인의 사상과 정신을 이해하기 위한 책을 몇 권씩 사기도 했다.

그런데 작년 초쯤, 일본인이 일본인의 정신에 관해 쓴 책의 번역본을 국내서점에서 만나게 되었다. 두껍지 않아 단번에 다 읽었다. 이 책은 일본인의 정신을 체계적으로 잘 정리하여 일본과 일본인을 이해하는 데 도움이 되었다. 책을 읽은 뒤 독후감 형식으로 글을 써 보았는데, 이를 통해 나름대로 일본인의 정신, 사상을 정리해 보고자 한다.

〈일본인의 정신〉에서 저자 야마쿠세 요지(山久瀬 洋二)는 일본인이 가진 핵심 가치, 즉 일본인의 정신을 크게 13가지로 나누어 소개한다. 그 13가지가 바로 '화'(和), '형'(型), '도'(道), '기'(氣), '절'(節), '정'(情), '충'(忠), '신'(神), '불'(佛), '연'(緣), '신'(信), '덕'(德), '미'(美)이다. 먼저 이를 간략히 언급해 본다.

1) 화(和)

일본 정신의 중심에는 '화'가 놓여 있다. 일본 음식을 '와쇼쿠'(和食), 일본 옷을 '와후쿠'(和服)라 부르는 데에서 알 수 있듯이, 일본을 상징하는 글자가 '화'다. 화는 조화를 의미한다. 공동체 의사를 존중하고, 공동체에 폐를 끼치지 않으려고 한다. 일본인들은 늘 '스미마셍'(低頭)을 입에 달고 산다. 이 역시 전체와의 조화를 이루면서 공존을 모색하는 모습이다. 남에게 폐가 되는 행동을 하지 않는 것, 일본 부모는 이를 자식 교육의 으뜸 원칙으로 삼는다. 이런 마음은 남을 배려하는 마음으로 연결된다.

2) 형(型)

일본은 아직도 수직관계의 사회이고 그 정점에 천황이 앉아 있다. 사회생활에서도 상하관계에서 지켜야 할 예법과 매너를 중시한다. 처음 보는 사람끼리 만나 나이를 묻는 것도 서로 간에 상하를 정하기 위해서다. 술자리에서 상하 간에 잔을 받는 법과 따르는 법이 있다. 비즈니스에서는 명함 교환이 상례적이다. 시행착오를 두려워하기에 잘 닦아 놓은 선례를 따른다. 모범생 같은 태도다. 그래서 전통이며 장인정신의 계승이 잘 이루어진다.

3) 도(道)

'도', 즉 도리를 다 하는 일은 인간이면 누구나 지향해야 할 가치이다. 일본인은 이 도리를 중시한다. 일본 '도'의 대표라 할 수 있는 무사도는 일본 고유의 정신이라 할 수 있다. 그만큼 몸과 마음의 수련, 정신 자세를 중시한다.

4) 기(氣)

좋은 '기'는 의욕이다. 여기서는 집단사고나 집단정신을 강조한다. 원래 기개는 개별적이기 마련인데, 이를 단체행동과 연결한다. 이 단체행동에서 일탈하면 이지메를 가한다. 지난 후쿠시마 대지진 때 일본 사람들은 담담함(氣丈)을 놀라울 정도로 잘 보여 주었다. 일본인은 사람 앞에서 감정을 격하게 드러내는 일을 꺼리고, 천재지변에 따른 참사를 운명으로 받아들인다.

5) 절(節)

다음 시작을 위해서도 과거를 분명히 바로잡고자 하는 것이 마디, 즉 '절'이라는 개념에서 나타나는 윤리관이다. '떠나는 새는 뒤를 어지럽히지 않는다'는 속담도 이런 정신을 보여 준다. 일본에서는 회사 경영자가 책임을 지고 사임하는 일이 빈번한데, 이렇게 책임지는 자세 역시 일본인의 덕목으로써 사회가 발전하는 데에 중요한 역할을 한다.

6) 정(情)

지금까지도 이 '정'에서 발전한 의리, 봉공, 충성이 일본의 정서를 지배한다. 일본인은 본심과 겉치레, 속마음과 겉이 다른데, 내부와 외부를 구분하는 모습도 일본인의 이러한 정신에서 비롯된다. 이들은 처음 만난 사람 사이에도 서로 공통점을 찾아 관계를 맺으려 시도한다. 중요 정보는 비공식 모임이나 소집단에서 더 얻기 쉽다. 소집단에서 맺어진 인연이 끈끈해, 여기에 끼어들지 못하면 겉돌기 십상이다. 이지메가 여기에도 연결된다. 그런 점에서 저녁의 비공식 모임이 중요하다. 2차 모임이 되어야 속내를 비로소 드러낸다.

마을에서는 촌장의 말을 잘 들어야 촌에서 쫓겨나지 않는다. 일본인의 내외 구분은 '아침저녁 통근열차에서 타인을 확 제치고 전철을 타는 일을 주저하지 않는다'는 말에서 인상적으로 드러난다.

7) 충(忠)

국가지상주의 천황사상을 아직도 강조한다. 윗사람, 아랫사람 사이의 장유유서(長幼有序)는 지금도 존중받는다. 집단 내 상하관계는 의리에 속박을 받는다. 여전히 자신이 속한 집단의 문화에 순응하여 규칙을 잘 지키려 하고, 집단에 대한 충성도도 매우 높다. 자연히 회사를 최우선으로 하는 일벌레가 많다. 에도시대에 억울하게 죽은 주군을 위해 복수를 한 후 할복자살한 가신 47명의 역사적 이야기를 다룬 고전 〈주신구라〉(忠臣藏)는 지금도 인기 있다. 할복은 무서운 전통이다. 후임자에게 업무 인수인계를 철저히 하는 것도 이 정신에서 비롯된다.

8) 신(神)·신(信)

목욕재계가 일본 신도와 연결된 관습인지는 모르겠으나, 축제에서 몸에 찬물을 끼얹거나 신사에서 물로 손을 씻는 행위를 쉽게 볼 수 있다. 목욕재계와 연속선상에 있는 관습일 것이다. 청초, 즉 주변을 깨끗하게 치우는 행동은 많은 일본인의 정신에 오랜 세월에 걸쳐 구석구석 스며든 풍습이다. 이런 풍습의 원점에는 몸을 깨끗이 하는 신도의 미의식이 존재한다. 돌로 꾸민 정원 등에서 엿볼 수 있는 간단함, 검소함에서 미를 추구하는 일본식 사고를 엿볼 수 있다. 신도는 자연신앙, 산림신앙과도 연결되는, 세계적으로 공유 가능한 종교다.

9) 불(佛) · 연(緣)

헤이안시대의 아미타신앙은 16세기에 대중운동으로 발전하여 위정자를 위협하기도 했다. 인연 · 윤회사상은 봉건시대에 엄격한 신분제도를 유지하도록 했고, 정치권력은 통치를 유지하는 도구로서 불연(佛緣)을 이용했다.

〈일본인의 정신〉은 일본인의 자세, 태도, 풍습뿐만 아니라 일본의 전통이 지금의 일본에 어떻게 변형, 수용, 계승되고 있는지 이해하는 데 큰 도움을 주었다.

한국 · 중국 · 일본 등 동아시아 문화권은 정신세계나 가치관 등에서 유불선사상을 함께 받아들였기에 공통적인 면이 많다. 이 사상들은 한국과 일본에 개별적으로 수용되는 과정에서 나라별로 토착화를 거쳤기에 독자성을 띤다. 이 책에서 소개한 일본의 가치나 정신 중에는 우리도 마찬가지로 소중하게 지니고 있는 것들이 있다. 일본과 마찬가지로 유교 · 도교 · 불교의 영향을 받았기 때문이다. 이에 대한 언급이 전혀 없다 보니, 저자가 이런 동양의 공통된 정신과 장점을 마치 자신들만의 독자적 요소인 양 부각시켰다는 느낌을 지우기가 어렵다.

여기서 설명하는 일본인의 정신 중 여러 가지가 사실 동양인이 함께 지닌 덕목이자 정서다. 정도의 차이가 있지만, 동양사회는 근본적으로 인정사회다. 서양에서는 합리적인 사고와 이성이 우세하지만 정(情)의 문화는 우리를 비롯한 동아시아 전체의 정서다. 일본인의 정신으로 소개하기에는 다소 설득력이 떨어진다. 다만 정(情) 문화가 일본과 우리나라에서의 각자 독자적인 모습으로 나타나기도 한다.

좋은 기, 의욕 역시 인간의 공통 덕목이지, 일본인의 정신으로 미화할 것은 아니다. 더욱이 의욕은 개인적 요소인데 이를 집단사고나 집단정신으로 연결하는 것은 부자연스럽다. 기개 역시 단체행동과 연결하기는 다소 어색하다.

중용이나 배려 역시 일반적으로 인간이 지녀야 할 도덕윤리이다. 일본의 정신이라기보다는 글로벌한 보편적 덕목이 아닐까. 물론 일본인의 배려심이 강하기에 이를 일본인의 정신으로 부각한다는 점은 충분히 이해한다. 일본인은 공동체 의사를 존중하고, 공동체에 폐를 끼치지 않으려고 한다. 이 배려심은 일본인의 장점으로 아직까지 건재하다. 하지만 최근 일본 식당에서는 젊은 사람들이 크게 웃고 떠들며 옆자리 손님들을 별로 의식하지 않는 장면도 심심찮게 목도된다.

한편 여기서 저자가 말하는 배려심은 일본 내부에서의 문제이다. 외국, 외국인에 대한 배려심은 과연 있는 것일까. 제 2차 세계대전의 가해자가 원폭피해자로 둔갑한 채 제국주의 침략의 피해자인 이웃나라 한국과 중국에게는 무심한 것이 과연 배려심일까. 국제사회에서는 일본의 무례함이 오히려 많이 지적된다.

저자는 일본이 농경사회였다는 사실과 일본인의 정신이라는 '화'를 연결하는데 이 또한 납득하기 어렵다. 우리도 원래 농경사회 아닌가. '화'를 좋게 말해 조화로도 볼 수 있겠지만, 실제로는 지배층의 지배수

단인 듯하다. '스미마셍'(低頭)의 한자어 뜻에서 파악할 수 있듯이 평민은 사무라이에게 고개 들기조차 어렵다. 항상 머리를 숙여야 했다. 머리를 들었다가는 바로 목을 베이기 때문이다. 이런 정신이 아직도 일본 사회에 존재한다. 아베가 장기집권을 하면서 우경 일변도로 치달을 수 있는 까닭도 이런 정신이 뒷받침을 해 주었기 때문이라 본다. '화'로 인해 희생당하는 개인의 자유와 존엄성을 생각해 보아야 한다. '화' 정신의 이런 부정적인 측면이나 위험성도 함께 지적하였으면 하는 아쉬움이 든다.

그럼에도 불구하고 일본인의 정신적 주체성·독자성은 놀랍고 부럽다. 중국 역사서 〈수서〉(隋書)의 '왜국전'(倭國傳)에는 일본이 오래전부터 스스로를 천황국가로 인식했다고 기술한다. "607년에 중국에 조공을 바치면서 일본 사신이 가져온 일본왕의 국서는 '해 뜨는 곳의 천자가 해지는 곳의 천자에게' 보낸다는 말로 시작하였다. 이에 황제가 대로했다"는 기록이 있다 한다. 오래전부터 일본 민족이 중국으로부터 정신적 독립을 확립하고, 강렬한 주체의식과 자존감을 세운 일은 높이 평가받을 만하다 하겠다.

또한 때가 되어서 피고 지는 벚꽃과 신국의 자손이라는 '대화혼' 정신은 삶 자체를 대범하고 가볍게 여기는 모습을 보여 준다. 구차스럽지 않아 보기 좋다. 그러나 이 대화혼이 과도하게 미화되어 할복자살 등으로 연결되는 일이 과연 바람직한 것일까. 일본 고유의 정신이라는 무사도는 사무라이 정신의 발현이라 할 수 있다. 그만큼 몸과 마음의 수련, 정신 자세가 중요하다는 뜻이다. 이는 행동에 책임을 지는 일종의 노블레스 오블리주나 유럽의 기사도와도 통한다. 그러나 할복자살을 무사도의 정점에다 두는 모습이 생명 경시라는 점에서 온당할까? 이런 식의 자살 미화는 지금도 일본 내에서 매력적으로 그려지곤 한다. 그러나 제2차 세계대전 당시 미군 오키나와를 점령하기 직전에 군병원 간호사들이 단체로 절벽에서 뛰어내려 자살한 사건은 결코 미화될 만한 것이 아니다. 오키나와 원주민들까지 자살로 내몰았던 일본 군부의 잔혹한 행동은 지탄받아 마땅한 반인륜적 범죄다.

일본인의 정신으로 강조되는 의리나 보은도 가정과 사회에 대한 것이라면 긍정적 효과가 크다. 이는 자신을 낳아 키워 준 부모를 향한 효(孝)로 연결되고, 자신을 지켜 주는 국가에 대한 충(忠)으로 나타난다. 특히 은(恩)과 충(忠), 의(義)는 동양권에서도 특히 일본에서 강하게 나타난다. 하지만 민주국가가 대세인 요즈음도 천황의 은혜 즉 황은(皇恩) 사상이 사라지지 않은 것 또한 일본의 특색이라 하지 않을 수 없다. 가미카제 자살특공대의 몸 바침이 황은에 대한 보답이라니, 집단교육의 효과가 얼마나 엄청난지 알 수 있다. 일본 각료의 야스쿠니신사 참배와 역사교과서 왜곡 등, 일본은 일본 제국주의의 피해 국가인 한국과 중국의 신경을 계속 건드리고 있다.

한편 일본의 수직사회·신분사회의 전통은 사농공상의 틀 속에서 각자가 어떤 행위를 하여야 적절한지 잘 규율한다. 여기에 맞추어 살아감으로써 자연히 분수에 맞는 삶을 산다는 것이다. 오늘날 초강대국 일본이 있을 수 있는 것은 사무라이들이 메이지유신이라는 혁신을 주도적으로 이끌어 나갈 때 평민들이 잘 순응하며 따라준 데에 큰 힘을 얻었다고 볼 수 있다. 그러나 가업승계의 역사적 배경을 보면 이를 곱게만 볼 수 없다. 장인정신의 발굴과 계승이라는 긍정적 측면도 있지만, 다양성 결여라는 부정적 측면 역시 간과할 수 없다. 전통과 장인정신을 계승하는 일이 일면 부럽기도 하지만, 이는 일본 고유의 역사적 사회구조와 연결된 듯하다. 중세 · 근대의 일본 지배층은 서민들의 직업을 함부로 바꾸지 못하게 했다. 아버지가 대장장이면 아들도 대장장이인 것이다. 그런 만큼 평민도 과거를 통해 벼슬을 할 수 있었던 조선의 역사는 훨씬 민주적이었다 할 수 있다.

행동을 삼가는 것, 특히 절제는 사회공동체를 유지하는 데에 매우 중요하다. 우리 한국의 시위현장은 워낙 과격해서 남의 자유나 권리를 대수롭지 않게 여긴다는 인상을 풍긴다. 절제가 부족하다 보니 감정표현 또한 격하고 원색적이다. 이 역시 미성숙한 사회의 표현방식이라 할 수 있다. 냄비처럼 쉽게 끓다가 어느새 가라앉고 흔적도 없이 사라져 버린다. 이런 점에서 일본인의 절도, 절제는 부러운 덕목이다.

일본인의 담담함(氣丈)은 지난 후쿠시마 대지진 때 잘 나타났는데, 이는 우리의 모습과 너무나 대조적이다. 그러나 어느 쪽이 더 바람직하냐를 물을 문제는 아닌 것 같다. 태풍, 지진 등 천재지변을 자주 겪는 일본 사람들은 대체로 생사의 문제를 운명으로 받아들이는 경향이 있다. 반면 우리는 일어날 수 있는 재난을 소홀히 대비한 국가사회에 대한 불만이 대참사를 겪을 때마다 표출된다.

신도는 일본을 하나로 뭉치게 하는 구심점이고, 그 중앙에 천황이 있다. 메이지유신 때 사무라이들은 전통적 신도를 천황에 결부시켰다. 오늘날까지 신도사상은 일본 국수주의와 군국주의의 중심에 있다. 일본에는 엄청난 수의 신사가 있는데, 아베 총리나 정치 지도자들이 야스쿠니신사를 참배하는 데에서 엿볼 수 있듯이 신도는 국가가 관리하는 일종의 의식이라 할 수 있다. 일본 축제인 마츠리도 이 신도사상과 자연히 연결된다. 일본인들에게 신사나 절을 참배하는 일은 엄숙한 종교행사라기보다는 생활 속 즐거움이자 기복을 구하는 일종의 가벼운 나들이다. 이를 범세계적인 종교로까지 비화하려는 것은 다소 무리가 아닐까. 그리스도교나 불교 등과는 달리 우상을 신앙의 대상으로 삼지 않고 늘 마주하는 자연을 섬기는 것이 신도의 종교적 특징이라고 책은 이야기한다. 종교는 신이나 내세를 믿는 문제이므로 신도는 엄밀한 의미에서 종교라 보기 어렵다. 한편 이 책은 일본에 불교가 전래된 경로를 중국이라 하였는데, 이는 최근 한반도로부터 받은 문화적 영향과 단절하려는 노력의 일환인 듯하다.

정(情)에 대한 설명 중 의리를 이야기한 부분도 좀 이상하다. 이를테면 부모에 대한 의리에 얽매여 억지로 약혼한 딸 이야기가 그렇다. 상사가 술을 청하면 연인과의 데이트 약속을 어떻게 할지 고민하는 일이 의리와 인정인가. 이는 봉건 도제사회에서 개인의 자율이나 의사가 무시되고 약속의 의미가 제대로 실현되지 못한 전근대적 모습이라 할 수 있다. 이는 의리와 인정의 문제가 아니다. 여기에는 오직 봉건적 아버지와 상사가 있을 뿐이다. 가족, 직장의 수직관계에서 이런 상황이 벌어지면 이는 더 이상 의리의 문제가 아니다. 오히려 상사의 요구보다는 연인과의 약속을 지키는 일이 더 의리 있다고 생각한다.

한편 선례나 전통을 존중하는 문화는 사회를 안정적으로 이끄는 데 기여하는 측면도 있지만, 선례를 너무 중시하다 보면 도전정신이 옅어지고 다양성이 결여된다. 실패를 두려워해 리스크 회피문화가 형성된 곳에는 비판정신이 부족할 여지가 크다.

속마음과 겉치레, 내부와 외부에 대한 설명도 특이하다. 통근열차에서 타인을 확 제치고 전철을 타는 일본인의 내외부동(內外不同)은 바로 관동대지진 당시 아웃사이더인 조선인에게 그토록 잔인하게 행동했던 것과 맥락을 같이 하는 건 아닐까. 그런 점에서 일제강점기 때 식민지

조선을 잔혹하게 지배하면서 '내선일체'를 내걸었던 역사는 이러한 일본인 정신의 표리부동 내지 가식의 발현으로 볼 여지가 있다.

지금 민주국가에서 '충'을 강조하는 방향도 다소 어색하다. 이는 일본의 국가지상주의, 천황사상과 바로 연결된다. 우리의 사농공상에서는 선비 '사'(士)가 관료를 뜻하는데, 일본에서는 무사를 의미한다. 메이지유신의 일본 무사는 문무를 겸비한 정신적 지도자다. 일본은 아직도 봉건시대 신분제 사회인가 싶을 정도로 사무라이 정신이 충만한 사무라이의 후신들이 정·관계 지도층을 구성하고 있다.

제 2차 세계대전 이후 서구화되는 과정에서 우리는 조선시대 유교의 영향으로 형성된 풍습이며 가치관을 많이 잃어버렸다. 일본도 미군정으로 미국의 영향을 지대하게 받았지만, 버리기 아까운 여러 동양사상 및 전통의 긍정적 측면을 잘 지켜나가고 있는 듯하다. 우리의 모습과 비교해 보았을 때 부럽다. 다만 이 책은 일본인의 정신이라 하면서 긍정적 면만 강조할 뿐, 그 정신 내지 가치체계의 어두운 면을 솔직하게 털어놓지 않아 아쉬운 생각이 든다.

❖ 2018년

샤일록 재판 유감

셰익스피어의 희곡 〈베니스의 상인〉에 나오는 이른바 인육(人肉) 재판은 유명한 이야기다. 잘 알려져 있다시피, 유대인 샤일록은 빌려간 돈을 제때 갚지 못한 베니스 상인 안토니오에게 증서에 쓰인 대로 살 1파운드를 요구했다. 재판관 포셔는 "계약이 살 1파운드만 허용하고 있으므로 샤일록이 가져가는 살은 이보다 더해도 덜해도 안 되고, 아울러 피를 한 방울이라도 흘리면 법에 따라 전 재산을 몰수한다"고 경고한다. 마지막에는 이방인이 베니스 시민의 생명을 노렸다 하여 샤일록의 전 재산을 몰수하고, 그가 기독교로 개종하는 조건으로 목숨만은 살려 준다는 내용이다.

이 희곡은 당시 런던 시민의 반유대정서가 얼마나 극심했는지 잘 드러낸다. 안토니오가 리얄토다리 근처에서 샤일록을 "사람 죽일 개"라고 욕하면서 면상에 침을 뱉고 발길질까지 했을 만큼, 유대인 고리대금업자는 사람대접을 전혀 받지 못하는 조롱과 멸시의 대상이었다.

독일의 법학자 루돌프 폰 예링은 샤일록이 법을 곡해하면서 계약 문언대로 법을 적용하도록 요구함으로써 부정을 행하는 데에 격분을 느꼈다고 한다. 독일의 법철학자 라드부르흐 역시 샤일록의 계약을 "진지하게 받아들일 가치 없는 종류의 인간, 더구나 유대인의 생각이 깊지 못한 거래"라고 했다. 서구에서는 대체로 재판관 포셔를 솔로몬에 비유할 만큼 그 혜안과 통찰력을 높이 산다. 샤일록과 포셔에 대한 이러한 이해가 과연 보편적일까.

우선 포셔는 법정 단 위에 앉은 공작과 샤일록을 속였다. 약혼자 바사니오의 친구인 안토니오의 재판을 주재하기 위해 남장을 하고 변성기 소년의 목소리를 내어 남성 법학자인 양 꾸몄던 것이다. 더욱이 포셔는 소송 당사자인 안토니오의 친구이자 돈을 빌린 바사니오의 약혼녀이기 때문에 이 재판을 맡아서는 안 되었다.

계약 해석에서도 문제가 있다. 증서에 "살 1파운드"로 되어 있더라도 채권자인 샤일록이 정확하게 살 1파운드를 전부 떼 내야 하며 1파운드 아래를 잘라 내서는 안 된다고 의무를 부과하기는 어렵다. 담보물 1파운드 미만으로 하향조정하는 일은 권리를 일부 포기하는 행위이기 때문이다. 또 자연의 법칙상 살을 떼 내는데 어떻게 피를 흘리지 않을 수 있을까. 피를 흘리지 않겠다는 약정 역시 계약서에 규율된 바 없다.

샤일록이 빌려준 돈만 받겠다고 한발 물러서는 데도 포셔가 이를 거절한 것은 월권이다. 더욱이 그 상황에서 한 걸음 더 나아가 샤일록이 살인을 획책했다 하여 전 재산을 몰수하되 특별사면의 조건으로 개종을 명하였으니, 이렇게 가혹한 징벌이 과연 정의일까. 위약벌로서의 '1파운드의 살'을 포기하고 원래대로의 차용금을 청구하거나 아예 그 청구마저도 포기한다면, 포셔는 그 선에서 이 사건을 종결했어야 했다. 심지어 샤일록의 목숨을 살려 주는 조건으로 개종을 명하는 일은 양심의 자유, 종교의 자유를 침해한 것이다.

십자군전쟁과 흑사병 이후 일상화된 유대인에 대한 약탈과 추방 그리고 학살 속에서 사랑과 자비를 외쳐 대는 크리스천의 오만과 위선, 이중성에 유대인들은 얼마나 치를 떨었을까. 치욕의 징표로서 노란색 모자를 쓰고 가슴 위에는 노란 천으로 만든 마크를 착용해야 하고, 격리된 게토(*ghetto*) 에서만 거주해야 한 유대인으로서는 크리스천도 피를 흘려봄으로써 자기 소유물로나 여겨 온 노예나 사람 취급을 받지 한 유대인이 같은 인간임을, 또 수모를 당하면 누구나 앙갚음하려는 것이 인지상정임을 깨닫게 하려고 하지 않을까.

비 서구인의 관점에서 포셔의 재판을 음미해 보면서 최근 미국 대통령 후보 트럼프의 무슬림이나 유대인에 대한 인종차별적 비하가 떠오른다. 지구상에서 또 다른 '샤일록'이 외면과 곡해, 매도로 고통을 받고 있지는 않은지 우려의 마음이 든다.

❖ 여의나루, 2016년 10월

이중섭의 사랑과 열정

늦가을 박재삼 시인이 엮은 〈이중섭, 편지와 그림들〉이라는 책이 드라마에 소개된 후 베스트셀러가 되었다. 소설가 최문희가 이중섭과 부인 이남덕의 사랑을 그린 장편소설 〈이중섭〉도 출간됐다. 때마침 덕수궁에서 열리고 있는 '한국 근·현대회화 걸작 100선'에서는 이중섭의 그림 〈황소〉가 단연 주목을 받는다. 일본의 한 영화제작사는 이달 초 이중섭 부부의 사랑 이야기를 담은 다큐멘터리 〈이중섭의 아내〉를 경남 통영에서 촬영했다. 고독과 가난 그리고 인고(忍苦) 속에서 마흔의 짧은 삶을 열정적으로 불태워서인지 다들 이중섭을 좋아한다.

화가는 죽은 뒤 다음 세대들에게 자신의 그림으로 말을 건다. 사후 반세기가 지난 오늘날에도 이중섭의 영혼은 그가 남긴 그림과 편지로 우리와 만난다. 세계인이 좋아하는 고흐는 "예술은 바로 사람의 영혼으로부터 솟아나온 것. 그림이란 우리가 느끼는 것과 우리가 할 수 있는 것 사이에 서 있는, 보이지 않는 철벽을 뚫는 것과 같다"고 했다. 명작은 바로 이렇게 철벽을 망치로 계속 깨부수는 인고 속에서 탄생해야 깊은 감동을 안겨 준다.

이중섭은 불행이라는 면에서 고흐와 비견할 만하다. 가난하고 고독하게 살다가 말년에는 정신분열까지 앓았다. 그는 월남민으로서 남쪽에 뿌리가 없었다. 더욱이 경제적 무능 때문에 가족을 일본으로 보낸 데 대한 가장으로서의 자괴감과 무력감, 열등감이 그를 항시 짓눌러 정신적 불안정을 계속 가중시켰을 것이다. 모두가 이중섭을 사랑하는 까닭에는 그가 어려운 시기를 극복하려고 애쓰면서 작품활동에 매진했고, 그럼에도 제대로 빛을 보지 못한 채 외롭게, 일찍 생을 마감했다는 안타까움이 있으리라. 이중섭의 삶은 일제강점기와 분단, 전쟁을 겪은 우리 근대사의 거친 파도에 그대로 내던져졌다. 그의 시 〈소의 말〉에서 표현했듯이 "외롭고 서글프고 그리운 것"이었다.

그는 끊임없이 솟아오르는 사랑의 분출을 그림에다 쏟아부었다. 일본에 가족을 보낸 후 계속 이어진 이중섭의 편지는 가족을 향한 뜨거운 애정을 확인함으로써 살아가기 위한, 말하자면 숨구멍이었다. 아내에게 보낸 사랑의 편지는 절절한 그리움을 적나라하게 표현해 읽기 민망할 정도다. 죽은 첫아들의 관에는 저세상에서 배고플 때 먹으라고 천도복숭아를 그려 넣었다. 글자를 모르는 애들에게 보내는 엽서에서는 그림이 언어를 대신했다. 그의 예술관은 이러한 사랑에 터를 잡았다.

그는 예술에서 중요한 것이 참 인간성의 일치이자 확고부동한 사랑이라고 강조한다. 그에게 예술은 지고한 애정의 표현이다. 참된 애정이 충만함으로써 마음이 맑아지고 그로써 우주의 모든 것이 올바르게 마음에 비치어 훌륭한 작품이 탄생한다고 했다. 사랑이 이런 과정을 거쳐 예술혼으로 승화되는가.

이중섭은 있는 그대로를 재현하는 기능공보다는 자신의 시각으로 사물을 변조하는 창조자를 꿈꿨다. 좀더 엄밀하고 강렬한, 더욱 새로운 표현을 하려는 갈망이 컸다. 대담하고 역동적이면서도 몽환적인 붓질이나 단순하면서도 생동감 넘치는 선묘(線描), 선명하고 강렬한 원색은 확실히 매력적이다. 뛰어난 예술가들이 그러하듯이 치열한 열정과 집중력, 사물을 정확히 포착하는 통찰력이 크게 돋보인다.

작품을 제작하는 열정은 지극했다. 그는 오로지 가족과의 재회를 고대하며 매일 꼭두새벽부터 밤늦게까지 작품 제작에 몰두했다. 그 불같은 열정은 아내를 향한 진한 사랑과 바로 조응한다.

그가 그린 소는 그저 들판에서 풀을 뜯어먹는 한가한 소가 아니다. 붉은 노을을 배경으로 한 황소의 눈빛은 무언가 강렬한 메시지를 전하려 한다. 이 가을에 이중섭의 그림과 편지를 보면서 나는 지금까지 과연 얼마나 사랑과 열정을 가지고 살아왔는지 자문해 본다.

❖ 여의나루, 2013년 11월

〈윤동주, 달을 쏘다〉와 일본

일제강점기의 저항시인 윤동주의 시(詩)인가 싶을 정도로 화사한 분위기의 봄노래가 있다. "봄이 혈관 속에 시내처럼 흘러 돌, 돌, 시내 가차운 언덕에 개나리, 진달래, 노오란 배추꽃 삼동(三冬)을 참아온 나는 풀포기처럼 피어난다." 그러나 빼앗긴 들에 자연의 봄은 어김없이 찾아와도 생동의 봄, 자유와 평화의 봄은 돌아오지 않았다.

이 봄에 일제에게 빼앗겼던 봄을 떠올리게 하는 일들이 이어지면서 마음이 편치 않다. 지난달 아소 부총리 등 각료들에 이어 일본 여야 국회의원 168명이 군국주의 침략의 정당성을 옹호하는 상징적 의미를 지닌 야스쿠니신사를 집단 참배했다. 아베 총리는 작심한 듯 국제관계에서 침략의 의미는 어느 쪽에서 보느냐에 따라 다를 수 있고 식민지배와 침략을 사죄한 무라야마 담화를 그대로 계승하지는 않겠다고 했다.

일본의 사죄를 따지기에 앞서 망국은 우리 자신의 절대적 부끄러움이다. 나라가 있어야 비로소 자유가 가능하고 나라가 없으면 바로 노예와 다름없다는 사실은 역사의 뼈아픈 교훈이다. 망국의 고통, 피해, 수모감이 얼마나 견디기 힘든지 일제 36년이 이를 웅변적으로 잘 보여 준다. 그렇지만 물과 공기의 고마움을 모르듯이 나라 있음의 고마움을 평소에는 잘 느끼지 못한다. 나라 잃은 백성의 비참한 현실과 암울한 미래, 처참하고 치욕적인 상황, 지식인의 비애와 부끄러움은 윤동주 시인이 살고 죽은 길을 보면 바로 알 수 있다.

순수하고 치열한 삶을 살고자 했던 청년 윤동주는 일본 교토 유학시절 참담한 현실 앞에 무력한 자신을 빗대어 "인생은 살기 어렵고 오히려 시가 쉽게 쓰여지는 것이 부끄럽다"고 했다. 조선독립을 실현하기 위한 회합을 몇 차례 가졌다가 체포됐는데 당시 독립투쟁은 일본에게는 국체변혁의 시도였다. 윤동주는 치안유지법 위반으로 징역 2년을 선고받았다. 그리고 복역 중이던 후쿠오카형무소의 차디찬 감방에서 그토록 갈망했던 독립과 자유를 목전에 둔 27세의 꽃다운 나이에 옥사했다. 1년이 채 되지 않은 옥살이에 건강한 젊은이가 왜 죽었을까. 아무리 생각해도 안타깝기 그지없다.

교토지방법원 형사판결에 나타난 윤동주의 죄는 "조선인의 실력, 민족성을 향상해 독립운동의 소지(素地)를 배양하도록 일반대중의 문화앙양 및 민족의식 유발에 전념해 왔다"는 것이다. 결국 조국애(祖國愛), 독립에 대한 열망 그리고 민족의식 고취(鼓吹)의 염원(念願)이 죄이고 그 생각을 담은 시가 무기이자 바로 유죄의 증거라는 것이다.

형무소에서 자신의 분신인 육필원고 뭉치가 소각될 때, 그는 이제 아무도 시인으로서 자신의 존재를 기억하지 못하리라는 무시무시한 외로움을 느꼈을 것이다. "솔가지에 쏟아져 바람인 양 솨~ 소리가 날 듯한" 달빛 아래 깊은 사념에 잠기기 일쑤였던 청년 윤동주는 홀로 감방에서 귀뚜라미 소리를 벗 삼아 어머니와 동무를 그리워하며 가을이슬 같은 눈물을 흘렸으리라.

일본의 역사인식 후퇴가 우려되는 요즈음, 〈윤동주, 달을 쏘다〉가 우리 곁에 다시 다가온다. 이달 초 윤동주 시인의 삶과 시가 노래와 춤으로 엮여 전통가무극 형식으로 무대에 오른다. 식민지시대 지식인 윤동주의 고민과 갈등을 엿볼 수 있는 좋은 기회라 하겠다. 극의 중심에는 달이 있다.

"탄탄한 갈대로 화살을 삼아서 무사의 마음으로 달을 쏜다. 통쾌하다 부서지는 저 달빛." 고교시절 국어 교과서에서 윤동주를 잠깐 만난 이후, 2012년 여름 이 가무극의 초연(初演)을 보기 전까지는 윤동주를 까마득히 잊고 지냈다. 그동안 수난시대를 고민하는 젊은 지식인의 아픔에 별 관심이 없었던 점이 부끄럽다. 영혼의 순수성을 점점 잃어 가는 이 천박하고 잔인한 시대에 청순한 윤동주의 영혼을 접하면서 잠시나마 마음의 정화와 치유의 시간을 갖고 싶다.

❖ 여의나루, 2013년 5월

'7번방'의 사형수

보통 사람들은 살아가면서 피고인석에 앉는 일이 자신과는 아무 상관없는 남의 일인 양 여긴다. 그러나 일이 꼬이고 예기치 않게 묘한 상황에 빠지면 누구나 용의선상에 오를 수 있다. 나도 몇 해 전 일본 규슈의 튤립축제로 유명한 하우스텐보스리조트 매점에서 말이 통하지 않아 돈을 내지 않고 맥주병을 따 달라고 하는 수상한 사람으로 몰린 적이 있었다. 가까스로 영수증을 찾아내 곤욕을 수습했다. 유죄의 입증 책임을 국가에 부과하는 우리 형사사법이, 혹시라도 현실에서는 거꾸로 죄 없는 사람에게 자신의 결백함을 밝혀내라고 윽박지르지는 않는가? 이 경험을 통해 잠시나마 고립무원의 궁지에 빠져 있을 피고인의 절망감과 막막함을 헤아려 보았다.

누적관객 수 1,300만 명을 눈앞에 둔 영화 〈7번방의 선물〉은 살인을 저지르지도 않았는데 형장의 이슬로 사라진 주인공의 이야기로 관객의 마음을 흔들어 놓았다. 어떻게 이런 재판이 있을 수 있을까. 그러나 현실에서도 이런 일이 일어난다. 미국에서는 살인으로 유죄를 선고받은 무기수나 사형수가 사실 무죄라는 논란이 꾸준히 이슈화된다. 2013년 2월 25일 〈뉴스위크〉의 토니 도쿠필 기자가 쓴 "정의를 다시 생각한다"

는 기사에는 미국 복역수의 약 5%, 사형수의 최소 2%가 무죄로 추산된다고 한다. 미국의 잘못된 형사재판을 DNA검사로 밝혀내려는 단체 '이노센스 프로젝트'(*innocence project*)의 지난해 말 보도자료에 따르면 2012년에 DNA감정으로 22건의 오심이 구제되었다고 한다. 우리나라에서도 1972년에 파출소장의 딸을 성폭행하고 목을 졸라 살해한 혐의로 기소돼 무기징역을 선고받았던 피고인이 옥살이 15년을 하고 39년 만에 살인누명을 벗었다. 이 복역수의 잃어버린 시간을 무엇으로 대신할 수 있을까.

'7번방'의 사형수처럼 거짓자백도 의외로 많이 일어난다. 경찰이 〈7번방의 선물〉에서는 "법정에서 다투면 딸에게 위해를 가하겠다"는 말로 피고인을 협박하는데, 1974년 런던 연쇄폭발사건의 실화를 바탕으로 한 영화 〈아버지의 이름으로〉에서는 아버지에게 위해(危害)를 가한다. 살인사건 등 강력사건을 맡은 수사기관은 사건을 해결해야 한다는 압박감 때문에 무리한 자백을 유도하려는 유혹을 받게 된다. 조서를 재판의 증거로 삼는 우리 형사사법 구조도 이러한 수사를 부추긴다. 증거 군데군데에 합리적 의혹과 애매함이 깔려 있는데도 검사는 법원의 판단을 한 번 받아 보자는 심정으로 법원에 사건을 떠넘기고, 판사는 증거의 허점을 외면한 채 자신의 경험과 정의감을 앞세워 검찰에 쉽게 동조해 버리는 사례가 없다고 누가 자신 있게 말할 수 있을까?

목격자의 위증도 오판에 결정적 기여를 한다. 1983년 미국에서는 성폭행 피해자가 용의자를 직접 확인하는 특수유리창 앞에 18세 흑인이 나타나자 비명을 질렀다. 그 비명으로 이 흑인의 삶은 깊은 나락으로 떨어지고 말았다. 27년 옥살이 끝에 결국 DNA검사로 무죄가 밝혀졌지만 산산조각이 나 버린 이 흑인의 청춘은 어떻게 보상받을 수 있겠는가.

퍼즐을 맞추듯 역사적 진실을 추적하는 일은 미로의 수수께끼를 푸는 것처럼 어렵다. 정보의 바다에서 허우적거리는 현대인에게는 각자의 구미에 따라 맞춘 정보가 진실이다. 관찰하는 주체, 자신이 처한 상황에 따라 사실을 보는 방향이나 방법, 설명이 얼마나 달라지는지는 일본 영화 〈라쇼몽〉에 등장하는 이해관계인들의 증언에서 극명하게 나타난다. 판사 잘 만나는 것이 재판받는 사람의 큰 복이라는 말이 자조적으로 심심찮게 들린다. 재판관이 당당하고 의연하게 냉정함을 잃지 않으면서 현명하면 얼마나 좋을까. 유죄추정이 아닌 무죄추정이 헌법 규정에만 머물러 있지 않고 재판 현실에서 살아 있기를 간절히 바란다.

❖ 여의나루, 2013년 3월

킬리만자로의 표범과 고흐

그림 그리기에는 아주 젬병이다. 그러나 보는 것은 즐겨 한다. 해외여행 중에 미술관, 박물관에서 만나는 몇 세기 전의 풍경화, 풍속화, 인물화는 그들의 시대가 무엇을 갈망하고 무엇에 매여 있는지 보여 준다. 몇 세기가 지났지만 그 당시 삶의 모습이 어떻게 지금과 그리 흡사한지, 옛 그림들의 이야기가 오늘의 우리에게도 고스란히 다가온다.

노래방에서 멋지게 한번 불러 보고 싶은 노래가 있다. 양인자 작사, 김희갑 작곡, 조용필 노래의 〈킬리만자로의 표범〉이다. 노래 가사가 참 좋다. 고독한 영혼의 울림 같은 것이 서려 있다. 가사 중에 "나보다 더 불행하게 살다 간 고흐란 사나이도 있었는데…"란 대목이 특히 끌린다. 21세기 한국 대중가요에 느닷없이 등장한 빈센트 반 고흐(Vincent van Gogh). 그러고 보니 산정 높이 올라가 굶어서 얼어 죽은 킬리만자로의 표범과 고흐는 통하는 점이 있다.

2년여 전 서울중앙법원장으로 있을 때, 격무에 시달리는 판사들의 머리도 식혀줄 겸 그들과 함께 인상파 화가의 그림을 모아 놓은 '오르세미술관전'을 보러 갔다. 고흐는 자기와의 격렬한 싸움을 정열적인 화풍으로 승화했다고 한다. 자신이 산 흔적을 어찌 그렇게 잘 표현할 수 있었는지…. 내 집이나 사무실 한쪽 벽에도 고흐 그림의 복사본이 몇 점 걸려 있다.

나의 고흐 사랑은 좀 오래되었다. 지금 파리 오르세미술관에 있는 인상파의 걸작은 1984년 파리를 방문했을 때에는 죄드폼(Jeu de Paume) 미술관에서 볼 수 있었고, 재작년에는 고흐를 만나러 프로방스에 갔다. 고흐가 살던 아를역전은 시간이 멈추어 버린 듯했다. 까마귀가 울고, 가지가 늘어진 늙은 버드나무가 선 길이 시내 쪽으로 쭉 뻗어 있었다.

고흐가 그린 매춘부, 세탁부, 직조공, 광부, 농부. 다들 정직하게 일하면서 살아가지만 그들의 삶은 힘들다. 그림을 보면서 놀라는 점은 이런 사람들의 내면까지 잘 감싸 안고 있다는 사실이다. 이런 거친 삶을 사는 사람을 이해하는 마음이 우리에게까지 잘 전달되는 까닭은 사람에 대한 고흐의 진지한 동정과 연민이 그림 속에 그만큼 고스란히 깃들어 있어서가 아닐까.

"거지든 매춘부든, 사람의 눈은 그 아무리 장엄하고 인상적인 성당도 가질 수 없는 매력을 담고 있다"는 고흐. "다른 사람들의 눈에는 최하 중 최하인 사람으로 비칠지라도 그런 보잘것없는 사람의 마음속에 무엇이 들어 있는지 보여 주겠다"는 고흐의 야망은 자신의 운명을 건 사나이의 꿈으로서는 너무나 순수하다. 절망적 분위기를 그렸던 고흐는 기실 삶의 빛과 희망을 전하는 전도사였다.

오늘도 나는 간다. 비록 정상에 다다르지 못하고 그대로 산이 된다 할지라도 저 눈 덮인 킬리만자로로. 지구 한 모퉁이에서 서성거리는 이방인 고흐. 고흐가 찾고자 했던 천국을 향해 순례의 길을 떠나는 것이 바로 우리 인생이 아닐는지.

❖ 한경에세이, 2010년 3월

예술과 외설의 회색지대

성(性)의 개방과 자유화 물결, 인터넷 등 정보통신의 발달로 성표현물이 늘어나고 접근도 용이해졌다. 상업주의와 결탁한 외설이 기승을 부리면서 실험정신을 발휘한 예술인지, 예술을 위장한 음란물인지 예술과 외설의 경계가 모호해졌다. 음란물이 성폭행을 부추길 가능성이 있고, 또 윤리적 위험으로부터 청소년을 보호해야 하므로 예술표현의 자유에도 한계가 있다는 점에는 이론이 없다. 하지만 과연 어디서부터 표현의 자유를 빼앗아야 할 음란물로 볼 것인지는 전 세계적으로 큰 논란거리이다.

원래 법이란 각자의 세계관, 인생관, 직업, 재산 등에 따라 그 이해가 달라진다. 같은 법조문을 두고도 재판을 받는 피고인, 피해자, 검사, 판사, 변호사 등 처한 형편에 따라 서로 보는 시각이 다르다. 이런 법 이해의 상대성은 '음란'과 같은 불확실하고도 가변적인 개념에서 더욱 심화된다. 음란 개념은 풍속도덕과 밀접하다. 그 시대와 사회에 따라 변하여 상대적, 유동적이다. 무엇이 공동체에 해롭고 어디에 어떻게 관용의 한계를 설정할지 결정하는 문제는 시대적 변화에 따라야 하고, 또 변화를 겪기 마련이다.

판례에서는 음란한 문서라 함은 "일반 보통인의 성욕을 자극해 성적 흥분을 유발하고 정상적인 성적 수치심을 해하여 성적 도의관념에 반하는 것"이라고 하였다. 그러나 여기서 '일반 보통인', '수치심', '도의관념'이라는 기준은 구체적이지 않아 불명확하다. 또 "그 시대의 건전한 사회통념에 따라 평가해야 한다"고 하였는데 '건전한 사회통념'의 실체도 모호하다. 이런 어려움 때문에 판사들조차 음란물 판정의 객관성을 확보하기 위해 문제된 책이나 비디오를 번갈아서 혹은 삼삼오오 모여서 읽고 보며 논쟁을 벌인다.

본인의 의도와 무관하게 음란성 여부가 판단되므로 이에 연루된 일반인의 당혹감은 더하다. 누구나 본의 아니게 시비에 휘말려들 가능성이 있고 실제로 큰 곤욕을 치르기도 한다. 할리우드 배우 리처드 기어는 2007년 인도의 어느 공개행사에서 여배우의 볼에 입을 맞췄다가 음란 시비로 혼쭐이 났다.

특히 회색지대의 경계에 있는 작품을 예술이나 외설로 구분하는 작업은 어렵다. 세계명작의 반열에 오른 〈채털리 부인의 사랑〉을 일본 법정은 1950년대까지도 음란물로 판정했다. 대법원은 미술교사가 자신의 홈페이지에 게시한 '만삭인 처와 자신의 벌거벗은 몸' 사진에 대해 "예술성이 있다고 해 음란성이 부정되는 것은 아니다"라면서 원심 판결을 깨고 음란성을 인정했다.

소설과 이를 바탕으로 한 연극이나 영화는 그 표현형식에 따라 예술성이 달리 취급되기도 한다. 상업적 목적으로 대중 앞에 등장하면 명화가 음화가 되기도 한다. 스페인 마드리드의 프라도미술관에 걸린 프란시스코 드 고야의 〈옷을 벗은 마하〉는 우리나라에 와 성냥갑 속에 들어가면 음란해진다. 예술은 시대에 따라 변하는 역사적 개념으로 끊임없이 변해 왔으니, 이를 고정된 관념으로 판단하려는 일은 예술의 현실과 거리가 멀다 하겠다.

그런데 예술, 표현의 자유도 최대한 존중받아야 하지만 청소년의 자유로운 인격권 발현, 부모의 교육권 그리고 음란물에 접하지 않을 프라이버시도 그에 못지않게 중요하다. 그 조화로운 조정을 위해 충돌하는 양 법익 사이에서 이익교량을 해야 한다. 이런 점에서 청소년의 건전한 정신건강과 윤리의식 발달을 저해하는 표현물, 특히 인터넷을 통한 미성년자의 음란물 접근은 규제해야 한다.

다만 법적 안정성 측면에서 어떤 행위가 금지되는지 명확히 해야 국민들이 자신의 행동을 조절할 수 있다. 무엇이 금지되는 표현인지 불명확한 경우에는 규제를 염려해 표현행위를 스스로 억제하게 되므로 규제의 목적과 대상이 분명하고 효과에 대한 확신이 있어야 한다.

이런 불확실성에 따른 갈등과 대립은 건전한 사회의 지속을 위해 용광로에 녹여 수렴시켜야 한다. 법정이야말로 이런 사회적 분쟁의 타협과 조정, 화해의 장이 돼야 한다. 다양한 의견의 수렴이 법정에서 평화적으로 대화와 토론을 통해 이뤄져야 민주주의와 법치주의가 제대로 자랄 수 있다. 비단 음란뿐 아니라 일반적인 법에 대한 이해와 인식에 있어서도 객관화를 위한 노력은 법관만이 아니라 국민 모두가 기울여야 할 몫이다.

❖ 동아광장, 2008년 7월

제 9 부

가족 그리고 삶의 언저리

노아의 방주에 누굴 태울까

지구와 인류의 최후가 어떤 모습으로 어디에서 끝을 맺을지는 누구도 미리 알 수 없는 법. 지금 이 세상이 대홍수로 멸망할 긴급한 상황에 직면하여 누가 나더러 '노아의 방주'처럼 큰 배에 태워야 할 사람, 동식물, 무생물을 고르라 한다면 나는 어떻게 하는 게 좋을까. 성경에서 하나님은 노아가 가장 의인이라 골랐다는데 의인의 기준은 또 무엇일까.

선택의 부담감과 그로 인한 스트레스가 너무 커서 차라리 나도 그냥 멸망하는 지구, 사라지는 종족 편에 서서 가능한 한 마음을 달래며 멸망의 과정을 마지막 순간까지 지켜보는 게 낫지 않을까 하는 생각도 든다. 살아남을 개체를 어떤 기준으로 선택해야 할지 고민하며 시간을 보내느니 차라리 그동안 사랑하던 사람들과 좋아했던 생물, 아꼈던 물건과 함께 최후까지 소통하고 사랑의 정을 전하면서 평화로운 심정을 유지하고 싶은 것이라고 할까.

과연 구약성경에서처럼 이 세상에 대홍수가 나서 세상의 만물이 모두 사라질 상황이 도래할 수 있을까. 하늘에 온통 구멍이 난 것처럼 40일 동안 밤낮으로 그토록 세찬 비가 내릴 수 있을까. 요즘 천재지변의 원인으로 거론되는 기후변화, 기후이상이 아무리 극치에 도달하더라도 그렇게 될까? 지구가 멸망한다면 오히려 바이러스 확산, 핵전쟁, 토양·수질오염으로 인한 환경파괴가 원인이 되지 싶다. 그렇게 되면 살기 위해 영화 〈스타워즈〉에 나올 법한 우주선을 타고 시급히 지구를 탈출하는 것이 생존의 방도 아닐까. 그러나 지금 우주과학과 기술 그리고 세계의 권력과 부가 서양에 쏠려 있으니, 이렇게 숨이 막힐 것 같은 선택의 고민은 아무래도 황인종인 나의 몫은 아닐 것 같다.

사실 나 혼자 부름을 받아 몇몇 살아남을 개체를 고른다는 것은 그리 반가운 일이 아니다. 오히려 매우 가혹하고 난감한 상황일 것이다. 그런데 어쩌랴? 이것이 권리가 아니라 부담 내지 책무라면 이를 피할 수 없는 운명이라 여기고 받아들여야 하겠지. 너무 버겁지만 달리 도리가 없다. 우선 선택의 기준을 세워 보자. 내 취향이나 논리로 생각을 해 볼까? 거창하게 지구나 인류의 미래, 아니 전 생물·무생물을 포함한 우주의 조화와 공생까지 고민해야 하나? 과연 무엇이 더 소중하고 더 의미나 가치가 있을까? 개체수를 크게 제한한다면 고민이 더욱 깊을 수밖에 없다. 노아의 방주와 같은 배는 어느 정도 크기일까?

노아를 방주에 태운 이유였던 정의로움을 선택의 기준으로 삼는 일이 나는 별로 내키지 않는다. 과연 정의가 무엇일까. 착함, 아름다움, 선함 등 인류가 만들어 낸 최고의 가치라는 진선미도 상대적 개념일뿐더러 굳이 가장 아름다고 선하고 착한 사람을 선택해야 할까 하는 의문도 든다. 인류의 미래를 지속하기 위해 가장 적합한 사람을 골라야겠다는 마음 역시 생기지 않는다.

역사적 인물도 괜찮다면 우선 내가 존경하는 인물을 먼저 떠올려 본다. 여기에서도 세계적 인물을 골라야 할지, 우리나라 사람으로 한정할지부터 고민이다. 아무래도 의사소통이 쉬운 우리나라 사람으로 한정해 보자. 나는 한글을 만든 세종대왕과 실학자인 정약용, 박지원 등 재미있고 의미도 있는 글을 쓴 양반들을 좋아한다. 정약용, 박지원 등 당대의 석학들이 지금의 서울 탑골공원 근처에서 술을 마시며 세상일을 담론하였다니, 이런 점이 삶의 재미를 배가할 것 같다. 박지원은 술친구로 족하고, 정약용은 글을 계속 쓰게 해서 그 글들이 후세 자손들에게 삶의 나침반이 되게 하는 것도 좋을 것 같다. 세종대왕은 한글을 만들어서 너무 고맙고 좋은데, 방주에 태우면 자기가 또 임금행세를 할까 두려워 망설여진다.

술을 앞에 두고 세상일을 논하는 친구라면 굳이 19세기까지 거슬러 올라가지 않아도 될 것 같다. 가까운 친구 몇몇은 (실명은 밝히지 않는다) 정약용 정도의 저술가는 되기 어려울지 몰라도, 서로 독려한다면 당대의 모습을 열심히 기록하고 서로 토론하며 미래의 비전과 청사진을 제대로 제시할 것 같다. 물론 나와 공평하게 이 친구들도 노아 호에 가족들을 데리고 탑승할 수 있어야 할 것이다. 몇 친구는 한때 노래도 잘하고 기타도 잘 쳤으니 가무의 즐거움까지 안겨 주지 싶다.

내가 올해 66세이니 내 친구들만 데려가면 너무 노인네들로 새로운 세상이 채워지는 것 같아 이것 역시 보기가 좋지 않다. 재미있고 삶을 자율적으로 잘 끌고 가는 젊은 사람들이 누구일까. 웃음과 즐거움을 떠올리면 강호동이나 김구라 같은 개그맨이나 복면가왕 9연승의 음악대장 하현우는 어떨는지. 그런데 나는 이 사람들을 텔레비전에서만 보았을 뿐, 인간적 면을 전혀 모르니 아무래도 연예 자질만 보고 노아 호에 태우기에는 걸리는 점이 없지 않다.

고민하다가 언뜻 한 생각이 스친다. 차라리 부모로부터 버림받고 시설에서 입양을 기다리는 갓난아이들 한 그룹을 데려가면 어떨까. 그들을 찾는 부모나 친지가 없는 데다 사랑을 애타게 기다리고 있을 처지이니 신천지에서 사랑을 듬뿍 주면 대부분 몸과 마음이 튼튼하게 무럭무럭 자라날 것이다. 그러고 보니 이 입양아들을 키울 젊고 튼튼한 젊은이들도 뽑아야겠네.

사람 선택은 이 정도로 하고 이제 데리고 갈 동물을 찾아보자. 성경에서는 정결한 짐승이 선택받았다는데, 무엇이 짐승의 정결함을 결정하는지, 정결한 짐승과 부정한 짐승을 어떻게 구분할 수 있는지 헤아리기 어렵다. 종교의식을 염두에 두지 않으면 정결함이 짐승을 선별하는 데에 있어서 그렇게 중요한 요소로 작용할 이유가 없지 싶다.

솔직히 동물과 식물은 스스로 키워 보지 않은 데다 이 방면으로 지식도 많이 부족하다. 어릴 때 일본에 계셨던 당숙부가 우리 집을 방문하시면서 카나리아로 기억되는 새를 주었는데 정이 들기도 전에 금방 죽어 버렸다. 지금에 와서 가만히 생각해 보니 약간 까다로운 새를 어떻게 키워야 하는지를 몰라 그렇게 된 것 같다. 그 새에게 새삼스레 죄송한 마음이 든다. 집 마당 한 귀퉁이에서 키웠던 돼지는 시끄럽고 좀 지저분하다. 토끼도 키웠는데, 먹이인 토끼풀을 뜯으러 다닌 기억이 그리 신난 것 같지 않다. 그러고 보면 특별히 애착이 가는 동물이 없다. 하지만 나중에 마당이 딸린 집이 있으면 늙어서 손자와 친해질 겸 개나 고양이를 키워 보고 싶다. 개와 고양이를 키우면 어떨지도 궁금하다.

꼭 애완동물을 택하여 방주에 태워야 하는 것은 아니다. 애완동물은 잡아먹기가 어렵다. 그러면 단백질 공급이 끊겨 생존이 곤란해질 것 같다. 나는 채식에 별 자신이 없고 하고 싶지도 않다. 생선을 좋아하지만 대홍수라면 이는 걱정할 필요가 없겠지. 그래도 생선이 있다고 육지 동물의 고기를 포기하기는 뭐하지 않은가.

내가 아주 어렸을 때 벼슬이 빨간 장닭이 나에게 덤벼든 기억이 어슴푸레 난다. 닭은 자기들끼리 싸움을 하니 그것도 재미있을 것 같다. 우리 집 애들이 닭고기를 좋아하고 젊은 사람들도 대체로 맥주 안주로 통닭을 좋아하니 우선 닭을 태우도록 고려해 봐야겠다. 부피나 무게도 적당하다. 그러나 동물을 한 종류만 선택하라는 것은 너무나 잔인한 요구다. 다음 세상을 동식물의 천국으로 만들려면 한 종류만으로는 턱없이 부족하다. 성경에서처럼 동물이 물고기, 하늘 나는 짐승, 땅에 기어 다니는 동물 이렇게 3종류는 있어야 하지 않겠나. 그 씨가 온 땅 위에 살아남게 하려면 당연히 동물도 암수 한 쌍이 되어야 한다.

마른 땅 위에 살면서 코에 생명의 숨이 붙어 있는 것은 모두 죽고 사람과 짐승 중 극히 일부만 살아남는다면, 이들이 생존하기 위해 무슨 식물이 필요할까.

식물은 식물 자체만의 생존 이유가 있어야 하지 않을까. 오로지 동물의 생존을 위하여 필요한 것일까. 이런 근본적인 질문에 답을 찾느라 시간을 보낼 여유는 없다. 동물과 마찬가지로 식물을 한 종류만 선택하는 일 역시 고문이다. 우선 키울 동물의 양식이 될 수 있는지 생각해 보아야 한다. 닭은 잡식성이지만 나무가 아닌 풀이어야 닭 모이가 되지 싶다. 식물에 대하여는 부끄러울 정도로 문외한이니, 이 기회에 짧은 시간을 내서라도 공부를 좀 해야겠다. 건강 측면에서 내가 즐겨 먹는 인삼이나 도라지, 더덕 같은 뿌리식물은 어떨까. 방주에 승선한 사람과 동물이 살아남기 위하여 식물에 대해서도 개체 종류의 다양화를 두고 다시 한 번 고민해 봐야겠다.

이제 무생물은 무엇을 택하나. 내가 좋아하는 책은 어떨까. 글쎄 엄청나게 제한적인 자원 밖에 남아 있지 않는 새로운 세상에 구시대의 책이 과연 필요할까. 필기도구와 종이가 있어야겠다. 무엇을 하더라도 기록을 하여야 하지 않을까. 정약용 선생의 둔필승총(鈍筆勝聰) 을 인용하지 않더라도 메모는 엄청 중요하다.

갑자기 인류 최대의 창작물인 인공지능이 떠오른다. 이번에 삼성이 출시한 스마트폰에는 인공지능이 장착되어 있어 직접 쓰지 않더라도 말만 하면 그대로 글로 옮겨 저장한다. 심지어 수정 및 편집까지 한다니, 종이와 연필보다 최신식 스마트폰이 낫지 않을까. 그런데 스마트폰은 충전을 해야 제 기능을 한다. 전기가 없으면 무용지물이 될 수 있어 마음에 걸린다. 인류 문명의 정수를 택해야 할지, 아니면 새로운 세상에서는 지금까지의 문명을 아예 버리고 다시 원시로 회귀하는 것이 더 바람직한지 고민을 좀더 해 봐야겠다. 아무래도 나이 탓인지 디지털 · 온라인보다는 아날로그 · 오프라인 쪽으로 마음이 기운다.

❖ 2018년

어머님의 별세

원래 쌓아 놓은 깊이도 얕은 데다 그마저 세월 흐르면서 줄줄 새어나가 이제는 거의 비어 버린 내 머리통. 방전된 배터리를 충전하는 기분으로 올 하반기 인문대학 강의를 듣고 있다. 그 과정에서 2011년 10월 29일부터 나흘 간 중국 서안 역사기행을 다녀왔다. 천 수백 년 전 당의 수도였던 장안의 흔적을 오늘의 서안에서 찾아내기가 쉽지 않았지만, 그래도 세계의 심장이던 장안의 빛과 그림자를 여기저기서 엿보고 그 편린을 읽을 수 있었다. 당 헌종 때에 장안 인구가 백만이었다니 도시 규모가 우선 대단하다. 세계인의 발길로 자유와 생동감이 넘쳐 났을 당시 장안의 화려함, 개방성, 국제성이 엿보였고, 그 이면에는 민초들의 초개 같은 죽음, 고혈을 짜낸 고단함과 애환이 서려 있었다.

여행 중 저녁마다 반주를 곁들인 만찬이 열렸다. 중국 최고의 시인이라 일컬어지는 두보가 서안 동남쪽을 흐르는 곡강에서 경관을 보며 지은 시가 떠오른다. “사물의 이치를 자세히 들여다보면 모름지기 놀며 즐길 일. 인생은 봄바람에 휘날리는 한 점 꽃잎, 오늘도 입으로 들어가는 술을 싫어하지 말지니.” 허무가 짙게 배여 있다. 두보로서는 당시 험한 세상살이에 지금, 여기에서 나누는 한 잔 술이야말로 의미 있다고 본 것은 아닌지? 우리 단가 〈편시춘〉(片時春)의 노랫가락에서도 이러한 인생무상이 그대로 느껴진다. "그대는 봄 동산에 복숭아꽃 오얏꽃이 잠깐 피었다 이내 지는 것을 보지 못했는가? 오능근시 은안백마(五陵近侍 銀鞍白馬) 당시 행락이 나건마는, 장안(長安) 청루(靑樓) 소년들은 저 혼자만 자랑헌다."

당시 장안은 격자형 계획도시로, 외곽성의 각 성문을 잇는 큰 도로가 건설되었다고 한다. 장안성 내에는 장벽으로 둘러싸인 '방'(坊)이라는 구역으로 주거지역과 상가가 구획화되었다. 당시 문헌들은 장안 주민들의 생활을 방을 중심으로 알려주는데, 동시(東市)의 개화방(開化坊)에는 술집이, 평강방(平康坊)에는 기생집이 집중되어 있었다고 한다. 과거를 보러 장안에 올라온 시골 학생들이 시험을 치고 그 결과를 기다리면서 초조함을 달래느라, 혹은 낙방하고서 그 비애와 울분을 삼키면서 술집과 기방을 드나들었을 모습을 떠올리니 피식 웃음이 나온다. 옛사람들 살았던 방식이 오늘날과 다르지 않구나. 문득 '말은 제주도로, 사람은 서울로'라는 옛말을 따라 저 멀리 남쪽 끝 바닷가 촌에서 보따리를 짊어지고 서울로 유학 온, 스무 살도 되지 않던 내 젊었을 적 모습이 오버랩된다.

1970년 대학교 입학시험을 보기 위하여 야간열차를 타고 새벽에 도착한 서울역 앞 광경. 그것은 나로서는 거의 신대륙의 발견에 가까웠다. 이전까지 그렇게 넓은 도로를 보지 못했다. 그 넓은 차도에 다니는 차들을 피해 서울역에서 저쪽 대우빌딩까지 어떻게 무사히 건너갈 수 있을까? 그래도 태어난 후로 18년 동안 당시 인구 16만이던 도시, 마산에서 살았지만, 그때까지도 육교만 보았지 지하로도 길이 연결될 수 있다는 사실은 바로 떠올리지 못했던 것이다. 요지경 서울은 초면인 나를 입구에서 단번에 압도해 버렸다. 그때부터 지금까지 40여 년 서울생활을 이어왔다. 가는 길이 죽는 길인지 사는 길인지도 모르고 허둥대면서, 고독하게 버려진들 아무도 상관하지 않는 이 거대한 공룡의 야망에 몸을 맡긴 채, 불나비가 되어 화염 속으로 뛰어드는 도회지 사람들. 그 틈에 나도 끼여서 이 요술쟁이, 깍쟁이에 홀려 세월 흐르는 줄 모르고 달려왔던 것이다.

이런 분망하고 번잡한 탐욕의 구덩이 속에서 가끔 정신이 번쩍 들 때가 있다. 사는 것이 무엇인지 떠올리면서 자신의 근본과 가치를 돌아보게 하는 것은 바로 다른 사람의 죽음이었다. 장례식은 여러 가지로 깨닫게 하는 바가 컸다. 삶과 죽음은 반대에 서 있는 것이 아니라 강과 바다와 같이 기실 하나였다. 죽음이 있어서 삶이 빛나고, 그 소중함을 깨닫게 되는 것이다.

몇 해 전, 추석을 며칠 앞두고 이 세상에 나를 있게 해 주신 분이 세상을 달리하셨다. 어머님의 돌아가심은 그동안 잊어버렸던 내 근본을 일깨워 주었고, 내 고향을 다시 찾게 해 주었다. 어머님을 고향 뒷산에 모시고 사흘간 뒷산과 앞 개천, 들판을 거닐었다. 정말 오랜만에 개울물이 도란도란 속삭이는 들판 길을 걸어 보고, 잊었던 흙냄새, 풀냄새, 풀벌레 소리 가운데에서 어머님이 안기신 자연의 푸근함, 안온함을 느껴 보았다. 고향 산하는 고향을 잊어버렸던 자에게도 어머님 품처럼 팔을 뻗어 반겨 주는구나. 누런 벼가 고개를 숙이기 시작했고 왜가리는 개울에서 숨을 죽이고 물고기를 노린다. "음매" 송아지 울음소리도 들은 지 얼마 만인가? 귀뚜라미 소리는 가을이 성큼 다가왔음을 알려 준다.

다시 흙으로 돌아가는 어머님의 관에 흙을 뿌리면서 인간도 여느 동물처럼 흙으로 돌아가는구나 하는 사실을 절실하게 느꼈다. 어머님은 고향에서 태어나 고향으로 돌아갔으니 원점으로 회귀한 것이다. 이제는 대자연 속에서 어머님을 뵙겠구나. 사람은 죽어서 풀이 되고, 꽃이 되고, 바람이 되고, 구름이 되고, 별이 되고, 비가 된다는 말이 이제야 제대로 이해가 되는구나. 그러고 보니 시원한 바람, 따스한 햇살, 산과 들에 핀 한 떨기 꽃이나 풀이 훨씬 살갑게 다가온다. 어머님은 돌아가시면서 나로 하여금 고향을 잊어버리지 못하게 하셨고, 고향을 부지런히 찾도록 만드셨다.

중·고등학교 방학이 되면 어김없이 찾아 일주일 넘게 머물던 내 고향 함안, 가야, 검암. 그때 즐겁게 뛰어놀던 들과 물과 산을 나는 오랫동안 잊고 지냈건만, 그들은 허전한 나를 전과 똑같이 껴안고 반겨주었다. 이제 부모님 모두 여기에 계신다고 생각하니 여기 머무는 마음이 평온하기 그지없다. 그 사이 도회지의 번잡함, 가식과 위선 속에서 얼마나 나 자신을 잊고 팽개치면서 지냈는지 뒤돌아보면서 내 자신과 직면하는 시간을 가져보았다.

고향마을 뒤쪽 얼마 떨어지지 않은 곳, 어머님 누워 계신 자리를 바라보면 이제는 더 이상 어머님의 거친 숨소리를 들을 수 없고 야윈 손을 잡을 수 없다는 것이 도저히 실감나지 않는다. 그러나 시간이 지나면서 어머님이 이제는 더 이상 이 세상에 계시지 않는다는 사실이 엄연한 현실로 다가왔다. 가끔씩 안타까움, 그리움, 미안함이 밀물처럼 밀려왔다.

산소 호흡기를 끼고 계시는 어머님 귀에다 휴대폰으로 어머님 좋아하시는 노래 〈소양강 처녀〉, 〈처녀 뱃사공〉을 들려드리면서 혹시 눈을 뜨시지 않을는지 옆에서 지켜보던 기억이 떠오른다. 이제는 떠나려는 어머님 앞에서 아무것도 해 드릴 수 없고, 막을 수도 없는 이 기막힘.

아무리 자연의 섭리라며 마음을 다스려 보려고 해도 허허로움이 맴도는 것은 어쩔 수 없다. 인생은 바람 앞의 촛불. 한들한들거리다 어느 순간 꺼져 버린다. 소중한 사람과의 이별이, 자신의 죽음이 언제 어떤 모습으로 다가올지 아무도 모른다. 병실에서 만져 보던 어머님의 이마, 손잔등, 앓으시는 거친 숨소리가 그립다. 아직도 어린애 타이르듯이 조심하라고 당부하시던 어머님의 목소리가 귓가를 맴돈다. 하지만 이제는 병실에서 힘들어하셨던 당신 모습조차 다시 볼 수 없게 돼 버렸다.

김기림의 〈길〉이라는 시 마지막 구절이 생각난다. "마을 밖 그 늙은 버드나무 밑에서 나는 지금도 돌아오지 않는 어머니가 돌아올 것만 같아 멍하니 기다려 본다. 그러면 어느새 어둠이 기어 나와 내 뺨의 얼룩을 씻어 준다."

가까운 사람이 급작스럽게 세상을 달리하는 창졸함을 겪고 보면, 우리는 누구도 비켜설 수 없는 삶의 유한성을 잊어버리고 마치 자신은 저세상을 자신과는 딴 세상의 것인 양 여기며 살아오고 있었음을 절감케 된다. 이제 고애자(孤哀子)로 휑한 들판에 홀로 서 있다는 두려움이 앞선다. 그렇지만 진지하게 고민하면서 남아 있는 시간 잘 보내는 것이 살아 있는 자의 몫이고 도리다. 한 번 온 인생, 어떻게 살 것인지? 얼마 전 타계한 원옥연 화백의 아호 '무의자'(無依者)처럼 발가벗고 왔다가 발가벗고 가는 것이 인생이다. 하지만 그렇다고 인생을 '우연히 왔다가 이슬처럼 사라지는 도로(徒勞)'라고 허무한 패배의식으로 접근할 필요는 없다. 얼마 전 여객기 기내잡지에 실린 영화해설에서 "Life is dust in the great universe. But life itself is a universe that form a world"라는 구절을 보았다. 자신의 우주를 새장 속에 가두지 말고 자유롭고 가볍게 유영(遊泳)하는 것이야말로 이 허무를 극복하는 좋은 방법이 될 것 같다.

어머님을 떠올리면서 용기를 내어 본다. 산 자는 더 진지하게 잘 살아야 어머님이 기뻐하실 거라는 소박한 생각을 해 본다. 떠나간 사람들의 기대에 어긋나지 않게 더욱 열심히 더욱 멋있게 살아야지. 주어진 배역이 무엇이라도, 그것이 단역의 엑스트라에 그친다 하더라도 내가 맡은 역할을 멋지게 해내려는 노력 그 자체에 인생의 의미가 있을 것이다. 2005년 6월에 스티브 잡스가 스탠퍼드대 졸업식 연설에서 이야기한 것처럼 죽음 앞에서는 외부의 기대, 자부심, 수치나 실패의 두려움이 말끔히 사라지고 진정으로 중요한 것만 남는다. 다른 사람의 삶을 살아 주느라 시간을 낭비해선 안 된다. 무엇보다 자신의 마음과 직관을 따르는 용기를 가지는 것이 중요하다.

❖ 서울대학교 제 9기 최고지도자 인문학과정, 2018년

신랑과 신부에게

오늘 주례를 맡게 된 이주흥입니다.

이 자리는 두 남녀 젊은이가 양가 부모와 하객들을 모시고 서로 인생의 동반자가 되기로 약속하는 아름다운 서약의 자리입니다. 이 서약을 지켜보고, 그들의 새 출발을 축하해 주시기 위해 귀한 시간을 내주신 하객 여러분께 양가 부모님을 대신해서 다시 한 번 깊은 감사의 말씀을 드립니다.

제가 주례로서 신랑 신부에게 당부의 말을 하기 전에, 먼저 신랑 신부와 그들 부모님 사이에 메신저 역할을 좀 하겠습니다. 신랑 신부가 결혼이라는 새 출발점에 서서 부모님께 그리고 서로에게 하고 싶은 말, 또 자식이 부모 곁을 떠나 새로운 둥지를 마련하는 모습을 지켜보는 부모님의 심정이나 당부를 전달하겠습니다.

신랑 아버지는 두 사람에게 다음과 같이 소회를 적어 보냈습니다. "아들이 한 가정을 가지게 되었습니다. 나이는 그 정도에 이르렀는지 모르겠습니다만 아직도 어려 보이고, 아버지로서 대화를 많이 나누지 못했기에 더 걱정입니다. 그동안 바깥생활이 바쁘다는 핑계로 자식들과 깊이 있는 이야기를 나눈 기억이 거의 없을 정도로 별로 관심을 갖지 못했습니다. 결혼하는 자식한테 애비 역할이나 제대로 했는지, 많은 생각이 들게 합니다.

몇 년 전부터 집사람하고 장가 빨리 가라는 성화에 큰 소리도 냈고, 맨날 늦게 들어오는 애한테 스트레스만 준 것 같아 미안합니다. 아들이 살아가면서 생각대로 일이 안 풀려 어려워 할 때 따뜻한 말 한마디도 건네지 못한 게 마음에 무척 걸립니다. 그래도 제 자식은 할아버지한테 사랑을 많이 받아 반듯하게 자란 것 같습니다. 며느리 될 애도 성실하게 살아온 것 같습니다. 둘이서 가정을 꾸려서 이야기 많이 나누면서 서로를 위해 주고, 즐겁고 밝게 화목한 가정을 꾸려갔으면 합니다."

다음으로 신부는 먼저 부모님께 이렇게 말씀을 올렸습니다. "모든 것을 다 내주고도 늘 부족함이 없는지 살피시던 마음, 평생을 다해도 그 큰 사랑을 되돌려 드릴 수는 없겠지만 저희들 행복하게 잘사는 모습 보여드리는 게 첫 번째 효도라는 마음으로 열심히 살겠습니다. 두 분의 딸로 태어나서 누구보다도 행복하고 감사하다고 말씀드리고 싶습니다."

그리고 신랑 신부는 서로에게 다음과 같이 소망합니다. "서로에게 항상 진실하기를, 서로에게 늘 나누고 싶은 말이 많기를, 서로를 가장 잘 알고 이해할 수 있는 사람이기를, 그러나 이해받기보다 이해하는 사람이 되어 주기를, 서로에게 항상 따뜻한 봄날이기를 소망합니다."

제가 주례사랍시고 여기에다 무슨 말을 덧붙이는 게 사족이겠습니다. 그래도 이 자리에 주례로 섰으니, 제 버전으로 몇 가지 말씀드리도록 하겠습니다.

신랑 신부에게 무슨 말을 할까 고민하다가 집사람에게 내가 주례사로 무슨 말을 하면 되겠느냐고 물었습니다. 그랬더니 핀잔을 줍디다. "당신 처지에 남보고 이래라저래라 주례 설 형편이 됩니까. 당신이나 잘 하세요." '니나 잘해'라는 말처럼 제대로 모범적인 결혼생활을 못 하고 있는 사람이 훈수를 두는 것 같아 이 자리에 서 있기 민망스럽기도 합니다. 하지만 차제에 제 자신의 결혼생활을 뒤돌아보면서 위기가 언제 어떻게 닥쳤고, 또 이를 어떻게 극복하려고 했는지 체험담과 소감을 전하는 데에 의미를 두었으니 양해해 주시기 바랍니다.

제가 그동안 살아온 모습을 돌이켜 보면, 우선 저는 가족 간 대화와 소통의 시간이 적을 뿐 아니라 대화와 소통의 기술도 크게 부족하다는 것을 느낍니다. 자식이 뭘 좋아하는지 모르다 보니 아들과 이야기를 나누다가도 대화가 곧잘 끊기고 이야깃거리가 생각나지 않아 서먹해지기도 합니다. 세계적 농구스타 마이클 조던(Jordan)의 이름을 '요르단'이라 읽었다가 농구를 좋아하는 아들로부터 아버지의 그런 무지함이 바로 자신에 대한 무관심의 징표라는 질책을 받고 크게 당황한 적도 있었습니다. 부부 간에도 염화시중(拈花示衆)의 미소나 이심전심(以心傳心)이 통하지 않습니다. "행복한 결혼은 약혼한 순간부터 죽는 날까지 지루하지 않은 기나긴 대화를 나누는 것과 같다"는 앙드레 모루아의 말도 이를 잘 드러냅니다.

소통 중에 갈등이 증폭되는 주요 원인은 상대방 말을 끝까지 들으려 하지 않고 자기 식으로 곡해해 버리기 때문입니다. 상대방 말을 끝까지 경청할 인내심과 여유가 부족한 거죠. 그러다 보니 상대방 말을 다 듣고 상황을 다시 한 번 반추하면서 스스로를 객관화, 중립화해 볼 기회를 잃게 됩니다. 자연히 다툼을 해결할 실마리를 찾지 못하고 대화가 맴돌기 마련이죠. 사실 서로의 말을 충분히 들어주는 것 자체만으로도 부부 사이의 앙금은 거의 풀려 버립니다. 그만큼 경청이 부부 사이에서 매우 중요합니다.

불화의 또 다른 주요 원인은 상대방과의 차이 그리고 자율을 존중하지 않는다는 것입니다. 남자와 여자가 같이 지구에 살지만 어느 책 제목처럼 '화성에서 온 남자, 금성에서 온 여자'입니다. 아메리카 원주민에게 공감에 관한 이런 가르침이 있습니다. 상대의 모카신(사슴가죽으로 만든 신발)을 신고 1마일을 걸어 보기 전에는 그 사람을 비난하지 말라는 것입니다. 이는 다른 사람이 겪은 일을 똑같이 경험해 보아야 비로소 그 사람의 상황과 입장을 이해할 수 있다는 뜻입니다. 그만큼 상대방 입장에 서 본다는 일은 무척 어렵죠. 사랑하면 같은 방식으로 생각하고 행동하리란 기대도 엄청난 오해이자 착각입니다. 결혼의 성공 여부는 맞는 사람을 발견하는 데 있지 않고 자기가 결혼한 사람에게 얼마나 잘 적응할 수 있느냐 하는 적응력에 달려 있습니다.

불완전하기 마련인 우리네 인생살이에서 사랑을 키우다 보면 하루에도 냉탕과 온탕, 지옥과 천당이 반복됩니다. 프란치스코 교황은 "가정은 행복의 근원이고 희망의 공장"이라면서 "절대 화해하지 않은 채 하루를 마감하지 마라"고 당부합니다. 갈등이 생기면 재빠르게 벗어나는 길을 모색하여야 합니다. 오래갈수록 해결하기 어려워집니다. 서로 자기가 잘했니 하면서 자존심만 내세울 것이 아니라, 누구라도 먼저 화해의 손을 내밀어야 합니다. 이렇게 양보한 사람이 실제는 승자인 셈이죠. 마누라의 원래 어원은 안해, 즉 집안의 해라는 말입니다. 마님, 상전이라는 극존칭입니다. 남자 자존심 좀 구기더라도 웬만한 일은 남자가 앞서서 풀도록 하십시오.

결혼해서 살다보니 오선지 위를 걷는 음유시인 김현성의 〈사랑이란〉이라는 시 한 구절이 살갗에 와 닿았습니다. 세상살이 다 거기서 거기고, 내 인생 네 인생 뭐 별거겠습니까. 사랑도 뭐 별것입니까. 사랑이란 별다른 것이 아닙니다. 당신과 함께 곱게 늙고 싶다는 것입니다. 둘이 함께했던 시간들 안에서의 애틋함, 그리움, 안쓰러움, 따스함이 사랑이 아닌가요? 비틀즈의 〈When I'm 64〉 가사처럼 내가 예순네 살이 되어도 밥을 차려 주고 무릎에는 손자들이 매달리고 부인은 난롯가에서 스웨터를 뜨고, 남편은 정전되면 퓨즈를 가는 일상과 평범함 속에 행복이 있는 것입니다.

어느 분 글에서 보듯이 소나기가 오는 동안 잠시 함께 모여 살다가 소나기가 그치면 헤어져 다시 만날 수 없는 관계가 바로 모든 사람과의 만남 아닌가 싶습니다. 아웅다웅 다투면서 시간을 보내기에 인생은 너무 짧습니다. 이제 나이 들어 잠든 집사람 얼굴을 보면 삶의 덧없음이 느껴지고 가슴이 뭉클해집니다. 가만히 손을 잡아 보면 따스한 체온을 느낍니다. 그동안 무뚝뚝하게 지낸 것이 마음에 걸리고, 이제는 말 한마디라도 따스하게 하려고 노력합니다. 소풍 나왔듯이 재미있게 웃고 식탁에 둘러앉아 밥 같이 먹는 평범한 일상이 최고의 행복입니다.

이것으로 주례에 갈음합니다. 끝까지 들어주셔서 감사합니다.

❖ 2017년

가정은 희망 공장이다

프란치스코 교황은 2015년 9월 27일, 필라델피아에서 열린 '2015 세계 천주교 가정대회' 미사를 집전한 자리에서 "사랑은 아주 간단한 행위에서 시작되고, 가정에서 사랑이 구체화된다"면서 "가족은 때로 다투기도 하고 접시도 날아다니지만 그래도 가정이 '희망의 공장'"이라고 말했다. 교황이 당초 하고자 했던 강론의 연설문에는 "가정생활을 위한 여유를 남겨 두지 않는 사회는 건강한 사회가 아니고, 가정의 기본적 욕구를 충족시킬 수 있는 법이 없는 나라엔 미래가 없다"고 되어 있었다 한다. 10월 19일에 발표된 경제협력개발기구(OECD)의 〈2015 삶의 질 보고서〉에 따르면 우리나라 어린이들이 부모와 함께하는 시간은 하루 48분으로 OECD 평균 151분에 훨씬 미치지 못했다. 가정의 삶의 질이 최하 수준이라는 얘기다.

사회는 다름 아닌 개별 가정의 집합체다. 가정의 해체는 곧 건강한 사회의 붕괴로 이어지므로 가정을 잘 유지하는 것이야말로 국가의 미래를 위해 매우 중요하다. 그런데 집안에 '접시'가 날아다니면 가정의 평화는 위태로운 지경에 이른다. 부부싸움을 하더라도 어떻게든 접시가 날기 전에 그쳐야 한다. 가정이 여전히 '행복의 근원'이고 '희망의 공장'이 되기 위해 가족 간에 불화를 미리 막고, 불화가 일어나더라도 곧 수습하는 방법은 무엇일까.

교황이 국가더러 '가정생활의 여유'를 확보하게 하는 입법을 촉구한 것은 가족 간 의사소통 시간을 충분히 가지게 하라는 취지인 듯하다. 그런데 우선 나 자신부터 소통하는 시간은 물론 기술도 많이 부족함을 느낀다. 자식이 뭘 좋아하는지 모르다 보니 부자 간 대화가 서먹하다. 세계적 농구스타 마이클 조던(Jordan)의 영문 이름을 '요르단'이라고 읽었다가 농구를 좋아하는 아들로부터 '아버지의 그런 무식함이 바로 자신에 대한 무관심의 징표'라는 오해를 받았다. 부부 간에는 제자 가섭만이 부처의 뜻을 알고 지었다는 염화시중(拈花示衆)의 미소나 이심전심(以心傳心)이 통하지 않는다. "행복한 결혼은 약혼한 순간부터 죽는 날까지 지루하지 않은 기나긴 대화를 나누는 것과 같다"는 앙드레 모루아의 말이 실감난다.

소통 과정에서 오히려 갈등이 증폭되는 주요 원인은 상대방의 말을 끝까지 들으려 하지 않고 자기 식대로 곡해해 버린다는 점이다. 특히 남자는 여자의 이어지는 긴 말을 종종 듣기 싫은 잔소리로 여긴다. 잔소리라 싶으면 "여자의 머리는 길다. 그 혓바닥은 더 길다"는 스페인 속담을 떠올리자. 몽테뉴의 말처럼 아내는 인내를 가르쳐 준 최선의 교사라 여기고 여기서 인내심을 키워 보는 것은 어떨까. 정신분석학의 대화치료(*talking cure*)에서는 의사가 그저 들어주기만 해도 환자의 히스테리나 정신적 스트레스가 치유된다고 하지 않는가.

불화의 또 다른 주요 원인은 상대방과의 차이 그리고 자율을 존중하지 않는다는 것이다. 사랑하면 같은 방식으로 생각하고 행동하리란 기대는 엄청난 오해이자 착각이다. 사랑에 대하여 에리히 프롬(Erich P.

Fromm)은 "각자 개성과 독특성이 유지되면서 하나가 되는 것"이라고 했다. 칼릴 지브란(Kahlil Gibran)은 "현악기의 줄들이 하나의 음악을 울릴지라도 줄은 서로 혼자이듯이, 서로 마음을 주되 서로의 마음속에 옭아매어 묶어 두려고 하지 말라"고 했다.

불완전하기 마련인 우리네 인생살이에서 사랑을 키우다 보면 하루에도 냉탕과 온탕, 지옥과 천당이 반복된다. 교황은 그래서 "절대 화해하지 않은 채 하루를 마감하지 마라"고 당부한다.

성경 시편에서처럼 천 년도 당신 눈에는 지나간 어제 같고 한 토막 밤과 비슷하다. 잠든 아내의 얼굴을 가만히 보면 세월이 언제 여기까지 달려왔는지 삶의 덧없음에 가슴이 뭉클해진다. 가만히 손을 잡아 보면 따스한 체온이 느껴진다.

❖ 여의나루, 2015년 10월

고애자(孤哀子)의 넋두리

화사하고 즐거운 봄이 왔다. 생명이 태어나고 부활하는 4월. 봄꽃에 취해 생동하는 봄기운으로 살아 있다는 기쁨을 느낀다. 겨우내 추위를 견디며 얼마나 오랫동안 봄을 기다렸던가. 해마다 봄맞이차 산기슭 계곡에 피어나는 연보랏빛 얼레지꽃을 찾아간다. 가끔 눈까지 희끗희끗 휘날리는 쌀쌀한 계곡에서 이 봄의 전령을 만나면 입가에 미소가 절로 퍼져 나간다.

올해도 남녘에서부터 매화, 산수유에 이어 벚꽃 소식이 들리더니 서울의 언덕과 담장에까지 개나리, 진달래, 목련이 봄비를 맞으며 함초롬히 꽃을 피웠다. 그러나 이 화려하고 찬란한 봄날도 한순간이다. 그래서 잔인한 4월이라 했던가. 단가 편시춘(片時春)의 노랫가락처럼 복숭아꽃, 오얏꽃이 피었다 싶으면 이내 사라지고 만다. 우리네 삶도 마찬가지. 봄바람에 휘날리는 한 점 꽃잎처럼 바람에 떨어져 냇물로 흘러가면 피었던 자리조차 알아보기 어렵다. 구름처럼 정처 없이 떠도는 나그네가 지친 몸을 누이는 주막집 마루방이 죽음이다. 모닥불 피워 놓고 놀다가 불이 꺼지면 자리를 비워 주어야 하는 것. 이것이 세상의 이치다.

올 1월 중순 찾아간 인도 바라나시. 비와 어둠이 함께 내리고 있었다.

자전거를 개조한 릭샤를 타고 인파와 차량, 오토바이의 물결 사이를 아슬아슬 곡예비행하듯 헤쳐 다다른 곳이 힌두교인들의 순례지인 갠지스강이었다. 강가 한쪽에는 환한 불 아래 북소리와 안무를 곁들인 종교의식이 치러지고 있었다. 한 모퉁이를 도니 힌두교도들의 화장터다. 장작더미 위에서 시신을 불태우는 연기가 여기저기서 피어올랐다. 화장한 시신의 재를 강에 흘려보내고, 순례자들은 그 물을 마시기까지 했다. 바라나시를 삶과 죽음이 혼재하는 적멸의 땅이라고 부르던데, 정말 한 모서리를 사이에 두고 속세와 저승이 지척지간(咫尺之間)에 있었다. 삶 옆에 어두운 죽음의 그림자가 항상 어슬렁거리고 있는데 사람들은 죽음이 자신과 전혀 상관없는 일인 양 애써 숙명적 유한성을 잊은 채 살아간다는 사실을 갠지스강은 다시 한 번 일깨워 주었다.

내가 서울 온 지 40여 년. 도시의 야망에 몸을 맡긴 채 불을 찾아 헤매는 불나비처럼 가는 길이 어딘지 모른 채 정신 놓고 달려 왔다. 이런 분망함 속에서 문득 자신의 근본을 돌아보는 각성의 계기가 찾아온다. 바로 가까운 사람과의 영원한 이별이다. 이 세상에 나를 있게 해 주신 어머님이 돌아가신 지도 1년이 훨씬 지났다. 독일의 대표적 현대시인 베르톨트 브레히트(Bertolt Brecht)는 〈나의 어머니〉라는 시에서 "그녀가 죽었을 때 사람들은 그녀를 땅 속에 묻었다. 꽃이 자라고 나비가 그 위를 날아간다"고 했다. 나는 어머님 관 위에 흙을 뿌리면서 사람이 결국 자연으로 돌아감을 절감했다. 그래서일까? 고향마을 앞 도란도란 속삭이는 개울물 소리, 풀벌레 소리가 훨씬 정겹게 들린다.

어차피 인생은 도로(徒勞)라며 삶의 덧없음과 허망함만 탓하고 그저 살아갈 것인가. "사랑하는 풀이 되고자 공기처럼 떠나 흙으로 돌아간" 장영희 교수가 〈축복〉이라는 자신의 영미시선집 마지막쯤에 시를 소개하며 덧붙인 코멘트가 인상적이다. 이별을 예견한 듯, 장 교수는 "떠나가는 사람들의 기대에 어긋나지 않게 더욱 열심히, 더욱 멋있게 살아가는 것이 이곳에 남아 있는 사람들의 의무"라고 썼다. 사람은 사랑하며 살기 위해 태어났다면 가까운 사람들에게 사랑한다는 말을 더 자주 하는 것이 멋있게 사는 길인가. 이 따스한 봄날, 어머님은 고향 뒷산에서 화사한 봄의 향기를 맡고 계실까. 병실, 산소 호흡기를 끼고 계시는 어머님 귀에다 행여 눈을 뜨시려나 들려 드렸던 〈처녀 뱃사공〉의 가사를 가만히 읊조려 본다. "에헤야 데헤야, 노를 저어라. 삿대를 저어라."

❖ 여의나루, 2013년 4월

아들들에게

사랑하는 아들들 근원아, 근호야.

아버지는 어제 샌프란시스코 관광을 마친 후 샌프란시스코만을 가로지르는 베이브리지(Bay Bridge)를 지나 오클랜드, 버클리 근처 콩코드(Concord)라는 작은 마을에서 미국에서의 첫 밤을 맞이하게 되었다.

밤 10시경에 잠이 들었는데 3시간 정도 숙면을 취하고 나니 잠이 오지 않아 일어나서 너희들에게 모처럼 편지를 써 본다. 그렇잖아도 힘든 고등학교 과정을 지나고 있는 너희들에게, 올해 내내 혼자 대전에 내려와 있으면서 아버지 노릇을 변변히 하지 못한 것 같아 편지로라도 고생하는 너희들에게 위로와 격려를 보내야겠다고 마음먹었으면서도 게으른 탓에 차일피일 미루었다. 마침 미국에서 새로운 2000년이라는 밀레니엄 시대를 맞이하면서, 또 한해를 보내고 새로운 한해를 맞이하면서, 아버지의 마음 자세도 가다듬고 너희들에게 하고 싶은 말도 있고 하여, 새해에는 너희들 모두 건강하고 크게 자라는 한해가 되기를 기원하면서 몇 자 적어 본다.

먼저 크리스마스, 연말연시를 맞이하여 너희들과 같이 즐거운 시간을 보내지 못하게 되어 미안한 마음이 드는구나. 이번 여행이 아버지, 어머니가 다시 새로운 힘을 얻어 너희들과 더불어 더 건강하고 즐거운 가족생활을 누리는 밑거름이 되는 계기가 되리라 믿고 출발한 것이니 이해해 주리라 믿는다.

아버지는 너희들에게 간혹 게으름과 무례함을 지적하고 성실과 정직을 강조하지만, 아버지도 지나온 세월을 돌이켜 보면 그 점에서 별로 자신이 없어 스스로도 지키지 못한 일을 자식들에게 강요하는 것 같아 우선 미안한 마음이 든다. 그러나 아버지가 실수나 시행착오를 거듭하고 있지만 어쨌든 열심히 살려고 하고, 다른 사람을 배려하는 마음을 가지려 하고, 또 정직하게 살려고 노력하고 있다는 점은 이해해 주었으면 한다. 어쩌면 인생은 노력의 과정이고, 죽을 때에 열성과 배려 그리고 정직의 경지에 근접할 수 있다면 그 인생이야말로 성공한 것이 아니겠니?

오늘날처럼 가치관이 혼란한 세상에서 나조차도 무엇이 최선이고 올바른 가치인지 갈피를 잡지 못할 때가 있다. 시류와 유행에 민감하게 영합하지 않고 자신에게 맞는 바른 길을 간다는 것이 얼마나 어려운 일이겠나?

나의 단점은 보지 못하고, 내가 그렇게 경멸하고 싫어하는 속성을 나 스스로 많이 가졌다는 사실조차 깨닫지 못하면서 사는 어리석음에서 헤어나지 못하는 것이 우리의 모습 아니겠는가? 아주 뛰어난 예술가나 학자의 성취에는 탄복하면서도 그 뒤에 감춰진 것, 그들이 성취를 이루기까지 피눈물을 흘렸으리라는 현실은 제대로 보지 않으려고 하고, 그저 누워서 감이 떨어지기를 기다리듯 무사안일로 지내면서, '나도 그렇게 되고 싶다'는 허영과 교만에만 빠져 있는 것이 아닌지 반성해 본다.

이렇게 나약하고 우유부단에 빠져 있는 아버지가 아들들에게 이런 것을 바라는 일이 모순 같지만, 아버지도 그런 자세를 경계하고 그것을 극복하려고 노력하겠다는 다짐의 의미이기도 하다. 또 설령 아버지는 그렇지 못하더라도 자식들에게는 그러한 기대를 할 수도 있음을 양해해 주기 바라면서 새해를 맞아 아들들에게 몇 가지 소망을 적어 본다.

우선 정신적인 자세, 정신력에 대하여 이야기를 해 보자꾸나.

근원이는 이제 고3, 근호는 고2가 되는 해니까 정신력을 한층 증강시킬 필요가 있는 한 해가 되겠구나. 아버지가 간간이 이야기했듯 세상은 험난한 고난의 연속이고 결단을 요구하는 중대한 고비를 여러 차례 맞기도 한단다. 여기에는 어떤 난관도 돌파할 수 있는 저력과 자신감을 가져야 한다. 끈기와 저력, 지구력이 필요하다는 것이지. 아버지 스스로 자인하듯이 그것이 어떻게 쉬운 일이겠는가? 또 하루아침에 달성할 수 없으니 지난한 긴 과정을 필요로 하겠지. 그러나 꾸준히 노력하고 정성을 기울인다면 차츰 조금씩 나아지리라 믿는다. 한편으로 조금 다른 이야기지만 매사에 비굴하지 않고 정당하게 대처해야 한다. 강한 데에는 약하고 약한 데에는 강한 비겁함을 항상 경계하여야 한다.

또한 말과 행동에서 자신도 모르게 방자하고 교만하고 무례한 태도가 튀어 나올 수 있으니 이 역시 계속 경계하지 않으면 안 된다. 외국 애들이 덩치가 크고 옷이며 머리 모양이 제멋대로라 불량배 같아 보이지만, 다른 사람과 가볍게 몸이 부딪혀도 "죄송합니다"(*excuse me*)는 인사를 하는 자세가 몸에 그대로 배어 있다고 하는구나. 특히 일본 애들은 자랄 때 부모들로부터 남에게 폐를 끼치지 않는 교육을 제일 우선적으로 받는다고 하더구나. 항상 겸손하고 남의 처지를 이해하면 많이 개선할 수 있으리라 생각된다.

자신이 많이 부족하다는 것, 특히 너희들이 아직 어리다는 것, 너희들이 보는 것이 단편적이고 피상적일 수 있다는 것을 알아야 한다. 아버지가 "책을 많이 읽으라, 문학책, 소설이나 수필 등을 많이 읽어라"고 이야기하는 까닭은 바로 이러한 세상사와 인간에 대한 이해와 배려의 폭을 넓힐 수 있는 좋은 길이 되리라 생각해서다. 아버지가 신문을 스크랩하고 너희들에게 그 내용을 이야기하는 이유도 산 공부, 세상사에 대한 이해를 넓히려는 것이다. 근호가 잠깐 희망을 피력한 바 있는 훌륭한 재판관이란 바로 이런 세상과 인간에 대한 깊은 이해와 배려 그리고 광범위한 상식을 갖추지 않으면 되기 어렵단다. 그리고 고등학생 때는 한창 감수성과 기억력이 뛰어날 때라 그때 읽은 책의 영향과 감동은 평생 두고두고 남아서 자신에게 알게 모르게 큰 힘이 된단다. 읽기 힘들고 (약간 재미가 없어서) 이해하기 쉽지 않아도 고전을 읽으라는 이유가 거기에 있다. 이번 겨울방학에 독서목록을 작성하여 2, 3권은 돌파하여야 한다.

'강한 정신력은 건강한 신체와 체력에서 나온다'는 말에 아버지도 공감한다. 시간을 내기 어려운 중에도 집에서 공부하다가 피곤하거나 졸릴 때 곤봉, 압력기 등을 활용하거나 턱걸이, 팔운동, 조깅 등을 하여 스스로 체력에 대한 자신감을 불어넣는 것도 좋은 연습이 되리라 생각된다. 수영도 참 좋은 운동이다. 하다못해 맨손체조라도….

'무례함'에 대한 이야기가 나왔으니까 말인데, 어머니가 근호의 잠을 깨웠을 때 거칠고 반항적인 행동을 하는 것에 대해 잠깐 언급하여야겠구나. 우리 가족공동체는 사회의 축소판이란다. 자신의 그러한 태도나 성향을 고치지 않으면 그 강도가 점점 심해질 수도 있는 것이고, 그러한 태도가 사회생활에까지 어떤 형식과 계기를 통하여 나타난다면 대인관계에 치명적일 수도 있다. 그리고 너는 아직 어린 고등학교 1학년, 어머니의 자식이란다. 부모님의 정성이 너희들에게 어떤 때에는 극성으로 보일 수도 있겠지만 그만큼 어머니가 너희들에게 가진 애정과 관심은 여느 어머니 못지않다고 생각한다. 그러면 부모님, 하다못해 너보다 30년 넘게 살아온 인생의 선배에게 그렇게 거칠고 무례한 반응을 즉각적으로 보이는 일은 앞으로 자제해야 할 사항이 아니겠는가. 물론 아버지, 어머니도 알고 있다. 곤하게 졸고 있을 때 누가 깨운다면 정말 귀찮고 미움을 살 일이라는 것, 그리고 우리 아들이 열심히 공부하고 또 낮에 농구나 축구 등으로 체력을 소모하여 밤이 되면 매우 피곤한 상태에 있다는 것을.

건강을 잃으면 아무것도 할 수 없단다. 무슨 일을 해도 체력과 건강이 뒷받침되어야 한다. 그래서 식생활 등 생활습관을 잘 가꾸고 운동을 틈나는 대로 하여야 한다. 운동을 통해서 스트레스도 풀고 기분전환을 할 수 있어야 훨씬 집중하여 공부를 할 수 있게 되는 거야. 근원이는 식생활을 균형 있게 하고 근호는 형과 같이 집에서 맨손체조라도 매일 5~10회 정도 하거라. 아버지도 올해 수영을 접할 수 있었던 일이 너무 좋았단다. 어느 초등학교에서는 해마다 전교생이 한강을 건널 수 있을 만큼 체력과 담력을 키운다고 하지 않았니? 지난번 국회의원들과 판사들이 잠실체육관에서 축구하는 모습을 보았다. 축구협회장을 하는 정몽준 의원은 아버지와 대학 동기인데, 전·후반을 열심히 뛰는 정 의원과 나 자신을 비교해 보니 체력 차이가 너무 크다는 것을 느꼈다. 너희도 나중에 무슨 일을 하든지 체력이 승부의 분기점이 될 가능성이 크다. 외국에 유학 간 우리나라 학생들이 외국 대학생과의 체력싸움에 져서 시험을 제대로 치르지 못한다는 이야기가 있지 않는가? 외국 친구들은 며칠 밤을 자지 않고 밤샘을 해도 견뎌내는데 우리나라 유학생은 며칠 그렇게 하고 나면 뻗어버린다고 하지 않니? 어머니, 아버지는 졸고 있는 근호를 깨운다든가 하는 식의 직접적인 간섭을 앞으로 점점 자제하려고 한다. 그러나 공부는 다른 어떤 일보다도 효율성과 집중이 필요한 만큼 근호가 잘 알아서 공부 계획을 짜도록 하여라. 물론 너의 주장대로 책상 앞에서 2~3시간 정도 졸고 나서 더 이상 졸리지 않을 때 공부할 수도 있다고 하지만 효율성 측면에서 어떨지 모르겠다. 차라리 졸리면 4~5시간 침대에서 푹 자고 맑은 정신으로 공부하는 것은 어떨는지, 앞으로 같이 잘 생각해 보자구나. 잠은 어느 정도 자되 그 외 시간은 두 배의 집중력과 에너지로 공부하면 훨씬 능률적이지 않겠니?

나이 많은 스님들이 오후 10시에 잠자리 들어 새벽 3시 예불로 일과를 시작하는데도 평생 낮잠을 자지 않는 모습을 보면 잠이라는 것도 어느 정도 정신력으로 극복 내지 조절이 가능할 것이다. 어쨌든 근호는 형을 통하여 듣듯이 너와 같은 학년의 외고 학생들이 공부하는 양이 엄청나다는 것을 늘 염두에 두려무나. 네가 중3 마지막 시험을 치고서 이전보다 문제집을 한 권 더 늘려 4권을 보았더니 시험도 더 잘 쳤다고 이야기했듯, 결국 공부 양이 성적을 좌우한다는 것이 아니겠니?

아버지가 여기서 지적하고자 하는 것은 공부보다는 너의 태도에 관한 것이다. 부모님이 목소리를 높이고 감정적이라 하여 너까지 그렇게 하는 일은, 물론 부모가 감정적인 것 또한 옳지 않은 일이라 시인하지만, 부모와 대등하게 행동하는 것은 아들로서 취할 태도가 아니라고 생각한다. 자신을 잘 가다듬고 정비해 가는 것이 바로 신사이고 교양인의 태도가 아니겠는가. 아버지가 하는 재판도 사실은 법정에 온 사람과 만나는 일이기에 정말 신경이 쓰인단다. 법정에서 판사가 쉽게 흥분하거나 화를 내고 큰소리를 친다면 어느 누가 그 판사에게 신뢰를 갖고 재판을 받으려고 하겠니?

우리 아들들의 정신 자세와 관련하여, 좀더 적극적인 태도, 약간 대범해질 수 있는 태도, 보다 분명하고 정확하여 우유부단하지 않는 태도를 가져 보도록 노력하는 일도 의미가 있으리라 생각한다. 어쩌면 아버지와 너희들의 성격과도 관련 있다고 생각해 어느 정도는 불가피하다고 여기지만, 아버지가 인생을 살아가다 보니 너무 잔일에 신경을 쓰는 것 같고 우리 근호에게서도 이런 점이 느껴지는구나. 예컨대 지난 번 임원수련회에 가면서 친구 사귈 일을 걱정을 하는 것 등. 그러다 보면 본인이 피곤하고 힘들다.

아버지 스스로도 대인관계에 좀더 적극적으로 또 긍정적으로 생각하려 하지만 쉽지가 않구나. 그래도 항상 겸손하게 진실한 모습으로 배려하면 다른 사람과의 관계는 생각보다는 훨씬 쉽게 풀려 가는 것이 세상의 이치가 아닌가 생각된다. 그런 의미에서 이런 부분이 천성(天性)이라면 자신의 약점이 겸손과 배려로 어느 정도는 만회가 되리라 여겨진다. 살다 보면 실력보다는 이러한 겸손한 태도가 더 자신을 돋보이게 하는 힘이 될지도 모를 거야.

근호는 의사표시, 주장을 조리 있고 분명하게 하고, 자신감 있게 표현하려무나. 언젠가 아버지가 대전에서 전화를 받을 때 한 번 지적한 바도 있다마는, "그저 그래요"라든지, 말을 하려다 그만둔다든지, 말하기를 주저하는 태도가 계속된다면 한번쯤 바꾸어 보는 것도 어떠한가? "그저 그래요" 대신 "잘 지내요", 혹은 문제가 있고 기분이 나쁘면 아버지에게 바로 이야기 할 수도 있을 것 같다. "그저 그래요"라고 하면 아버지로서는 근호가 어떻게 지내는지 더 궁금해지고 나아가 근호에게 말하지 못할 언짢은 일이라도 있지 않은지 걱정도 되지 않을까? 말은 한번 내뱉으면 주워 담을 수 없으니 말을 하기 전에는 말을 할 것인지, 또 어떻게 말할 것인지 신중히 생각하여야 한다. 하지만 한번 말하면 분명하게 끝까지 말을 맺어야 정당한 태도가 아닌가 생각한다. 다른 사람과 커뮤니케이션을 제대로 하기 위하여서도 조리 있는 말솜씨가 필요하단다.

나중에 크면 인생은 매번 결단의 연속이니 자신의 길은 결국 자신이 외롭게 선택하여야 하는 것이다. 그러니 그 결단이 틀리지 않도록 생각을 깊게 하고 매사 지혜롭게 원칙대로 분명하게 처리하여야 한다. 인생의 길이란 한순간 선택의 잘못 또는 실수로 크게 달라지기도 한다. 또 여러 번 들었듯이 자신에게 다가오는 기회를 기회로 인식하지 못하거나 기회가 돌아와도 준비가 되어 있지 않아 놓치는 안타까운 순간을 맞기도 한단다. 길은 두드리는 자에게 열리게 마련이고 준비된 자에게는 저절로 열리기 마련이란다. 자신이 열심히 산다고 생각할지 몰라도 그보다도 열심히 정열적으로 사는 사람, 개척정신이나 도전정신이 뛰어난 사람이 많단다. 〈나는 희망의 증거이고 싶다〉를 쓴 윤 소령의 열정도 정말 대단하지 않았니? 그래서 새해에는 근원, 근호의 발표력, 표현력, 조리 있는 말솜씨를 닦기 위하여 신문기사, 세평 등을 좀 더 충실히 읽고 조리 있게 발표, 표현하는 연습을 많이 하려고 한다. 대학입시에서 면접 비중이 커지는 상황도 이런 연습을 더욱 의미 있게 할 것이다.

다음으로 어학공부를 이야기해야겠다. 아버지가 올 한 해 동안 대전에서 지내며 재판업무 이외에 가장 신경을 쓴 부분이 바로 영어와 독일어 회화란다. 너희들은 잘 모르겠지만 아버지 나이에 어학공부를 한다는 것은 쉽지 않단다. 기억력도 많이 쇠퇴했고 학창시절이나 젊었을 때 익혔던 것도 많이 잊어버렸다. 그렇지만 나이가 든 아버지도 외국어를 매우 중요하게 느끼고 이렇듯 힘들게 공부를 하고 있단다. 그렇다면 하물며 한창 젊은 나이인 너희들에게 있어서야 영어나 독일어 등 외국어 공부가 얼마나 중요하겠니? 인생을 고품격으로 멋있게 구애받지 않고 살려고 한다면 선진 외국의 문물을 제대로 이해하여야 한다. 물론 우리나라의 전통과 자신의 정체성을 잃어서는 절대 안 되겠지.

아버지가 다시 젊은 시절로 돌아간다면 미국 사람과 의사소통하며 전문적 일을 처리하는 데 부족함이 없을 정도로 능통할 만큼 영어를 공부하고 대학을 졸업하고 싶다. 아버지는 대전에서 독일의 ZDF Deutsch Welle 방송, 미국의 CNN, 영국의 BBC 방송을 열심히 듣는데 아직까지 제대로 이해를 하지 못한단다. 외국어에 능통하면 그만큼 생활이 많이 풍족해지고 세상사를 더 객관적으로 보는 비판적 시각도 건전하게 발달되리라 생각된다. 얼마 전 TV에서 국제사법재판소의 박춘호 교수는 4~5개 외국어를 능통하게 한다는 이야기를 들었는데, 얼마나 노력을 하였겠나?

우리나라를 제대로 이해하고 또 우리 사회의 문제를 잘 풀어내려면 선진 외국을 제대로 알아야 하지 않겠니? 70~80년 전에 이미 샌프란시스코에 살던 한국 교포들 사이에서 정신개조운동을 벌인 도산 안창호 선생의 지혜로운 안목에 새삼 감탄을 금할 수가 없구나. 겨울 방학 동안 틈이 나거나 약간 지루한 시간이 나면 영어 회화, 독일어 회화 비디오나 테이프를 보고 듣도록 하여라. 우스운 이야기지만 아버지도 보이존(Boyzone)이나 세라 브라이트먼(Sarah Brightman)의 팝송을 듣다 보면 영어공부도 되겠구나 하고 생각한다. 〈캣츠〉같은 뮤지컬도 영어를 이해하면 더 재미있겠지. 이왕 시작한 영어 소설 〈동물농장〉(*Animal Farm*)은 끝을 내도록 하여라. 〈아나스타샤〉나 〈뮬란〉같은 만화도 원어로 여러 번 들어 이해하도록 노력하고 지난번에 가져온 캡션을 잘 이용해 보자꾸나.

인생은 자기가 살아가야 하는 것, 남이 대신 살아 줄 수 없는 것이란다. 부모님은 옆에서 격려하고, 힘들 때 부축해 주고, 위험한 길로 들어서려 할 때에는 주의를 줄 수 있을 뿐이란다. 자신이 주체라는 것을 자각하고 매사를 자율적으로 잘 해 나가도록 노력하는 뜻 깊은 한 해를 만들자꾸나.

편지를 쓰다 보니 이전에 아버지가 부산에 근무할 때 무주구천동 등산 후 개울에 발을 담그고 덕유산 정상 산장에서 산 그림엽서에 주소 쓸 틈도 없이 빽빽하고 쓰고는 곧바로 우체통에 넣어 버렸던 생각이 나는구나. 그때나 지금이나 좋은 장소에 오게 되면 너희들 생각이 더욱 나고, 그때나 지금이나 너희들을 아끼는 부모의 애정에는 조금도 변함이 없단다.

이제 새벽 4시가 지나고 편지지도 다 된 것 같아 오늘 글을 맺으려 한다. 아버지의 이 너절한, 정리되지 않는 글이나마 새해를 맞이하는 너희들에게 힘이 되고 자극이 되었으면 한다. 새해 더욱 건강하고 강해지려무나. 우리 아들들이 대학에 들어가면 그때 또 들려줄 말도 많단다. 아버지, 어머니가 평생 너희들을 지켜보면서 응원하고 격려할 것이니 어려운 일, 힘든 일, 고민이 있으면 거리낌 없이 의논하려무나. 이번 여행을 통하여 느낀 것 중 하나는 세계의 글로벌리제이션과 더불어 정보통신혁명이 급격히 이루어지고 있다는 점이다. 컴퓨터는 대학에 가서 본격적으로 하겠지만 어쨌든 그 방면에 대한 관심은 고등학교부터도 가져야겠다.

1999년 12월 크리스마스를 앞두고,
미국 버클리 근처 Concord 소재 호텔에서 아빠가